請遠離消耗你的人

李尚龍——著

自序　問一個好問題

　　每出一本書，我都會去全國各地和年輕人面對面交流，說是交流，其實主要是回答一些問題去了。

　　隨著遇到的人愈多，我愈發現問題的品質愈堪憂。因為大家好像特別喜歡一些宏觀的問題，而不是具體和個體的問題。年輕人愈來愈怕問關於自己的疑惑，取而代之的是一些特別廣泛的問題，比如什麼行業是風口，比如你覺得考研是趨勢嗎？比如你覺得上大學該不該談戀愛？

　　這些問題幾乎都不是以「我」開頭的，感覺每一個人都在替別人問問題。我很難想像，一個不關心自己的人，能夠關心別人和世界？

　　我突然想起小時候讀過的一句話：要愛具體的人，而不是抽象人的概念。現在，我們遇到了一模一樣的問題，人們自己的生活千瘡百孔，卻在關心國際大事；自己困惑萬千，卻在關心別人。我突然意識到，這些問題是年輕人真實的表達，還是主辦方刻意的安排？

　　隨著新冠疫情來臨，我也停止了一年一度的全國簽售，在家開始思考一些更重要的問題。疫情三年，是我過得最難受的三年，這些難受和痛苦，也讓我開始重新思考一些未思考過的問題，而愈發問得狠，愈感覺自己快憂鬱了。

　　在家待著的歲月，我讀了很多書，也換了個角度重新思考很多老問題。直到有一天，我決定停止內耗，打開我的心門，和大家一起面對世界的疑惑，然後一起找到答案。於是，我開了個專欄，叫

《乾一杯，龍哥》，想堅持一百天，在這個專欄回答大家的問題。用我查到的最新資料，拜訪最厲害的一群人，回答大家那些抽象的問題。

但正是開始這件事的時候，我驚奇地發現，我完全錯了。因為這些問題問得一點也不抽象，具體到讓人感到可怕，比如我月薪三千怎麼做副業？結婚要不要給聘金？醫學生不考研有什麼出路？我也終於明白，很多當面問不出口的問題，寫下來能問得更清晰；很多當面問的問題，見不到反而可以問得更客觀。

於是，我決定堅持一百天更新完這個專欄。這一百天，是我這三年過得最充實的一百天，原來，透過寫作，可以打敗那麼多的虛無感。那一百天裡，我每天早上七點起床，坐在電腦旁看大家的問題，然後查資料整理文稿，最後動筆創作。不知不覺，我回答了大家一百個問題，每一篇不到兩千字的文章從拿到問題到寫完，平均要花三個小時。但這段日子，我也終於明白，每一個好問題背後都應該有一個有啟發的好答案。

我不敢說我給了大家一個好答案，但這些問題的確給了我很多啟發，我也寫出了超越自己的答案。

謝謝那些提問題的朋友，你們讓這些文字有了根，也謝謝我讀到的那些書、請教過的那些朋友，讓這些根長出了葉子。

這個專欄更新結束後，我跑去希臘休息直到疫情結束，回到北京。我和做圖書出版的朋友在一起吃飯，他問我最近在寫什麼，我說，這是一個好問題。他說為什麼？我說，如果問我最近愛做什麼，我可能不知道該怎麼回答，但你說我最近在寫什麼，我能很快告訴你，我手上有一份二十多萬字的稿子，你要不要看看？

就這樣，我把這份二十萬字的稿子交給了他，也讓這份稿子能

有出版的機會。讓這些問題和答案被更多人看到。當一個問題被人看到，答案就能更具體了；當一個答案被人看到，問題就會更清晰了。

　　這是一本問題之書，可能給出的答案並不是標準的，但如果你在看完別人的問題和答案後，能給你一些啟發，我想就是這本書的意義了。

　　見字如面。祝你閱讀愉快。

目錄

PART 2　學習讓你擁有比別人更多一種解決問題的思路與方法

PART 3　人生順利「避雷」最好的方法：遠離消耗你生命的人

Part 1

你與身邊人關係的好與壞，

決定了你過怎樣的人生

<table>
<tr><td>第
1
封信</td><td>## 感情的底層邏輯是什麼？</td></tr>
</table>

夏冬夏：龍哥好。閨密是軍嫂，剛結婚一年。婚前兩人一直是遠距離戀愛，雖然不能經常見面，但感情還算甜蜜。婚後男方的工作調到離家比較近的地方，基本上一週能回一次家，但也正因為兩個人相處的時間多了，經常會為一些小事吵架，吵得特別厲害的時候，閨密甚至用輕生這種極端的方式去回應對方。她也知道這不是解決問題的辦法，但她實在太在乎男方了，到底該怎麼做呢？

李尚龍回信：

　　夏冬夏，我先從底層跟你分析問題出在哪裡。在這段親密關係中，首要問題就在遠距離戀愛上。要知道，絕大多數的遠距離戀愛都沒有辦法經常見面，這就造成兩個人無論在電話裡有多少甜言蜜語，也抵不上現實的一個擁抱。讀軍校的時候，大家經常開玩笑地說，嫁給軍人就是嫁給一支電話，但這確實是沒辦法的事。於是，過去的很長時間，你習慣了一個人獨處，習慣了在電話裡和對方交流。有一天，電話裡的那個人突然來到你身邊，實打實地挨著你，抱著你，你發現自己的生活發生了變化，就像兩個分別很久的人竟然又在一起，你突然有點不適應了。所以，結束遠距離戀愛，打算長期生活在一起的人，首先要做的是重新認識對方，重新適應能見面、能擁抱、能接吻的親密關係。更有甚者，需要把對方的備注改一改，並時刻提醒自己，這個人已經回到了我身邊。

接下來，我們聊一聊好的婚姻關係該怎麼維護。我曾經寫過一本書，叫《我們總是孤獨成長》。書中寫了很多夫妻的婚姻生活，其中有一個問題很有趣，就是婚後兩個人關係特別好的，基本上都有一個共同點，就是兩個人還像談戀愛一樣，就當沒有領過結婚證書。我們經常在網路上看到有些情感博主跟大家不停強調，男人婚後怎麼樣是不愛你，女人婚後怎麼樣是愛情變淡了……但親愛的，我必須明確地告訴你，愛是會變的。只不過大部分人的愛逐漸從愛情變成了親情，從激情變成了責任，從琴棋書畫變成柴米油鹽，從熱情回應變成了默默陪伴，但依舊是愛情。所以，如果婚前沒有因為小事吵架，婚後更不能為了小事吵架。婚前是什麼樣的溝通方式，婚後要用相同的方式去相處。婚後所有因為小事吵的架，都是太希望改變別人了。或許你會想，原來我只是你的女朋友，你天天打遊戲也就算了，但現在我是你的老婆了，你就不能為我改變一下嗎？同樣地，原來我只是你的男朋友，你可以天天不擦桌子、不掃地，但現在我是你的老公了，你就不能為我改變一下以前的習性嗎？記住，不要去改變任何人，包括你的配偶、孩子及其他家人。想要改變別人是愚蠢的，也是所有爭吵的來源。每個人都是獨立的個體，如果你想改變他們，記得先去改變自己。要相信身教比言傳更重要，而不是一味地嘗試改變別人。這也是一種成長。

我在回答這個問題的時候，特意看了一本書，叫《熱鍋上的家庭》。我突然意識到，大多數家庭之所以發生爭吵，是源於家庭資源匱乏，最直接的體現就是缺錢的時候。有道是「貧賤夫妻百事哀」，假設老公回來，突然發現老婆又買了兩件衣服。如果老公的經濟實力還行，可能也就是埋怨兩句。但如果老公想買一個期待已久的玩具，卻發現家裡這筆錢變成了衣服，衝突就會開始，他可能

當下就會揪著這件事不放，也可能在未來的某一個時間點為過去的一件小事發火，或是基於對未來生活的擔憂發火。我個人非常喜歡電影《我不是藥神》裡面的一句話：「人只有一種病，就是窮病。」對於小事的爭吵，究其原因就是窮。透過認真觀察，我們會發現，愈是富裕的家庭，愈不容易因為小事而吵架。比如誰做家務這件事，富裕家庭一般都有幫手，他們根本不會就此事發生爭執；家裡如果足夠寬敞，可以多買幾個櫃子，大家的衣物可以分門別類擺放，何必為誰占的地方多、誰占的地方少吵架呢？可見，很多小事並不需要夫妻對內解決，而是需要夫妻一起對外解決——共同努力賺錢。

最後，你一定要勸勸閨密，千萬別動不動就輕生。一個連自己都不愛的人，怎麼可能愛上別人呢？要時刻謹記，只有你先自愛，世界才會愛你。感情這東西，千萬別抓太緊，抓太緊不僅會弄丟對方，還會弄丟自己。退一步，你會發現世界很大；鬆一把，你會感到自己也很輕鬆。

所以，親愛的夏冬夏，告訴你的閨密，人一定要有自己的生活、自己的圈子、自己的理想，走自己的路。這個跟結不結婚關係不大，重要的是你先看重自己，別人才會看重你。

怎麼和競爭對手相處？

阮頂天：龍哥，在這個時代，我們應該怎麼跟競爭對手相處？

李尚龍回信：

阮頂天，你好。在競爭激烈的現代社會，每個人都有可能遇到競爭對手。怎麼和競爭對手相處，其實是現實世界的生存之道。所以，我有以下幾項建議，想分享給你。

第一，學會和競爭對手合作。

競爭對手還能合作嗎？當然。比如經常會有人買了東航的票，最後卻坐上了南航，原因就在於兩家航空公司共享了航班代碼。再比如，很多國家表面上看起來關係劍拔弩張，實際上會在暗中合作。所以，真正聰明的人不是去打垮競爭對手，而是和競爭對手合作，爭取自身利益最大化。

第二，學會利益分配。

沒有永恆的對手，只有永恆的利益。如果想和競爭對手合作，第一要保住自己的利益，第二要捨得分蛋糕。

其實，你和對手之間，往往有千絲萬縷的聯繫，採取合作是為了讓自己不受損失。二〇一七年，三星把螢幕賣給了蘋果，讓它用在即將上市的 iPhone X 上。互為競爭關係的兩家公司，竟然將稀缺的資源做到了互通有無，實在令人匪夷所思。其實，你只要仔細分析就知道，如果三星斬斷和蘋果的關係，蘋果就會向別的供應商

（比如華為、谷歌等）尋求合作，這些供應商如果接到蘋果的訂單，實力將會大大增強，同時也會增加三星的壓力。事實上，二〇一七年三星因為和蘋果合作，僅在螢幕方面的收入就占總收入的百分之三十，利潤高達五十億美元（此數據來自《哈佛商業評論》）。蘋果後來還從三星那裡購買了閃存晶片、電池和陶瓷元件。從這裡不難發現，所有的合作背後都涉及利益分配。所以，對待競爭對手，你需要思考的是能否與對方登上或是同建一艘大船，而不是零和博弈。因為商業的最終目的不是消滅對手，而是共贏，增加整個社會的福祉。

第三，你最終會和競爭對手很像。

如果你剛準備進入一個行業，一定要謹慎選擇競爭對手，因為你最終會和競爭對手很像。你把自己定義成什麼，你就會慢慢變成什麼。企業是這樣，個人也是這樣。你總是研究誰，羨慕誰，最後你可能就會成為誰。但如果你不給自己設限，而是思考這件事的本質，那你就會成為一個擁有無限可能的人。亞馬遜的貝佐斯說過一句話：「不要管你的競爭對手在做什麼，因為他們又不給你錢。」關注對手你可能會做到第一，但關注自己你會做到唯一。所以，亞馬遜團隊幾乎不會盯著別人幹什麼。如果他們整天盯著別人幹什麼，可能根本發展不出 AWS 雲服務、Alexa 人工智慧語音助理和 Echo 智慧音箱等業務。簡言之，不要把目光交給競爭對手，而是交給自己的目標。關注自己想要的，然後去尋找資源，變成唯一的自己。

第四，格局大一些，一起攜手擴大行業。

Paypal 的創辦人彼得・提爾說：「如果你不能把對手打敗，就和對手聯合。」這並不是危言聳聽，因為他在一九九九年發布了 Paypal 在線支付，幾乎同一時間，伊隆・馬斯克的公司發布了類似

的產品。兩家公司互相攻擊，甚至在圖標上都開始了惡性競爭。但是，二○○○年三月，兩家公司提出了合併方案。在之後的媒體採訪中，彼得·提爾說：「第一，兩家公司都無法戰勝對方；第二，外部經濟環境在轉向對行業不利的方向。所以，合併之後活下來統治市場是最好的選擇。」同樣的故事發生在滴滴和快滴、美團和大眾點評，還有其他的商業巨頭之間。為什麼會這樣呢？實際上，這依舊是一種合作共贏的邏輯。如果兩家不停內卷，競爭會愈來愈激烈，最後誰都賺不到錢，還不如坐下來好好談談能不能合併，說不定還能求得一線生機。同樣的思路不僅適用於公司，還適用於個人。我一直不覺得自己和其他作家是什麼競爭對手，因為我們是一個行業裡的人，多一個人讀其他作家的書，也就多一個人可能讀我的。我們要做的不是和別人交惡，而是聯合起來，一起和短影音行業作戰，讓更多的人回到閱讀文字這個賽道上來。因為太多人熱衷於看短影音，關注閱讀的人自然愈來愈少，而我們要做的，就是携手捍衛這個行業。從這個角度看，你和競爭對手最終是一條船上的，一榮俱榮，一損俱損。

第五，以目標為中心，而不是以對手為中心。

就我個人而言，我非常認同亞馬遜的企業文化——始終以客戶為中心，不與競爭對手爭長短。他們的理由是，當你過多關注競爭對手的策略以制定自己的業務策略時，意味著你必須不斷改變自己的策略，但當你始終圍繞客戶的需求制定策略時，策略往往是穩定不變的。這其實是一種很大的智慧。也就是說，當你盯著對手的時候，你的方向很容易變，但當你盯著目標時，對手的干擾自然就弱化了。

第 3 封信　人到中年，還能有好朋友嗎？

方芳：龍哥，人到中年交朋友需要注意什麼？

李尚龍回信：

　　方芳，你好。可能你現在還沒到中年，等你到了三十歲之後，或許會有許多關於朋友的啟發。關於這個話題，我有五項建議想要分享給你。如果你遇到相應的困惑，不妨把這篇文章反覆讀一下。

　　第一，人到中年之後交心的朋友會愈來愈少。所以，別總是把自己生意破產、婚姻不幸、子女不孝諸如此類的事到處跟人說。因為訴苦並不能獲得他人的尊重，反倒有可能換來他人的嘲笑。一個人要想獲得他人的尊重，只有一個辦法，就是這個人做出了一些成就，值得被尊重。

　　第二，愈是身處低潮，愈能看清誰是真正的朋友。人總有高潮和低潮，高潮時高朋滿座、錦上添花無可厚非；但低潮時雪中送炭、不離不棄的才是真朋友。

　　第三，等值交換才能有等價社交。如果自己不夠強大，朋友圈的人再多也只是點讚之交，甚至你給別人點讚，別人壓根不會理你。只有自己足夠強大了，能提供等值價值了，才能進入等值關係。換句話說，你只有身處高處，才能有高處的朋友。如果你現在還不夠優秀，就先耐住寂寞，厚積薄發，等待下一波的高潮。

　　第四，不必把你取得的成就到處跟人講。這個世界上，除了你

至親的人，沒有人真正關心你的成就和不幸。在這個快節奏的社會，每個人都很忙，每個人都有自己的事要做。沒有人喜歡聽你訴苦，也沒有人期待你比他過得好。除非你能把你的東西跟別人分享，或者帶著別人一起好起來。

第五，**勿忘初心**。不要入世太久，就忘記出世的路。每個人或多或少總有一兩個真心的朋友是不能用世俗的金錢、名利來衡量的，要珍惜。

以上是我交朋友的原則，也是我三十歲之後悟出的原則，與君共勉。

<table>
<tr><td>第
4
封信</td><td># 上大學應該多交朋友嗎？</td></tr>
</table>

張張包：龍哥，在大學裡應該和很多人打好關係嗎？還是應該按照自己的想法走？我是一個極度社恐的人，不喜歡湊熱鬧，就喜歡自己待在圖書館裡看書，覺得獨來獨往也沒什麼大不了的，不僅可以避免一些不必要的社交，還能有時間提升自己，何樂而不為呢？有時候也覺得沒有三五好友真的很孤獨，卻又不知道該如何主動，怎麼辦呢？

李尚龍回信：

　　張張包，你好。首先你要明白，人是社會動物，每個人都要和人交流，這是無法避免的。當然，你也可以試試不交朋友，一個人生活，但可能性不大。除非你放棄經濟行為，完全不想賺錢；否則，不管你願不願意，你都要和外界交流。

　　或許你會說，我就專注學術，做好自己的事情就好，其他人際關係與我無關。這樣說也沒錯，但至少你要做到不得罪人。我見過很多實驗室出來的「技術大神」，雖然能力很強，但是情商很低，得罪人而不自知，最後在公司被人排擠。換句話說，那些能力超強但人緣不好的人，很容易在能力下降時被公司優化。《職場達人修練術》裡面有一種人叫「驚奇隊長」，說的就是這種人。所以，去提高自己的情商，讓自己變得受歡迎也是人生一門必修課。

　　如果你做生意，你會發現真的是「朋友多了，路好走」。總之，

人必須互相交流，才能激發出偉大的創意。

通常，我們的朋友圈分為強關係和弱關係。當一個人做重大決定，比如離職或是找工作，一定要關注自己的弱關係。清華大學羅家德教授曾經說過，交朋友方面我們要向蜘蛛學習，弱關係就是織網，網織得愈大愈好，而強關係是圍上去捕食，行動精準才能有所收穫。比如你跟你的同學肯定屬於強關係，因為你們抬頭不見低頭見，你要跟他們相互團結。與此同時，你要把外面的弱關係建好。

比如，你可以認識一些校內社團的朋友或是校外的朋友，如此一來，你會發現不同圈子的資訊和機會。這個世界的大多機會和超棒的點子基本都在你的弱關係中，但弱關係要建立廣大才有無限可能。所以，不要怕交朋友，不要怕與人交流。

我身邊的好幾個優秀的企業家，他們的交友思維基本都是如此。在生意順風順水的時候不得意，加強內部團結，同時多留意外邊的世界，努力經營自己的弱關係。當自己原本的產業遇到問題衰落的時候，利用原本的弱關係迅速切換到新的行業，重新建立新的強關係，發展新的弱關係。等另外的產業再出問題的時候，繼續去發展弱關係，直到有另外的機會加入新的領域發展強關係。這是來自全球知名社會學家格蘭諾維特教授的一本書，叫《鑲嵌》。

他幾十年前第一次提出弱關係的優勢的理論，後來出現在無數的社會學著作中。所以，請你一定要記住，一切經濟行為都是「鑲嵌」在社會網路之中的。我在網上看到一段特別有共鳴的話：和人交流久了就喜歡跟狗打交道。這句話聽起來有點道理，但是不好意思，這並不是事實，你還是要交朋友的。所以，我們要知道交朋友的重要性。那麼問題來了，到底要怎麼交朋友？

有個作家說了一段話：有一天，我十歲的小外孫問我：「爺爺，

我長大之後也要像你一樣，有那麼多朋友就好了，你告訴我怎麼交朋友？」我告訴他交友三句話：「第一，朋友有好壞，好朋友深交，壞朋友遠離。第二，要多給予，少索取。朋友多給予，朋友就會在你身邊，老找朋友索取，朋友就會離你而去。第三，對朋友真誠。不忘老友，多交新友是我的交友經驗。朋友沒有永恆的，隨著人的處境、地位、年齡的變化而變化。我年輕時的朋友，如今大多已成名成家。他們盛名在身，為名所累。我一般無事不登三寶殿，更不去錦上添花，我只會雪中送炭。」

哇！這段話我每次看完都特別有感觸。分類朋友，多給少要，真誠。你看，多麼優秀的交友經驗。除此之外要多加一項，就是主動交朋友。一直被動，你不會等到好朋友的，除非你閃著光。如果你是普通人，也要記得四個字——主動出擊。對你來說，你要明白，大學四年是最容易交到高品質朋友的。這個時候你要學會主動參加一些社團、學生會，參加一些比賽活動，主動加一些人的微信。如果你不主動交朋友，只是被動地等別人來結識你，那你交到的朋友數量相對就少，數量少自然可靠的也少。

另外，還有個數據很重要，就是百分之九十五的人只擁有五個以下的朋友，還有百分之五的人擁有二十個人以上的朋友。而圈子裡平時的活動基本都是由這類超級連結者發起的。朋友和朋友之間，或者朋友的朋友的朋友之間之所以能連接上，也是因為有這類人在維繫。所以，我的建議是，當你不知道該怎麼交朋友，去找你身邊這樣的超級連結者，讓他們成為你的朋友，讓他們帶著你玩。你接下來就能認識更多的朋友。接著做到上面說的三點：分類朋友，多給少要，真誠。

希望你能交到更多的朋友。

失戀了，怎麼走出前任的陰影？

布丁：龍哥好。身為戀愛腦，怎麼才能走出前任的陰影？怎麼才能讓情緒不受他人的影響？

李尚龍回信：

布丁，你好。眾所周知，前任是一種特別的存在，曾經相愛過的人因為某種原因分開，成為彼此最熟悉的陌生人。而失戀之所以痛苦，皆是因為你原來以為你們是一個人，形影不離，無話不談，但現在只有你一個人了。要走出這種困境，你需要重建自我。

心理學有個概念叫「自我認同」。什麼叫自我認同？就是你覺得自己是什麼樣的人，並認同自己是什麼樣的人，這就是自我認同。戀愛的時候，男朋友或女朋友對你的影響很大，但現在你已經是一個人了，你要明白自己也是完整的個體，是獨一無二的。所以，重建自我非常重要。

很多人說前任就算分手也能成為好朋友，我並不認同這種做法。在我看來，如果你們只是逢場作戲，偶爾聯繫一下也就算了，但如果真的刻骨銘心地愛過，最好不要再聯繫，能互相刪掉對方的聯繫方式更好。很多戀人分手並不是兩個人沒感情了，而是在一起的愛恨糾葛太傷人了，不得不用分手來保護自己。所以，我不建議分開後的兩個人藕斷絲連。所謂「長痛不如短痛」，做無謂的掙扎，只會將最初相識的美好一併消磨殆盡，何必呢？折騰到最後，兩個

人還是要獨自療傷。

怎麼斬斷關係呢？我的理解是，當你非常痛苦的時候，該刪除聯繫方式刪除聯繫方式，該搬家搬家。必要的時刻，該換環境，甚至可以換城市。當然你可能還會把他拉回來，但一定是所有傷痛都撫平之後再回歸原點。

根據心理學的觀點，與前任的關係有三個階段：

第一個階段是敏感期。你可以看看《前任1》、《前任2》、《前任3》等前任系列的電影，看的人熱淚盈眶，痛不欲生，好像每個人失戀都與你息息相關，感覺全世界的情歌唱的都是你。聽到前任的消息，你嘴上喊著不想知道，心裡恨不得弄清楚每一個細節，然後去舔舐自己的傷口。只是路過和對方一起去過的地方，心口都會鑽心地疼。這沒什麼大不了的，只是壓力反應。

當然，這種壓力反應會給人帶來很大的創傷。甚至有些人本來在逛街、喝咖啡，突然就情緒崩潰，哭得稀里嘩啦的。但請你記住，最好不要將自己為情痛哭的一面暴露給身邊的朋友，因為說不定你的下一任男朋友或是女朋友就在這群人裡面，到時候回想起你為前任痛哭流涕的樣子，你會尷尬得無地自容的。當然，這個階段是不建議你很快找下一任的。因為剛失戀是很痛苦的，你可能因為忍受不了寂寞而馬上投入新的懷抱。但親愛的，你當下最需要做的是重建自我，而不是為了證明自己值得被愛而重新開啟一段戀情。

第二個階段是陌生期。當一個人試圖走出失戀的陰影時，會想盡一切辦法讓自己忙起來，比如努力嘗試之前不敢做的事，去見以前不願意見的人。前任離開留下的巨大空洞，逐漸被其他的事物取代，差不多三個月就可以切換到沒有前任的模式，你的生活終於恢復了以往的平靜和安寧。這個時候，千萬不要在網上看一些所謂的

「毒雞湯文」，而是耐心迎接失戀後的第三個階段。

第三個階段是新身分期。在這個階段，兩個人基本都放下了，開始用新的身分去面對彼此。我見過很多這樣的情侶或夫妻，當內心深處的痛撫平以後，重新加回刪掉的微信，以嶄新的面貌重新開始一段正常的關係。

電影《婚姻故事》非常適合想進入婚姻或是已經進入婚姻的人看一看。它裡面講述了這樣一個故事：一對夫妻總是因為各種各樣的事情吵架，最終選擇了離婚。但因為有孩子，兩個人不可能完全斬斷聯繫，於是就走到了第三階段。明明兩個人已經沒有愛情了，但女方看到男方的鞋帶鬆了的時候，還是會蹲下來幫他繫好。

我的一個朋友和她的前夫離婚以後，沒有互刪微信，但彼此看不到對方的朋友圈內容了。有一天，女的就問男的：「我聽說你找女朋友了，女朋友還把你甩了。」男的說：「沒有啊。」女的又說：「哦，真的沒有嗎？沒關係，我只是問一下。」

以上兩個案例的男女之間該如何界定關係呢？可能不能簡單地以親情、友情、愛情來定義，但從決裂到願意跟對方有互動，這個過程包含著原諒。至於這樣的關係是好是壞，我無法定義。但我知道，讓生活繼續，讓自己幸福比什麼都重要。

人至中年，或許有人已經經歷過失戀或離婚的痛苦，但無論生活遇到了怎樣的苦難，都要記得吃飯、睡覺、運動，保持好的體魄，勇敢地活下來。這才是最重要的。因為你只要活得夠久，每天優秀一點，總能遇見更好的。

當然，你現在可能很痛苦，想要早日擺脫情緒受別人影響的感覺。其實最快的方法就是趕緊開啟一段新戀情，但不推薦，因為那樣可能會「饑不擇食」，對誰都不好，最終害人害己。

所以，人最終還是要先修練好自己，才能吸引到更好的人。否則，你永遠都是在原來的圈子打滾，不是別人不滿意你，就是你不滿意別人，到頭來白白蹉跎了歲月。

遠距離戀愛要不要分手？

Warm：龍哥好。有個問題一直困擾著我。我和男友已經戀愛十二年了。他是軍人，目前已經在部隊服役六年，打算服滿十二年退伍，到時候根據組織安排可以分配一份工作。可是，我的家人不同意我們再交往下去，一是覺得遠距離戀愛不好，影響感情；二是覺得他也不一定能在部隊服役十二年，這就意味著他需要自己找工作。綜合來看，我們在一起的不確定因素太多了，所以希望我在當地找個對象，這樣大家能互相有個照應。於是，他們就不停地給我安排相親，這讓我很苦惱，跟家人鬧得很不愉快。我該怎麼處理好這件事呢？

李尚龍回信：

Warm，你好。首先我同意你父母的觀點，遠距離戀愛不可控的因素確實太多了。因為身處異地，意味著彼此沒有陪伴，互相不能及時溝通。明明彼此有戀人，有另一半，卻實打實地過著一個人的生活。明明應該兩個人一起做的事，卻彼此自己做自己的，生活中沒有太多的交集，意味著彼此都可以有對方不知道的祕密。

關於祕密，好像每個人或多或少都有一些祕密。我曾經採訪過很多夫妻，他們說對你講的話從來沒有跟另一半說過。他們明明是最親密的伴侶，卻依舊沒辦法把自己所有的事都告知對方。難道這些夫妻已經不再相愛了嗎？並不是。相愛並不意味著兩個人不能有

自己的祕密。因為愛情具有排他性，像初戀、前任這種容易讓現任誤會的人，無論你心裡有多懷念，都不要將它宣之於口。有時候一個善意的謊言可以讓兩個人處得更好，走得更遠。

比如父母逼你相親這種事，如果讓你的男朋友知道了，對你們的感情一定大有影響。但你無法抗拒父母對你的安排，所以我的建議是你該幹麼幹麼，別讓他知道就行了。因為你讓對方知道，他不但給不了你想要的反應，說不定還會做出一些過激的行為。簡言之，當你決定好接下來的路要怎麼走時，你再去跟他說。當然，你也要考慮另一件事，就是一旦你和他結婚，可能真的就沒後路了。根據中國法律規定：非軍人一方提出離婚的，須經軍人同意；如軍人不同意，而且原婚姻基礎和婚後感情較好，非軍人一方又無重要、正當理由的，應對非軍人一方進行說服，教育其珍惜與軍人的婚姻關係，調解或判決不准離婚；如果夫妻感情確已破裂，或軍人一方有重大過錯，婚姻已不能繼續維持的，經調解和好無效，應當透過軍人所在部隊團以上的機關向軍人做好思想工作，調解或判決準予離婚。結婚肯定不是奔離婚去的，但你們長期異地，感情基礎本就不牢靠，如果結婚後發現兩個人性格不合，到時候該怎麼辦呢？所以，我想你應該知道父母為什麼要讓你現在去相親了。因為他們不想你日後後悔，在他們看來，你只有見得多，才能確定自己要什麼，要過哪種生活。

所以，我勸你最好不要跟你的男朋友傾訴父母要你相親的苦惱。你應該告訴他的是，你希望永遠跟他在一起。說實話，你目前自己都不確定以後會跟誰在一起，而他跟你一樣，他也有自己的圈子，只是你不了解而已。

然後說回祕密。我在讀書會裡曾經講過一本書，叫《包法利夫

人》。書中有個奇怪的現象，就是每次包法利出軌的時候，她的丈夫都恰到好處地找個理由離開了。甚至在巴黎那一次，我都覺得他是故意的。明明看到自己的老婆和別的男人眉來眼去，還非要說：「不好意思，我得回家一趟，忘拿東西了。」也就是這次，讓包法利夫人釀成大禍。小時候並不理解作者為什麼會這樣寫，長大之後給大家講書時才突然意識到，在她丈夫的潛意識裡，他早就知道自己的老婆和別的男人有染，只是他不願意承認這個現實。所以他選擇逃避，選擇幫包法利夫人一起把祕密埋藏在內心深處。他為什麼裝作不知道呢？因為他一旦知道了，就意味著他要處理這件事，這極有可能給他帶來滅頂之災。可是，在最後清理包法利夫人的遺物時，他看到了那一封封信，一封封妻子寫給別人的關於愛慕的信。結果他怎麼樣了呢？他死了。

這是一個很恐怖卻又十分真實的隱喻。每個人都有一些不為人知的祕密，這些祕密一旦被公布，總有人會「死」。要麼「死」的是自己，要麼「死」的是別人。這裡的「死」不一定是生命的消失，也可能是精神的摧毀。在這個大數據的時代，祕密隨時有可能被洩漏，智慧型手機給人們帶來便利的同時，也給無數家庭帶來困擾。刪掉的聊天紀錄可以被找回，去過的地方有推播訊息，甚至我們瀏覽過的資料都暴露無遺。我們每個人、每個細節都在互聯網的「監視」中被放大，被暴露。

所以，適時保留一點鈍感力，保守你該保守的祕密，同時允許別人有別人的祕密，於己於人都未嘗不是一件輕鬆的事。

最後，不管你選擇和誰結婚，都不必過於擔心。因為無論選擇誰，一旦日後生活得不如意，你都會後悔。但結婚就是這樣，無論你怎麼選擇都會後悔，但青春不就是拿來後悔的嗎？

第 7 封信

被性騷擾了怎麼辦？

匿名：龍哥好。其實有點難以啟齒，我被老師騷擾了。儘管這個騷擾只是言語上的暗示，並沒有其他實質上的事情發生，而且被我明確拒絕之後，老師也承認自己是一時糊塗，以後絕不會再發生這樣的情況，但我依舊很困擾，很難受，很不安。以後，我和老師該如何相處呢？

李尚龍回信：

這位同學，你好。聽到這個消息，我很震驚，也很理解你的不安。首先，你要相信大部分老師的素質都是很高的。但我們每個人的一生或多或少都經歷過讓人難以接受的事，比如遇見猥瑣的人，一些變態的人，一些心理扭曲的人。這些人讓人噁心，讓人恐懼，甚至一輩子都活在那種可怕的陰影之下。但我要告訴你的是，不要怕他接下來會對你動什麼手腳，你愈是謹小慎微，他反而愈得寸進尺；你真的臨危不懼，他可能就沒那麼猖狂了。有一點你要記住，你愈放大這件事對你造成的傷害，他愈害怕，而你也就愈安全。

我有一個學生，他的孩子剛滿十歲，經常在學校裡被欺負。而欺負孩子的這個人，就是孩子的班主任。他很生氣，但又怕得罪了班主任，孩子在學校裡無法立足。問我該怎麼辦？我說，你要麼讓全世界都知道這個老師的德行，要麼只能暗中為你的孩子祈禱。後來，他就蒐集了一些證據，聯繫報社的人把這個「惡魔」老師給曝

光了。後來，這個總是欺負他的孩子的老師失去了工作，而他的孩子也安全了。

其實，在任何領域都是這樣，你愈強大，壞人愈害怕。如果你被壞人欺辱了以後變得畏畏縮縮，那壞人就會成為你的夢魘，讓你無時無刻不想著他，然後徹底將你擊垮。小說《房思琪的初戀樂園》裡，講述了美麗的文學少女房思琪被補習班老師李國華長期性侵，最終精神崩潰的故事。我第一次讀的時候，真的是愈看愈生氣，直到最後看到作者的隕落才意識到，她之所以將一生最美好的青春年華、最熱愛的文字全部交付給了那個禽獸不如的老師，實則是那個人渣做的事一直凌辱著少女的心，最終導致她抑鬱而終。我並不贊同作者最後的做法，因為那樣非但不解決問題，反而讓壞人繼續逍遙法外。但我深知這背後的痛苦，因為不夠強大，最終被惡魔吞噬。

這樣的案例比比皆是。所以，我曾在《房思琪的初戀樂園》的序言上，寫過這樣一句話：

我們一定要把事情弄大了才會被人知道，為什麼人一定要以命相逼，才會讓人感覺到這件事情不小呢？

十多年前，師範院校開始擴大招生，很多學生畢業之後不管水準如何都去做了老師，開始教書育人。隨著時代的發展，教培行業開始崛起，很多所謂的「名師」甚至連一張教師資格證都沒有就上工了，這也帶來了教師隊伍的參差不齊。前段時間我看了一個短影音，說的就是一個培訓班的老師騷擾一個初三的女孩子，假借補課的名義約女孩來自己家，還發了一些露骨的訊息。這個事情被女孩的父母知道以後，兩口子就設了一個引君入甕的局，以女孩的名義讓老師來自己家，等到這個老師色瞇瞇地一進門，她媽媽就拿手機狂拍，然後直接錄成影片公布到網上。後來，這個影片上了微博熱

搜，老師毫無疑問被開除了。雖然我們不知道這個女孩子最後怎麼樣了，但她一定是安全了。

所以說，如果覺得自己過不了心裡的坎，想要討個公道，那就把事情鬧大，愈多人知道愈好。如果你想大事化小，小事化了，只想安安靜靜地上學，我有以下幾項建議想要請你注意：

第一，**不要創造兩個人獨處的空間**。兩個人只要沒有獨處的機會，他就沒有接近你或是冒犯你的可能性。要問問題或是有其他事必須跟他私下交流，不妨多帶一個同學去；要請他吃飯或是有其他事要感謝他，那就帶上你的父母。

第二，**如果他真的說到做到，自此不再騷擾你，可以假裝什麼事都沒有發生**。你要知道你的目標是學習，而不是將時間耗費在這個人身上。有時候你愈顯得慌亂，他愈是覺得有機可乘。你表現得百毒不侵，該幹麼幹麼，他反而害怕了。

第三，**明確界限**。假如他在跟你討論問題的時候故意碰你一下子，你趕緊說：「老師，你忘了上次了嗎？」或者他再有一些輕佻的話語，你就錄下來或是保留好聊天紀錄，然後正色警告他：「你要再這樣，我真的要報警了。」

第四，告知父母你受到的侵害。相比於以上三項，這項是最重要的。發生這種讓你痛苦的事，一定要讓父母知道。無論父母有多不可靠或是有多靠不住，都要讓他們知道，或是讓最信任的朋友知道。養老院的老人為什麼十分渴望自己的子女經常來看望自己呢？因為子女的到來就是潛在地告訴他人：不要欺負我，我是有人保護的。如果你敢欺負我，我就揭發你。

所以，要敢於把自己的底牌亮出來，讓更多人看到。

怎麼跟家人說「對不起」?

閆麗:龍哥好。媽媽曾經在老家給我找了一份高速收費站的工作,我不想去,可他們騙我,硬把我送到了培訓中心。我一時沒想明白,他們一走,我也離開了。從這以後,媽媽再也不理我了,打電話不接,發簡訊不回,過年也不讓我回家。現在我經歷了一些事,已經明白媽媽的用心良苦。我想跟媽媽說聲「對不起」,卻又不知道該怎麼說。

李尚龍回信:

　　好像有個不太成文的規定,就是關係愈親密的人愈容易讓你受傷,反之亦然。我想,你一定是傷害了你的母親,才有了今天的懊悔。

　　那麼,該怎麼辦呢?

　　我有一個特別好的方法分享給你:當你對親密的人說不出「對不起」或是「我愛你」的時候,不妨拿起筆寫一封信。

　　無論是表達愛意還是表達歉意,我一直都覺得文字比語言更有力量。這封信你可以放在他們的枕頭下或是直接放在飯桌上,讓他們安靜地去看。其實我和你一樣,我也曾有許多話想要對父親說,但他一直都沒有時間聽或是不願意聽。當時,我對自己的人生有了新的規劃,我想從軍校退學,但父親一直不給我機會讓我表達自己的訴求。於是,我就給他寫了一封信。後來,有一次父親跟我喝酒

時說，幸虧有那封信，要不然他永遠不知道自己的兒子有那麼多真情實意的話想要跟他說。可見，文字的力量真是偉大呀。

後來，透過文字，我的很多想法、做法都改變了。我發現，很多想不明白或是說不出來的話，透過文字把它寫下來是個不錯的辦法。再後來，我寫了愈來愈多的文字，成了一名作家。我的父親前段時間被診斷出癌症——膀胱癌，這讓我一時之間難以接受。作為一個成年人，我羞於將那些「恩重如山」、「伺候終老」的話當面對父親表達，所以待我平復情緒之後，我把自己的情意化作文字，放在了公眾號和書裡。父親看完之後非常感動，甚至很長一段時間他都靠文章裡的那些讀者留言堅持治療、鍛鍊身體，現在病情已大有好轉。

所以，你不妨試著給媽媽寫一封信。這封信可以手寫，也可以列印出來放在媽媽看得見的地方。相信我，只要你這樣做了，媽媽不會不理你的。畢竟，人心都是肉長的，血濃於水，這是誰也割不斷的親情。其實，媽媽只是需要你認真地跟她道個歉，告訴媽媽你錯了，看看還有沒有其他的解決方案。

當然，你也可以試著找個中間人——爸爸或是媽媽的好朋友——試探一下口風，然後對症下藥。或者找一個合適的時機，比如逢年過節，你投其所好送她一個禮物，回家多陪笑臉，多幫媽媽做事，說不定就過去了。

人生就是這樣，我們總是要為自己的年少無知買單。可是，這就是青春啊！如果有遺憾，那就盡力彌補。

其實你能問出這個問題，說明你已經成長了。但還有一件事你要明白：自己的事自己做主，一切才會變好。父母替你做的任何決定的初心自然是為了你好，但如果你自己能把自己照顧得很好，父

母也就不會替你擔心，幫你做決定了。或許你自己也不知道自己適合做什麼，只是不喜歡父母給你安排的路。其實年輕人的路本就是曲折且充滿不確定的，不管是繼續求學還是參加工作，如果感興趣，儘管去試一試，闖一闖，說不定就找到適合自己的路呢！一些你看起來完全不適合的工作，一旦投入進去，可能發現也沒有那麼難。

我的一個同學，讀了商學院之後，在一次線下飛盤活動裡認識了一個公司的創辦人。一問是我們的師兄，我們就想跟著他混，或者讓他帶著我們一起做點什麼東西。後來，我的這個同學直接去師兄的公司上班了。當時我們還開他玩笑，說大家明明是師兄弟關係，被他這樣一搞，成了上下級關係了，這以後大家相處多尷尬。但後來大家一問，就都不笑了。因為這位同學去到那裡，一個月可以拿三萬多元，同樣地，他一個月能給師兄的公司帶來十幾萬元的利潤。於是，大家都好奇，同樣是這個人，為什麼之前沒有嶄露頭角，怎麼現在突然就爆發了呢？其實並不是，而是因為之前那個工作不適合他。可是，如果他不去參加那次飛盤活動，遇不見那個師兄，他永遠都不知道自己竟然還有這樣的天分，還能夠做得那麼好。

所以，我的建議是，該道歉的道歉，該堅持的堅持。千萬不要什麼也不做，更不要把自己悶在家裡，試著走出去，多接觸一些人，說不定就會有更多的可能。

| 第 **9** 封信 | # 交朋友要不要有目的性？ |

小兮：我們在生活中如何辨別哪些是合作夥伴，哪些是交心的朋友，哪些是交情不深也沒必要聯繫的人？

李尚龍回信：

小兮，你好。每個人交朋友都是有目的性的。這句話聽起來很殘忍，但確實是事實。只不過有些人的目的是長遠的，有些人的目的是短暫的。比方說前些日子，我的一個做金融的朋友頻繁約我出去吃飯，我就特別好奇，因為我跟他完全是兩個圈子的，我不知道金融圈跟我有什麼關係，也不知道我能幫他做什麼。大家一吃飯就聊哪支股票攔腰斬了，哪支股票可以入手，哪家公司要做空，哪家公司上市前是他們持股的，我完全不懂。我聊起文學他們也不懂，我只好說您剛講的那個東西好像跟《包法利夫人》有關係，那個故事就是福樓拜的親身經歷。大家的圈子不同，關注的點也不同，但聊的時候，我就思考：他為什麼非要約我吃飯？純粹聯絡感情還是有其他事？

直到我們吃第三次飯時，我才知道原來他是想讓我幫他寫一本自傳，寫他在金融行業的起起落落。後來，第四次他再邀我吃飯，我就不再應約了。第一，「未知全貌，不予置評」，我不是他，無論怎麼寫，都不可能寫出他想要的效果。第二，就算我寫了，也出版不了。因為金融圈的事不是我這個外行人了解一二就能說得清的。

我曾經在寫作課裡講過一個公式，就是任何一個人物都要先有目標，他要衝著目標努力，遇到意外，繼續努力，再遇到意外，再繼續努力……一直這麼循環往復下去。這也是我們每個人的一生。所以成年人的世界，不要太在乎別人接近你是為了利益還是感情，而是要增加自己的個人價值。有價值的人才會被人喜歡，被人追尋。其實就算是因為真情跟你在一起，不也是你給他提供了情緒價值嗎？大家在一起打遊戲、逛街、閒聊、追劇……好像也沒做什麼驚天動地的事，但不也是消耗了你自己的孤獨感嗎？一樣是有目標，只是你不知道而已。

　　其實，你愈長大愈發現，別人跟你交往有目的性未必是什麼壞事，甚至對你愛的人有目的性也不必驚慌失措。在成年人的世界裡，有目標、有目的性說明效率高。大城市裡每個人都很焦慮，大家的時間都這麼寶貴，每天忙得要死不活的，直奔目的有時候挺好。

　　當然，第一次見面就給人提需求的人特別討厭。他們還沒開口，臉上就寫滿了「你能給我帶來什麼」，這樣的人你往往不會見他第二次。所以，做人不要目的性太強，或者說，你要學會隱藏自己的目的。那些將欲望寫在臉上的人盡量遠離，因為這類人有求於你的時候，特別會諂媚討好，一旦他從你身上得到了自己想要的東西，很快就把你拋諸腦後。

　　另外也告訴你，無論面對誰，都不要把自己的事全盤托出。俗話說，「逢人只說三分話，不可全拋一片心」，哪怕對方正在說起你的父母妻兒，也盡量保持一定的神秘性。同樣地，跟自己的父母妻兒也不要什麼都講，至少得有百分之二十、三十的神祕感。

　　神祕性是別人尊重你的前提，所以你要有守住祕密的心境和勇氣。有些人你與他交心之後，你會發現他與你漸行漸遠。他把你很

多交心的話講給別人聽，以此換取別人的信任。那時候你太痛苦了，慢慢地，很多話你也不願意再對人言了。以前，我也很喜歡把自己上軍校的經歷講給別人聽，可是這些經歷經過別人的演繹、流傳，已經完全失真了，它逐漸變成一個戲劇、一個笑話，人物是我，但故事已經與我無關了，所以後來我乾脆就不講了。

另外，我建議你不管什麼人都可以見一見。很多人可能覺得大家交情不深，能不見就不見了。其實，很多交情就是交著交著才深，愈不聯繫愈淡漠。殊不知，很多弱關係在我們做重大決定的時候往往起著至關重要的作用。比如找工作、做選擇，甚至創業找夥人，往往強關係沒什麼用，因為如果有用早就發揮作用了，反而是那些平時看起來毫不相干的人，給予你強大的支持。可能你會好奇，既然是弱關係，我為什麼還要找他們幫忙，聽取他們的建議呢？因為旁觀者清，他們與事件本身沒有太多的利益關係，所以給了你客觀公正的建議。

當然，在你沒有展現你高價值的時候，先別著急參加那麼多飯局。就算你酒量再好，說的話再好聽也沒有什麼意義，因為大多數人都是「慕強」的，一個沒有成就的人，是不會得到太多尊重的。所以在此之前，放棄一些無效社交，把那些空閒的時間拿來提升自己，讓自己變強大，到時候自然會有各種各樣的人圍繞在你身邊。

怎麼面對愛情的不確定性？

Lydia：龍哥，如果愛情具有不確定性，我們是否應該把大部分的精力放在事業上呢？應該怎麼分配工作和愛情的時間呢？除了這些，應該花多長時間在親人身上呢？我們應該怎樣讓自己過得充實呢？

李尚龍回信：

　　Lydia，你好。確定性的確是每個女孩子都需要的，但不確定性才是愛情。不，確切來說，一切事情的基礎和事實都是不確定的。你看這世界上到底什麼事才是板上釘釘的呢？可能只有不穩定吧。

　　其實，愛情最美妙的地方就在於它的不確定性，那些突如其來的花兒，忽然轉頭的擁抱，讓人欲罷不能的曖昧，以及數不清的特殊回憶，無一不是它的不確定性帶來的魅力。

　　如果你過於確定它的確定性，反而會阻礙感情的發展。你想，如果一個男的上來就跟你講：「我要跟你在一起四十年，第四十一年我就撒了。」你不會被嚇跑嗎？再比方說，你跟另外一個女生說：「我會在第五年零三天的時候和你生一個孩子。」那個女生也會覺得沒意思吧？一切對未來的確定性都會造成無聊，很沒意思。因為當一切都確定了，愛情也就失去了它原本的魔力。當然，這也給人們帶來一定的痛苦，因為愛情是會消失的。比如一對結婚七年的夫妻，丈夫一早起來看著妻子，突然就覺得很陌生，覺得自己對她沒有愛了。等丈夫跟妻子坦白自己的感情後，妻子特別崩潰，覺得特

別難以理解，覺得丈夫是不是喜歡上別人了。其實丈夫可能就是單純不愛了，沒有原因，沒有理由。就是荷爾蒙、多巴胺這個東西，它有時候就是瞬息萬變的，甚至不用七年，可能幾個小時就消失了。

　　如果愛情沒了，怎麼辦呢？我的建議是，沒了就沒了，理性地去面對就可以了。愛的時候全力去愛，對方先不愛了，你可以難過，可以傷心，但不要太久。如果你把所有的精力都放在愛情上，你確實會偶爾喜悅，但最終是多麼脆弱啊。所以，不要把自己全部的身家性命放在一個如此不穩定和如此脆弱的地方。說到這裡，我推薦你去看一本名為《與成功有約：高效能人士的七個習慣》的書。這本書告訴人們一個非常重要的道理：你把一切寄託於人，總會遇到麻煩，因為人會變；但如果你把一切寄託於原則，原則不會，因為原則是亙古不變的。也就是說，工作比愛情更接近於原則。因為工作往往是確定的，是透過努力真的有所回報的。如果你把大多數的時間放在愛情上，可見你是個戀愛腦，那你的情緒就充滿不穩定性，試想哪個老闆會把重要的任務交給一個隨時有可能炸起來的人呢？但如果你把事業放在第一位，你反而可能會收穫到愛情。你看這個世界上，那些工作能力優秀的人，那些賺到錢的人，連不講道理的人都能被稱為「霸道總裁」。而你要是工作能力弱，賺不到錢，不講道理，只能被稱為「耍流氓」。而且，當你透過努力工作到達一定高度時，你遇到的人可能更多，可靠的、情緒穩定的、階層更高的人也會更多，那時候你的選擇面更廣，喜歡你的人也會愈來愈多。

　　至於親情，它更像是一個無底洞，貫穿一個人的一生。但不管是媽寶男，還是媽寶女，都不可能天天陪著父母。就算你想陪、願意陪，他們也未必會讓你陪。他們有他們的世界，他們有他們的樂

子，與其天天纏在父母身邊讓他們煩你，還不如好好工作，在自己的領域把自己變得優秀起來。當你開始變得愈來愈優秀，他們會為你驕傲的。看到親人為自己驕傲，你會更自豪。

所以，我經常會跟大家講，無論是親情、愛情，甚至是友情，不打擾，讓自己變優秀反而是對的。小的總是圍著大的轉，你一定要成為那個大的人，讓別人圍著你轉，而不要成為小的人圍著別人轉，這一點對任何人都是正確的。

第 11 封信

另一半不尊重我怎麼辦？

焦焦：龍哥好。當你遇到不尊重你的另一半，該怎麼去溝通解決呢？從我記事起我就知道我爸爸非常強勢，雖然他也很愛媽媽，但並沒有給予媽媽足夠的尊重。我特別討厭爸爸這樣的性格，但沒想到，我現在要談婚論嫁的男人竟然也是這樣子的。但我又很喜歡對方，覺得一味忍讓並不好，我不知道該怎麼處理，龍哥可以解答一下嗎？

李尚龍回信：

　　焦焦，你好。我先告訴你一個不幸的消息，在大男人主義盛行的今天，我們身邊有太多太多大男人主義的人了。但是，你有沒有發現，很多男人身上的大男人主義，十有八九都是他人造成的？因為人真的像橡皮泥一樣，可以被塑造。

　　首先，我不否認很多女人身邊確實有操控型，甚至打壓型人格的男人，因為她們把應該自己扛下來的責任直接交給了男人。可是你要知道，你不能什麼都靠男人。如果你精神富足、經濟獨立，對方一定對你無比尊重。但是，你什麼都靠別人，好像沒有別人你活不下去，那你就得不停地妥協和忍讓啊！我們經常說「經濟基礎決定上層建築」，一個精神富足、經濟獨立的女人，誰會一味忍讓呢？

　　通常男人與女人相處有一個底層邏輯，就是一個男人為你付出得愈多，你要得愈多，你的自主能力肯定是愈少的。自然而然，那個人的大男人主義就會愈來愈厲害。我的一個女性朋友，結婚之後

沒多久發現老公的大男人主義超強，甚至滋生出控制欲，於是她的婚姻愈來愈不幸福。後來，我們一起聊天，她突然發現一個問題，就是她早在結婚當天就交出了自己對生活的主動權。比方說不找工作，覺得結婚了就得全心全意照顧家庭，自然是要做全職太太的。就是這樣，她讓曾經愛上自己的男人知道：哦，原來你是我的附屬品啊，原來你可以被控制，原來我不管對你做什麼好像都沒有什麼代價。既然生活的壓力全部在我這裡，那麼受氣包必須得是你。你讓我無比的痛苦，我也不會讓你好受很多。

我希望所有女性都要牢牢記住，大多數女人不幸的源頭就是從放棄工作開始的。現在都什麼年代了，難道你真的天真地以為兩個人在一起，男的負責掙錢養家，而你只需要貌美如花嗎？這個想法首先就很荒謬。對男人不公平，對女人也不公平。

透過你的陳述我發現一個可怕的問題，就是很多人的不幸是在重複父母的不幸。

比如，父母如果離婚了，子女很大機率也會在某個節骨眼上離婚。父親有家暴傾向，兒子未來也極有可能家暴妻子，而女兒也會變成被家暴的模樣。

我的一個女性朋友就是這個故事的縮影。在她很小的時候，她的父親就經常家暴她的母親。她長大結婚以後，也經常莫名其妙地被老公家暴。結果一了解才知道，這就是他們日常相處的方式，就是兩口子一吵架，女的經常拿話激男的：你打我呀！你有本事你打我呀！你不敢，你就是孫子！結果，男的火氣一上來，真的動手了。而且家暴這種事，有第一次，就有第二次，繼而有無數次。這個女性朋友非常典型的心理，就是「自證預言」（也稱為自我實現的預言），潛意識裡在主導事態往不好的方向發展。也就是說，我覺得

你對我不好，為了證明我的這種感知是對的，我看到的所有東西都是你對我不好。哪怕你現在對我很好，也是為了以後對我不好。於是，你愈這麼想，愈容易放大這種行動。對方感知到你的情緒變動，從而變成你潛意識中的那個人。等到對方真的變成那樣的人，你就會非常自然地感嘆一句：「我早就說吧，你就是這樣的人。」這種思維很常見，很多人都有。所以很多人說，大多數家庭不幸福的人，往往都逃脫不了原生家庭的影子。男人活成自己的父親，女人活成自己的母親。

但請你明白，千萬不要「自證預言」，人是可以被改變的。當你意識到自己開始有負面情緒時，一定要冷靜下來，看看自己的想法是否理性，是否正常，是否對解決問題有幫助；如果沒有，一定要及時止住，不要讓事態往不好的方向發酵。

另外，我建議你和現在的男朋友好好聊一聊，兩個人敞開心扉深入地交談一次，告訴他你為他做了多少讓步和犧牲，告訴他你現在有多痛苦和煎熬，或許他還是不會改。沒關係，感情就是合則聚，不合則分。沒什麼大不了的。

<table>
<tr><td>第
12
封信</td><td># 三十歲後，還能不能擁有愛情？</td></tr>
</table>

ff：三十歲之後，還能不能擁有愛情？

李尚龍回信：

我覺得任何年齡都可以擁有愛情。就拿我身邊的朋友來說，很多都是三十歲以後遇到真愛，順利結婚生子的。而且，他們也在擁有愛情的同時，找到了自我。或許等你再多經歷一些就會明白，愛情真的不是光靠年輕時的荷爾蒙和多巴胺就能在一起的，而是愈成長愈知道自己真正想要的是什麼。在《小王子》中，小王子跟他的玫瑰花，一個妖嬌造作，一個對未來完全失去信心。可是這兩個物種為什麼能在一起，而且在成年人的愛情中顯得不那麼油膩呢？

透過仔細觀察，我從他們身上發現一些有意思的地方，分享給你。

第一，對彼此忠誠。

《小王子》書中的金句可以給我們啟示：

愛情，就算是你見到了世界上所有的玫瑰花，卻只想念心裡的那一朵。

看吧，只要你足夠忠誠，只要你愛的就是那個人，三十歲以後也可以擁有愛情。也許這份愛會消失，但當你只愛他的時候，彷彿一切都跟世界沒有了關係。

第二，自信。

三十歲之前，年輕就是資本，年輕人散發的荷爾蒙本身就是愛情的最大魅力。只要你足夠有元氣，看起來朝氣蓬勃，這個階段遇到愛情不足為奇。但是，隨著年歲增長，你不得不面臨很現實的問題——你該為自己未來的人生負責了。這時候想遇到愛情，就需要自信和財富加持了。

自信的人自帶光芒。這類人通常有兩個特點：一是以自我為中心，並且目光遠大；二是當他們努力朝著美好的未來奔去時，渾身散發著魅力。而人之所以自信，是因為他們在某個領域做對了一些事情，並且把這些事做得很好。他們明白人無法改變自己的出身，但能透過雙手改變自己的命運。這樣自信的人，沒有理由不遇到愛情。

第三，主動。

三十歲之後遇到愛情還有一件事非常重要，就是要主動。在我了解到的有限案例裡，我發現凡是能夠遇到愛情的女孩子，多多少少都有一定程度上的主動。很多優秀的男生之所以到三十歲還沒有結婚，多半是不夠主動和性格內向，以至於錯過很多機會。像這種人，基本上在過往的三十多年已經養成了不主動的習慣。所以，這時候如果女孩子也不主動，那結果只有一個，就是兩個人一直擦不出火花，而且還會漸行漸遠。

所以，也送給這樣的男人一句：遇到合適的好女孩，主動一點吧。「一萬年太久，只爭朝夕。」三十歲以後，遇到好女孩和好男人的可能性，真的是愈來愈少了。

第四，財富。

我說的財富並不是腰纏萬貫，而是你至少應該有一個體面的生活。人到三十歲之後，進入一段感情最基礎、也是最痛苦的一件事，

就是「貧賤夫妻百事哀」。就好像浪漫這件事，說到底還是要有一定的物質基礎。

二十多歲的時候，你三天不吃飯，給人買一朵玫瑰花可能讓人很感動。到了三十歲，且不說你買的玫瑰還能不能讓人感動，光是你三天不吃飯，可能身體就吃不消了。所以還是要賺錢，賺錢太重要了。成年人的體面就是從能賺到一點體面的錢，過一個體面的生活開始的。在大城市，先謀生，再謀愛，先生存，再談夢想。

最後，我希望無論哪個年紀的人，都能擁有轟轟烈烈的愛情。哪怕這愛情持續的時間並不長，哪怕這愛情沒有美滿的結局，至少你擁有過。

但願你可以找到這樣的愛情。

第 **13** 封信 — 怎麼走出討好型人格？

超越：龍哥，總是為別人考慮，為別人做事，做完發現自己心裡真的很不願意，但不做又很內疚，怎麼辦？

李尚龍回信：

　　超越，你好。你就是典型的「討好型人格」。這個詞最近特別火，我曾經也遇到過好多討好型人格的人。那怎麼改變呢？我先給你推薦兩本書，一本是我們讀書會經常推薦的，叫《被討厭的勇氣》。當一個人可以被討厭是需要勇氣的，因為我們大多數人都知道，一個被討厭的人，他一定可以做自己，他具備被討厭的勇氣，他才可以做自己。而另外一本是阿德勒的作品，叫《這樣和世界相處》。

　　第一本書我們很多人很熟悉了，不贅述了。第二本很重要，因為討好型的人來自我們的一種妄念，就是如果我拒絕了別人，別人會討厭我。如果我尊重了別人的意願，所以每個人都會喜歡我。如果大家都討厭我，我就完了。我沒有任何社會價值了，也不會有人尊重我了。但其實親愛的，真不是這樣子的。別人尊重你的原因只有一個，就是你值得被尊重，而不是你努力討好別人。所以，你要去建設自己的內心。有時候你會發現，你能夠建設自己的內心，保持獨一無二的個性，你更能被人喜歡。你要先喜歡上自己，然後成為不令人討厭的人，再成為受歡迎的人。所以我跟你分享四招撇步。

第一招，學會說「不」。

好像我們的日課一直在鼓勵大家學會說「不」，那麼你今天就可以試試看。你可以按個暫停鍵，現在就說不，你多說兩遍，試試看是什麼感覺。尤其是你對一些陌生人，你這輩子可能只會見他一次，你拒絕了又會有什麼影響呢？記得有一次，我在公車上有一個人跟我說：「你把位置讓給我。」他說那話就感覺我欠他錢似的，這個位置就像寫他的名字似的。我看了看他，突然想到了「學會說不」四個字，於是我說：「不好意思，我不方便。」他看我理都不理他，就轉身找我旁邊另外一個人說：「你給我讓個位置。」另外一個人也不理他。接下來，我注意到他是一個大爺。我說：「那您來吧，我站一會兒。」這個時候他做了一件事，讓我印象特別深刻，他說：「謝謝啊。」他表達了特別誠心的感謝。這件事給我很大的啟發，如果我一開始讓他，他肯定會覺得我是應該的。但是，我先拒絕，所以我後面的答應變得有了很大的意義。

下次，你再看到超越你預期的請求，比方說你可以借我點錢嗎？你不要理他，也是一種拒絕。關於說不，我們之前的日課有一個辦法，講的就是你至少可以拖延時間。有一句話我屢試不爽。誰找我幫忙，我實在不想理他，就會說一句話：「我最近太忙了，你等我忙完好嗎？」你看這一下子就樹立了邊界意識。

第二招，樹立邊界意識。

很多人以為自己沒有邊界，肯定會被更多人喜歡。但恰好相反，討好型人格的人就是因為太好說話了，所以就算被侵犯他們也不會生氣。這件事因為不表現出來，所以與人交往時，別人會覺得這個人說什麼都可以，沒原則。其實人和人的交往，是一個互相滿足需要的過程。有些人可能喜歡這種被需要的感覺，在幫助別人的時候，

他獲得了滿足，就把自己不被尊重的這個事實給忽略了。你要多問問什麼是你自己不能接受的。堅決突破底線，要拒絕。你至少要學會發怒。當別人踩到你底線的時候，你至少要跟他說一句：「你現在突破我的界限了。」所以邊界被侵犯，要說「不」。這項非常關鍵。

第三招，不要道德綁架自己。

我們確實見過很多道德綁架別人的人，卻忘了很多人會道德綁架自己。比方說，我就見到好多人，他潛意識的聲音是不停地提醒自己，我拒絕別人是因為我道德低下。我拒絕別人會讓別人不高興。但是，理性分析並不會，你拒絕別人很可能不是你的問題，而是別人的問題，是這個問題太過分了。另外，我調查了很多資料才明白，取悅別人這件事真的沒有任何的意義。人們不會打心底尊重那些取悅別人的人，人們只會尊重那些真正值得被尊重的人。換句話說，你在某個領域做得很好，你在某一個環節做到足夠精緻，從這些角度你才會被更多的人尊重。人們只會尊重那些值得被尊重的人。把這句話重複幾遍。

第四招，尊重自己的多樣化。

這一項是我想了很久才想明白的。我們在這個社會裡愈來愈怕毀掉自己的人設。什麼叫人設？我認為所有限制你發展的、限制你多樣化的都是人設。所以，我們大多數人戴著面具做人。比方說，你是一個柔軟的人，你是一個溫暖的人，你看這些詞一旦放在你身上，你永遠不捨得摘掉它，因為它太好了。一旦你有一個打磨很久的人設，你就會被人喜歡，因為你有這個人設，因為這個人設你精心維持了好長好長時間。原來我們沒有手機，可是現代社會你必須隨時在線，所以環境擴大了人們評價你的範圍。各種社交軟體的流行，讓我們一度陷入一種期待他人表揚、害怕他人不喜歡的氛圍裡。

所以，被人喜歡被放大到今天這個層次，我們從歷史的場合來看前所未有。連明星也從戲裡走到了戲外，連戲外的每一個動作，連抽一支菸都可能被人討厭。所以，他們無意中開始建立自己的人設，而為了維持這一人設，他們開始下意識地瘋狂討好著。但隨著你愈來愈討好別人而失去自己，而只能擁有這一面，你一定會愈來愈對自己反感。

為什麼你會對自己反感？因為以討好的方式去吸引別人，一定不是真正欣賞你的人。生活中最幸福的人莫過於可以接受真實的自己，不僅是一面，而且是很多很多面。也就是我們說的做自己。而做自己，就是要把內心深處的每一面綻放出來，活出來。好比你原來是一個特別有正能量的人。你因為害怕別人不喜歡你，所以你所有的淚水都不敢展現給別人，反而把自己活成了一個紙片人。因為害怕有了負能量而不被人喜歡，所以你不停地偽裝，你不停地丟掉那些你真實的表達。最後，你又變成了討好型的人。

人是多元的，你不能指望每個人都喜歡你的那一面，所以你就活成那一面。人要不停地探索，才能成就自我，先喜歡自己，才能讓別人愛上你。

第 14 封信　怎麼去找合作夥伴？

flora：龍哥好。我知道找合作夥伴需要找和自己一樣對某件事懷有極大熱情的人。那如果實在找不到呢？接下來應該找什麼樣的人？還是堅持寧缺勿濫呢？

李尚龍回信：

　　flora，你好。創業時期能找到一個合適的合夥人，而且不撕破臉是相當幸運的事，比你賺多少錢都令人驕傲和自豪。所謂合夥人，就是平等的合作關係，大家要目標一致，三觀一致，行為處事一致。所以，找合夥人，什麼時候都是極其困難的一件事，找著找著找累了，可能會被這樣或那樣的因素干擾，從而改變策略。但有一點很重要，就是「相似的個性，互補的需求」。相似的個性就不多說了，什麼是互補的需求呢？一是資源互補，二是能力互補，三是性格互補。性格互補不是最主要的，因為可能你們的性格是相似的，但依舊可以把事情做好。但是，光看前兩個互補，依舊不好找。我曾經把找合夥人定義成找女朋友，找得好事半功倍，找得不好什麼都得自己解決。而創業就是三件事：定戰略，搭班子，帶隊伍。找合夥人就是我們說的中間那個──搭班子。有一句話很重要，叫「不要用兄弟的感情去追求共同利益，而是要用共同利益追求兄弟的感情。」這句話來自真格基金的創始人徐小平老師。

　　其實，在大城市沒必要跟什麼人成為特別好的朋友，你只要找

到目標，在路上自然就有了朋友。兩個人共同做一件事，做著做著，自然會跟他產生感情。記得我剛創業的時候極度痛苦，因為什麼都是我做，資源是我找的，能力我最強，性格上我是又當爹又當媽。後來發現，其實這樣創業特別不科學，一是它耗費了我很多的時間，二是「獨木難成林」，事情全壓到一個人身上，根本做不起來。比起管理和運營，我更適合做內容。但是，很多時候，我不得不花很多精力去找資源，然後將談好的事情一件件落實下來。直到後來我遇到肖肖，也就是我的合夥人，他幫我把很多事情搞定了，切切實實落地了，我們合作得很愉快。

所以說，先不要著急，先把自己分內的事情做好，說不定那個合適的合夥人正在遠處觀察你呢。找合夥人要做好長期戰鬥的準備。

在我們的文化行業，很多知名的文化公司也都是找了好幾次CEO，最後才確定下來說這個人可靠，然後業績和業務一下子飛升起來。

還有就是，創業一定要找合夥人。單槍匹馬闖世界實在太痛苦了。原來你在大學的時候，可能像孫悟空一樣可以上天入地，無所不能。但是，你現在去西天取經，一定是要唐僧師徒四人，還有一匹白龍馬。單槍匹馬無疑是最累的，還容易吃力不討好。

那怎麼找呢？就是看這個人未來的想法是否和你一致。如果他一上來就談跟你怎麼分錢，這事往往成不了。即使你們勉強成為合夥人，也走不長遠。因為他並沒有把長遠的目標展現給你看，他最關心的是他的利益。而且，有些人即使一開始跟你想法一致，但真相處起來，可能合夥人慢慢變成了散夥人。

因為合夥創業需要全情投入，如果他不認同，他是不可能投入資源、時間或是金錢的。也就是說，只有願意投入資源、時間或金

錢的，才是真正意義上的合夥人。所謂「交錢才能交心」，這在創業場上太重要了。那些白拿的股份，你想想看，他會真正珍惜嗎？他們會拚了命地保住嗎？

還有一種情況是，這位合夥人付出了他能付出的一切，也就是他參與了全職創業。全職創業的核心實際上是一種抵押，他抵押了機會成本。這種情況下，應該是誰出的錢多，做的事多，誰做出的貢獻大，同時得到的也多，承擔的責任也大。

今天有很多合夥人是「有限合夥人」，就是有人出錢，有人出力。賺錢了，出錢的拿四分之三，出力的拿四分之一；虧錢了，虧到出錢的人的本金虧完為止。這種出錢和出力相互配合的合夥制度，被稱為「康孟達契約」（隱名合夥），是很多風險投資業的基本管理模式。

當然，創業有各種風險，很多人走著走著就散了。當初的豪情壯志在現實的打擊下，很快就變得一文不值。所以，那些找來找去始終找不到合夥人的，也就自己扛了。

最後，希望你早日找到可靠的合夥人。

| # 談戀愛和結婚的差別是什麼？

遊樂場：龍哥好。我男朋友的家庭條件一般，他自己的收入也不高，沒有辦法承擔大部分的房貸。我擔心父母反對，一直不敢告訴他們。男朋友的母親比較強勢，我很怕日後我們真的在一起生活了，和他的媽媽處理不好關係。而且他們家信佛，我們家沒有這方面的信仰。他是學機械的，畢業兩年左右，薪水也就四、五千塊，幾年以後最多也就一萬出頭。目前我們的感情還可以，他的性格也還好，不知道時間久了會不會吵架。家裡人要求我必須在二十五、六歲的黃金年齡前，確定一個不錯的結婚對象。我很苦惱，不知道該怎麼辦，希望龍哥能給我一些建議。

李尚龍回信：

嗨，遊樂場。我猜你一定是一個很糾結的女孩吧，那麼多事情一件接一件地來，你根本不知道該如何處理，這很正常。可是，我要告訴你的是，如果你只是想談個甜甜的戀愛，只需要享受當下就好。如果你想和他結婚，尤其是像你說的那樣，想在女孩子的黃金年齡有個好的歸宿，那你真的要好好考慮清楚。婚姻不是只有愛情就可以，它涉及兩個家庭的階層、三觀，還有實力。

我曾經看到過一個女孩，愛她男朋友愛到不行，發誓非他不嫁。結果臨到結婚了，意外發現準老公的父母背負著三千萬元的巨額債務。身邊的人都勸她要不要再考慮考慮，她毫不畏懼地說：「我愛

死他了，除了他，我誰都不嫁。」她堅信他們可以共度難關，她也堅信她的老公不會讓她受苦，會想盡一切辦法把債務問題解決。最後，他們結婚了。由於沒有做婚前財產公證，他們夫妻的共同財產一下子變成了共同債務。男孩子非常孝順，覺得父母養大自己非常不容易，兩個人婚後第一年掙的錢，全部被拿來償還男方父母的債務。女孩子在過了一年苦日子之後終於發現，愛情不能當飯吃，於是第二年兩口子就開始協商著離婚。但是，男方死活不同意，兩個人鬧了很久，最終還是離了。

俗話說，「男怕選錯行，女怕嫁錯郎。」女人在選擇結婚對象時，一定要慎重。如果不小心嫁錯人，可就悔之莫及了。什麼是錯誤的結婚對象呢？

一是沒本事。這種人不是能力不強，就是有一定能力但是賺不到錢。二是對方不愛你。這兩項都是女性嫁人的地雷，要小心避之。

針對你的情況，我的建議是，要麼你們一起努力賺錢，要麼你們一起節衣縮食。要不然就是那句古話，「貧賤夫妻百事哀」。

另外，在戀愛時不妨聽聽父母或是好朋友的建議。所謂「旁觀者清」，不管是你的父母還是你的好朋友，他們的出發點肯定是維護你的利益。而你在荷爾蒙的催化下，每天都熱血沸騰，做出的決定多半是一時衝動，是不可靠的。

客觀來說，如果兩個人只是談戀愛而不考慮未來，差不多半年就可以結束了。

我希望所有女孩子都能學會及時止損。

如果你想結婚，想生孩子，不要把時間浪費在一個根本沒考慮過這些事的男孩身上，也不要相信那些「等我有錢了，我們就結婚」、「等我存夠×萬，我們就生寶寶」的鬼話。

一個真正愛你的人，恨不得馬上把你娶回家，怎麼可能單純地只想跟你談戀愛呢？

　　當然，如果你真的很愛很愛他，他也很愛很愛你，那你擔心的這些事都不是問題。因為真愛可以清除一切阻礙。如果你已經下定決心要跟他在一起，無論多少痛苦麻煩，多少柴米油鹽，都能透過兩個人的共同努力奮鬥而來。

　　愛情的魅力就在於此。

　　最後，無論是談戀愛還是結婚，一定要努力賺錢。只要賺到錢，很多複雜的問題都會變簡單。

<table>
<tr><td>第
16
封信</td><td># 你為什麼老遇到渣男？</td></tr>
</table>

溫暖花開：龍哥好。我有一個很好的朋友是老師，因為前夫出軌，兩個人離婚了。現在，她重新找了一個談婚論嫁的男朋友，兩個人房子都買了，男的又開始各種找事情，搞得她都不知道這婚還要不要結。為什麼她總遇到這種渣男？我該怎麼去勸她呢？

李尚龍回信：

溫暖花開，你好。其實你不用太驚訝，就算是沒道理可講的愛情也有可以計算的公式。我們經常看到兩個人談戀愛，談著談著，一個在暢想未來，一個在想著怎麼說分手。究其原因，想要離開的那個人已經找到了更好的。當一個人開始跟你斤斤計較，愛情已經在逐漸終結的路上了。這個終結，也未必是一方不愛了，也可能是愛情開始轉化成親情了。據說兩個人的熱戀期也就兩三個月，在這期間，大家乾柴烈火，你一言我一語，每天膩在一起都嫌不夠，好像有說不完的情話。等熱戀期一過，激情消退，兩個人要麼分手，要麼被動地被捆綁成利益關係。比如，家裡的開支誰來承擔，房子寫誰的名字，車子誰出錢買，你愛我好像沒有我愛你多，等等。

我真心建議，那些被浪漫愛情劇毒害的女性朋友，趕緊回到現實生活中來。浪漫愛情劇之所以能拍出來給大眾看，就是為了造夢，給你美好的想像。但現實是殘酷的，安全感需要自己給，錢需要自己賺。那種不圖你錢不圖你顏，又對你呵護備至，一整天什麼事都

不做只圍著你轉的男人，要格外當心。

另外，不要覺得自己總是遇到渣男。世界是複雜的，人性也是複雜的，用「渣男」這個詞去定義一個人太廣泛。因為他可能在你這裡很渣，在別人那裡很專情。就好比這位老師的上一段婚姻結束，真的單純就是因為前夫出軌嗎？她有想過更深層次的原因嗎？真實的原因我們不得而知，但僅僅用「出軌」兩個字概括上一段婚姻的失敗，我覺得是不準確的。這也可能導致離婚的真相被掩蓋。

我曾經與一個婚姻諮詢室聊過關於婚姻的話題，他說男人出軌的原因，不僅僅是自己不自律，還有可能婚姻裡存在著不被滿足的部分。而這部分，恰恰是很多夫妻容易忽略的部分。所以，一段婚姻的結束，真的只是一個人的問題嗎？

同樣地，為什麼你總遇到渣男？你想過問題出在自己身上嗎？我有一個朋友，交往過三個女朋友，他不僅樣貌出眾，而且還都是國內某名牌大學的。但三個女朋友最後都甩了他，於是他就說這所學校的女生有毒，一個比一個渣。事實真的如此嗎？

有一天，我們一起出去吃飯，剛好旁邊坐著一名女生，那女生就說自己是什麼什麼學校畢業的。這位朋友本來正因為失戀痛苦著，一聽對方是前女友的學校，立馬兩眼發光，一溜煙地跑去跟女生搭訕了。我這才明白，不是這所學校的女生有毒，是我的這位朋友內心深處有癥結。他潛意識裡就對這所學校的女生感興趣，覺得這所學校太好了，能考得上這所學校的女生一定是德才兼備的人。殊不知，優秀的女生你喜歡的同時，別人的選擇也多啊。

所以，每個人看似的悲劇其實早早地就被寫在了命運和潛意識裡。如果人不去徹底地反思跟改變，相同的厄運還會席捲而來。

<table>
<tr><td>第
17
封信</td><td>## 和父母總因為錢吵架，怎麼辦？</td></tr>
</table>

Rei：龍哥好。我有個朋友總是因為錢和父母吵架，他很苦惱。他說他不喜歡父親小氣的樣子，不喜歡父親在他面前嘮叨一些雞毛蒜皮的事。有時候他很想打斷父親的嘮叨，但畢竟是自己的父親，除了母親就只有他是父親的傾訴對象，所以也沒辦法抗拒。而母親因為工作，很少在家，好不容易回家一次，也總因為錢的事和他們爭吵。正處於學習階段的他感覺十分痛苦，這種狀況該怎麼改善呢？

李尚龍回信：

　　Rei，你好。前段時間我看了一部電影，電影裡面說其實人生的很多事情都沒得選，比如父母、出身、原生家庭的氛圍。這不是我們能做得了主的。

　　尤其是當你遇到一對難溝通的父母，你永遠沒辦法。因為這種強勢的父母通常都會使用一個大招，「我是你爹」或「我是你媽」。當爭執中他們祭出這個招數時，你所有的道理好像一下子說不通了，再反駁下去，就是「忤逆」、「不孝」了。

　　我們身邊太多這樣的家長了。因為大家都是第一次當家長，沒有經驗，也沒有意願去學習怎麼當好家長，所以這錯誤的代價就放到了孩子身上。孩子也沒有經驗，面對父母的大招手足無措，難以招架。

　　但我想說，即使這樣，我們也有得選。

我有個學生跟你朋友的遭遇一樣。他正在積極地為考研做準備，但他的父母認為他應該找工作，趕緊賺錢養家才是正事。於是，大家一見面就吵架，整天為這件事吵得頭大。但這位同學不認命，他堅信這件事有得選。他專門找一天時間，認認真真、仔仔細細地復盤了自己哪個時間可以由自己支配。結果他發現，不管白天有多忙，每天晚上有兩個小時的時間是可以自由支配的。但是，這個時間段的學習效率並不高，與其白白浪費時間和父母吵架，還不如拿這些時間做一些有意義的事。於是，他就用這段時間去做兼職。

　　他說：「龍哥，我想起你告訴過我，要先度過生存期，再去談夢想。所以我要先去賺錢。」

　　然後，他開始厚著臉皮找我，找他的學長、學姊介紹資源。他的運氣還不錯，很快找到一份不錯的家教工作，是給一個六歲的孩子補習語文，一個小時一百元，一週五天，他可以賺五百元。後來孩子家長從一小時加到兩小時，他每週可以賺一千元。這樣一來，這筆錢不但解決了他的溫飽問題，還因為時間關係，每次回家時父母已經睡了，大家不見面，降低了爭吵的頻率。有一次，父母好不容易等到他回來，問他最近都在忙什麼，總是很晚回家。他只說：「我在做兼職。現在我很累，也很睏，我要先睡了。」父母看他一臉倦意，也只好忍住即將發作的怒意，放他一馬。

　　幾個月之後，他有了一定積蓄，就在外面租一套房子，搬了出去，日子清閒許多。因為要繳房租，他工作很賣力；因為心懷夢想，他堅持學習，幾個月之後，他果然考研成功了。前段時間聽說他畢業了，找到一份不錯的工作，年收入幾十萬元，在北京算得上中產階級以上的生活了。他的父母變得和以前完全不一樣，不但不再罵他，而且還很尊重他。每次打電話，只是關心地問他有沒有好好吃

飯，一定要注意好身體。

看吧，只要你做得足夠好，父母也可以被改變。

不要總覺得自己沒得選，好像被逼到絕境似的。古語有云，「天無絕人之路」。《活出意義來》裡，那個被關進奧斯威辛集中營的弗蘭克告訴我們，就算你所有的自由都被剝奪了，身體自由、精神自由，包括你的財富自由都沒有了，你還有最後一項自由，就是關於生活態度的自由。你怎麼看待這件事，是你能活在這世界上的最後一項自由。你可以選擇怎麼去看待苦難，苦難是生活的調味品。可能要過很久你才能意識到，苦難不過是爭鳴的號角，是為了讓你以後過得更好，更不懼危險和責難。

所以，我總是鼓勵大家去學習。就是希望有一天，你能不被原生家庭的枷鎖困住，讓自己走出那個死循環。對於普通人來說，學習是打破階層的唯一方式。

說實話，除非你是家境優渥的富二代。但家家都有本難念的經，你怎麼知道富二代就沒有自己的煩惱呢？每個人過著怎樣的生活，選擇什麼樣的生活態度很重要！所以，人類為什麼會進步呢？我聽到最好的解釋是，下一代不怎麼聽上一代的話。因為不聽話，所以思維發生了變化。你開始不聽父母的話了，開始聽更厲害的人的話，所以你愈來愈進步，愈來愈強大。

當然，不聽父母的話，不是什麼大逆不道，更不是讓你不孝，而是你慢慢知道自己想成為什麼樣的人。你的世界不僅僅有父母，還有你自己。

其實，很多人並不知道自己是怎麼活成那樣的，但他們仗著自己的身分就對你指手畫腳，好像他們都是對的，好像他們就代表了某種權威。於是，軟弱的孩子被同化了，逐漸活成父母的樣子，然

後用同樣的方式去教育自己的子女。

　　剩下強勢的孩子 ，披荊斬棘，力誓要開闢一條屬於自己的路。這條路或許很難，很曲折，很孤獨，但你想想看，誰這輩子不是這麼孤獨地走過來的呢？

第 18 封信

朋友不回訊息怎麼辦？

Lee：龍哥好。面對那些不回你微信的朋友，我應該怎麼辦呢？

李尚龍回信：

Lee，你好。不知道你有沒有發現，我們身邊好多朋友好像都消失了。所謂「消失」，就是發訊息不回，打電話不接，朋友圈也沒什麼動態。很多人把這種人稱為「網路性死亡」。

在網路如此發達的今天，如果一個人開始不更新朋友圈，不更新社交動態，甚至連讚都不給別人點了，那他基本上可以宣告「網路性死亡」了。我的很多朋友、同學，現在基本都是網路失聯狀態。後來我一問怎麼回事，答案不是失戀了，離婚了，事業不順了，破產了，就是生活平淡如水，沒什麼好說的。他們不愛發朋友圈了，也不怎麼關注朋友圈動態，發給他們的訊息，當下看了後很快就忘了，以為回了實際上沒回，等到發現沒回的時候已經過去五、六天了。

還有更過分的，有的95後、00後，上著班，人說不見就不見了。打電話問他幹麼呢？電話不接，微信不回，直接失蹤了。老闆正著急忙慌地不知道怎麼回事，心想著要不要通知家屬，過兩天人回來了，跟老闆說：「我前兩天去西藏旅行了。」

據說這是最近特別火的一種社交模式，在西方也很火，英文叫"ghosting"。"ghosting"，簡而言之就是在毫無解釋、毫無理由的情況

下，突然斷掉跟某個人的聯繫或某群人的聯繫。因為"ghost"這個詞的意思是「幽靈」，所以這種社交又叫「幽靈式社交」。

大家先不要急著評判這些人。因為進入「幽靈式社交」的人，大抵都發生過什麼事。我的微信好友裡有個老朋友，我們曾經關係特別好，有一天我閒來無事翻通訊錄，發現我們上一次的聊天紀錄停留在三年前。要不是換手機，可能這些訊息都沒了。我本來想給他發一則訊息，後來想了想還是什麼也沒說。我翻看他的朋友圈，也一年多沒更新過了。記得我們上次交流，還是因為借錢。他跟我說：「我的公司快扛不住了，能不能借點錢給我，讓我給員工發一下薪水。」我說：「我也沒有那麼多，我幫你一起找找別人吧。」我和幾個特別好的哥兒們一起湊了點錢給他，但很不幸，他的公司最終還是倒閉了。倒閉以後，也不知道他從哪裡找來的錢，把之前我們借給他的錢默默地轉回了我們之前的帳戶。他這個人特別好面子，從來不說自己的困難，但一看帳戶的匯款金額，我知道是他。自此以後，他就好像失聯了一樣，在網路世界裡消失了。

還記得以前，他每天都會把自己的工作動態發布在朋友圈，我們一起把酒言歡，聊著他的公司上市以後他要買哪個樓。但生活的意外，創業的失敗，一下子壓垮了他。曾經的豪言壯志就像泡沫般消失了，現在的他，突然一則動態也不發了。

前段時間，我們的一個共同好友問我說：「尚龍，你跟那個×××還有聯繫嗎？」我說：「真的好久沒聯繫了。」我才發現，網路時代好像隨時隨地可以聯繫到任何人，但手機一關，這個人說找不到就找不到了。

人際關係也一樣。人與人之間的關係比你想的要脆弱得多。不管網路上你們聊得有多投入，現實中無交流，一旦關掉手機，你們

的關係也就斷了。我的寫作訓練營裡，有個學生聊到她媽媽的時候，激動得熱淚盈眶。因為她媽媽在她很小的時候就走了，失蹤了，這成為她一輩子的痛。她想不明白媽媽為什麼要離開，但她也說，當她把這件事說出來的時候好像一切都釋然了。我跟她做了一個約定，我說：「你一定要寫一篇小說，名字就叫《失蹤》，你就去盤點那些失蹤的、找不到的人。我來幫你出版。」她說：「一言為定。」於是，我們就加了微信好友。當加上的那一瞬間，我忽然也有一種擔心，擔心她找不到我，或者有一天我聯繫不到她。

聯繫是人與人之間最脆弱的一環，明明說好的「再聯繫」，可能變成遙遙無期。誰都會找不到誰，誰都可以脫離複雜的人際關係。這個世界總是以歸零為終點的，我們孤零零地來，孤零零地走，最終都會變成「網路性死亡」。

所以，對方不回你訊息沒關係，不要太傷感。不回訊息的理由有很多種，也可能就是單純地不想回。不要把隨時都能聯繫到一個人作為人際交往的常態，孤獨才是人生的常態。就像《紅樓夢》的結局告訴我們的那樣，無論這世界多麼紛繁複雜，到頭來都是白茫茫大地一片真乾淨。每次想到這裡，我都會覺得生命真美好。因為你知道它終將結束，所以要保持溫暖、善良、真實。然後，珍惜身邊那些還能回你訊息的人吧，說不定哪天他們就不回你訊息了。

不會憤怒是好事嗎？

Jane：龍哥好。感覺愈長大愈能認識到自己的不足。我是大家眼中的乖乖女，但我覺得自己很懦弱，沒有勇氣和自信去爭取自己的利益，遇到事情總是逃避。比如遇到別人插隊，我也不敢說什麼，想著「算了，不跟他計較」，別人頂我，我也沒有犀利的話頂回去，只能悶在心裡生氣。我想變得勇敢一點，活得爽快一點，該怎麼改變呢？

李尚龍回信：

Jane，你好。說實話，一個不會表達憤怒、只會討好他人的人，不僅對自己有害，對身邊的人也是有害的。

我有一個高中同學，喜歡音樂，認識他的人對他的評價通常離不開「老好人」三個字。好到什麼程度呢？就是特別聽話，完全沒有自己的想法。從小到大，基本上父母讓他幹麼就幹麼，老師讓他幹麼就幹麼。他高中讀的是武漢重點高中，成績很好，高考分數很高；父母讓他報考機械工程專業，他也就糊裡糊塗地去學了，完全沒想過自己喜不喜歡，適不適合這個專業。畢業之後，他去了體制內的一個大廠。父母給他介紹了一個女朋友，談了幾個月，兩個人順理成章地結婚了。不久，他的生活開始遇到瓶頸。聽說他得了很嚴重的憂鬱症，鬧過三次自殺，兩次是割腕，一次是吃安眠藥。

二十六歲自殺三次，是什麼概念啊？後來他就去看心理醫師，

醫師給他開了很多藥，並建議他好好休養。可是，藥物不但沒有解決他的問題，反而讓他的精神愈來愈萎靡。

現在的結果是，他離婚了，在北京的一個酒吧當 DJ 打碟。有一次我跟他喝酒，我發現他的脾氣變差了。以前我們跟他開玩笑，他只是笑笑，並不會反駁。現在我們再開他玩笑，他就會發飆，說有什麼好開玩笑的。這哥們兒會表達憤怒了。我們見面的時候，他蹺著二郎腿，嘴角斜叼著菸，談話間會無意識地罵一兩句髒話。他身上那種好人氣息一下子沒了。但我並沒有覺得他變得很討厭，而是慶幸他終於活出了攻擊性，變得像一個活生生的人了。

我的這位同學，終於在而立之年做回真正的自己。他會大聲說「不」，會合理表達訴求，遇到不公平會喊停，遇到挑釁會憤怒。其實，憤怒分好的憤怒和壞的憤怒。好的憤怒是能爆發能力，也能控制住脾氣；壞的憤怒是點炸自己，引爆別人，最後大家兩敗俱傷。而他表達憤怒的方式很簡單，就是離婚，辭掉穩定的工作，離開原有的生活圈子，從此成為自己生命的主宰。

所以，我們要善於傾聽憤怒背後的聲音，了解憤怒背後的意義，學會控制自己的情緒，成為一個厲害的高手。傾聽自己的憤怒在說什麼，這一點很重要。我們身邊很多人總是莫名其妙地憤怒，或是根本不知道自己該不該憤怒。其實，憤怒只是我們諸多情緒中的一種，只有我們富有智慧地去解決它，它才能幫助我們強大起來。

美國心理學家湯瑪斯・摩爾關於憤怒有一個非常漂亮的表達：「你要理解你的憤怒，最終才能觸及它的核心。」所謂理解你的憤怒，就是理清複雜的生活，不斷將其重組，直至你意識到這個憤怒跟你的關係。

湯瑪斯・摩爾曾經寫過一本書，叫《靈魂的黑夜》，書中說道：

「你最好只和那些會表達憤怒的人做朋友。當人們清楚明白地表達出憤怒的情感時，他就能為一個人和一種關係做出很大的貢獻。但是當憤怒被掩蓋、被隱藏起來的時候，它的影響恰好相反。」

所以，你要學會表達憤怒，然後控制它。如果你不控制它，它就會控制你。

我再給你講一個故事，這個故事的主人公是一個完全不會表達憤怒的人。他在任何場合都沒有表達過憤怒，尤其在飯局。如果他看到一群人在不停地講話，群情激昂，他絕對不說話，就在一旁陪笑。這樣的日子一過就是三年，他的身材愈來愈胖，好像肚子裡的火都變成了脂肪，感覺一戳，脂肪就能流出油來。可是有一天，他不知怎麼了，突然醒悟了，知道表達憤怒了。當時有人在講話，輸出的觀點他難以苟同，兩個人也不知道怎麼了，就你一言我一語地吵起來了。吵得正凶的時候，飯桌上另一個人公開表示支持他，他好像受到鼓舞，愈吵愈起勁，最後竟然贏了。事後，好多人對他表示贊同，那天他特別開心。吃完飯，他扠著腰走在路上，就這樣意識到：哇，我也可以提出反對意見了。

但是，故事並沒有朝著正面的狀態發展下去。從那天起，他完全變成了和以前不一樣的人。他不再是一個老好人，不再默不作聲，而是不管三七二十一，只要人家說的他不認同，他就要頂回去。他變得非常具有攻擊性，不但稍有不順就罵髒話，而且動不動就大發雷霆。他得罪了很多人，漸漸地，大家都不帶他玩了，也沒人跟他合作了。這時候，他意識到自己已經被憤怒控制了。

其實認真想想，有些事有必要認真嗎？同樣的事情，你有你的看法，我有我的觀點，不是很正常嗎？合理表達自己的憤怒沒錯，但動不動就發脾氣只會把人嚇跑。畢竟，人活在這個世上，還是需

要一點情商的。對方說的你愛聽，就多聽多參與；對方說的你不認同，大可以一笑置之，先走為上。

　　所以，正確表達自己的憤怒，不被它控制，特別重要。不亂發脾氣，不戀戰，也不浪費自己的時間。

母親讓自己毫無節制地幫助弟弟，怎麼辦？

小沐：龍哥好。部門的新同事是個應屆生，剛入職，月薪六千元。母親要求她每個月往家裡寄五千元，她自己留一千元生活費就行了。母親說她工作了，就要承擔起弟弟、妹妹從初中到大學的學費，否則就是不孝女。就這樣，她被迫當了「扶弟魔」，該怎麼辦啊？

李尚龍回信：

　　小沐，你好。關於要不要做「扶弟魔」，我有幾個故事想分享給你。我有一個從小玩到大的鐵哥們，他和他女朋友在一起很多年了，兩個人覺得時間也不短了，可以結婚了。於是，兩個人就找雙方的父母商談婚事。男方的父母倒是沒說什麼，女方的父母說要結婚必須得買一間房，而且只能寫女方一個人的名字。這間房就當女兒結婚的聘金了，要留在父母家以報答父母多年的養育之恩。這哥們兒一聽，面露難色。他說他可以買房，但不能給她弟弟買。原來女朋友的弟弟也要結婚，未來的弟媳婦提出的要求也是買房，但女朋友的家庭拿不出這筆錢，就想著讓未來女婿買，只有這樣才同意兩個人結婚。於是，婚事就僵住了。後來，兩個人就因為這事分手了。事後這哥們說了一句很值得思考的話，叫「娶妻不娶扶弟魔」。小舅子爭氣還好，要是敗家，自己辛辛苦苦賺的錢、買的房萬一被揮霍一空，然後轉過頭來繼續跟姊姊要錢，那他這個姊夫豈不累死？

　　我經常跟大家講，愛情可以是兩個人的事，但婚姻是兩個家庭

的事。兩個人在一起，一方負債，只要金額不大，兩個人共同努力總能把債還了。但如果對方是個無底洞，跟他在一起，永遠有還不完的債，還是趁早算了。我遇到過一個女孩子，男朋友什麼都好，男朋友的爸爸卻是個賭鬼。男朋友心疼父母把自己養大不容易特別孝順，向來就是父母說什麼就是什麼。於是，每次爸爸還不上賭債的時候，就找她男朋友還。就這樣，儘管男朋友工作很賣力，但始終存不下什麼錢。女孩覺得兩個人在一起看不到希望，想分手，但又捨不下男朋友，很痛苦。站在旁觀者的角度，我是建議她分手的，因為一旦對方的家庭是個無底洞，無論兩個人的關係有多好，最後都會萬劫不復。

我的一位女性好友，三十歲就實現財富自由了。她在深圳買了房，買了車，嫁了人。雖然丈夫也在創業階段，但已經賺到不少錢，兩個人生活得很幸福。這個女性朋友也有弟弟和妹妹，家境也不富裕，所以她也是一進入社會就扛下了家庭生活的重擔。她最先從酒店服務員做起，月薪還不到三千元。但她很能吃苦，工作很賣力，做著做著就升職到大堂經理，又負責好幾塊業務。後來，她一邊努力工作一邊考上了北大的 MBA，然後自己出來創業。現在她自己的公司有一百多人，深圳很多酒店的機器人都是他們公司的產品。有一次，我們一起聊天，我問她：「你覺得你成功的原因是什麼？」我以為她會說自己有多努力，沒想到她說了這麼一句：「我及時和我的弟弟、妹妹做了斷捨離。」我繼續問她：「為什麼呀？」她說：「我在給我弟弟第一筆錢的時候，跟我弟弟說過一句話，我說我最多供你到高三畢業，剩下的你自己想辦法。因為那個時候你已經是大人了，十八歲的男孩子要學會自己養活自己。」她跟自己的妹妹說：「你是女孩子，我最多供你到大學畢業，如果你二十二歲還

不能養活自己的話，我也幫不了你。」她的妹妹很幸運，在二十歲的時候就已經可以自己掙錢養活自己了。你看，她這麼做了以後，弟弟、妹妹不僅沒有怪她，反而非常感謝她這麼多年的付出。因為界限一旦確立，是誰的責任就誰去承擔。

看到這裡，我想你應該明白了。對這位剛畢業的朋友來說，母親現在讓她承擔的只是弟弟、妹妹的學費，那以後呢？會不會要求她給弟弟買車、買房？

這不是讓她做個絕情的人，不能給弟弟任何付出，而是做人要有界限。她要告訴她的母親，什麼是她能付出的，什麼是她做不到的。俗話說「幫急不幫窮」，可以幫困難的，但不幫懶散的。比如我和我的姊姊，時至今日，我沒有向她尋求過任何經濟支援，甚至有時候還主動幫助她一些。但並不是說我不需要她的幫助，如果有一天我真的遇到麻煩，我相信她在自己的能力範圍內是不會袖手旁觀的。

其實人生在世，讓自己快樂的唯一方式就是界限感。我和我的父母，很早就財務獨立了。我們相互約定，需要的時候互相幫助，不需要時不互相摻和。感謝父母的理解和支持，他們很認同我這個想法。我覺得她不妨試著跟母親談一談，或是做某種約定，歸屬一下自己的責任和義務。

很多女孩子生活得不幸福，並不是自己不行，而是身上背負的擔子太重。家人遇到困難應該幫，但一定要在自己有能力過得好、資源充足的情況下幫，而且還要有底限意識。因為很多事情都是自己先放棄了底限，別人才有機可乘，甚至變本加厲地壓榨你。

最後，很負責任地告訴你這位朋友，在深圳一個月一千元的生活費肯定是不夠的。

<table>
<tr><td>第
21
封信</td><td>**身邊的朋友都比自己優秀，
怎麼辦？**</td></tr>
</table>

小 V 同學：龍哥好。我一個朋友考上了吉林大學的碩士研究生。到學校報到以後，發覺身邊的同學都很厲害，感覺自己什麼也不會，很菜。這些事讓他心煩意亂，也很迷茫，不知道該怎麼辦了。希望您能給點意見。

李尚龍回信：

小 V，你好。首先你聽我說，如果身邊的人都很優秀，那麼你不焦慮、不緊張肯定是假的，尤其是當他們離你很近的時候。但是，去接受身邊的人比你強，這一點非常關鍵。我愈長大愈發現，尤其要接受比你年輕的人比你強這一點很難，但是很正常。我前段時間看到一個比我小很多，一個七歲的孩子寫的一首詩，名字叫《燈》。哇，寫得真是太好了。後來，我又看了好多 00 後寫的小說，都很棒。一時間，不知道是該羨慕還是該嫉妒，心中五味雜陳。突然，我腦海中閃現出一句話：我們可以接受一個陌生人的成功，卻看不得身邊的人比自己優秀。

很奇怪的想法。

有人說，人性中有一種惡，就是看不得身邊的人比自己優秀。其實真的是這樣，假如這些很棒的孩子是我的弟弟或是我身邊非常親近的朋友，看到他們那麼耀眼、那麼奪目，可能我就不會那麼為他們開心了。實際上這樣很傻，因為你忽略了一件事：當你身邊出

現很多優秀的夥伴時，那意味著你同樣很優秀。不然，你不會去到他們身邊，或是他們也不會來到你身邊。所以，當你想明白這一點，你就不會那麼苦惱了。與其站在旁邊看他們閃閃發光，不如以他們為榜樣，變成和他們一樣耀眼的人。

同樣地，如果你身邊總是圍繞一些比你還要糟糕的人，那你也不會更好。就算你很優秀，但一個鶴立雞群的人，很容易迷失自己，久而久之，也會變得和雞一樣平庸。我之前在專欄裡面寫過，每個人都有自己的優點，你要去學習別人的優點。尤其進入更好的環境以後，更要學習大家的優點。因為你能進入優秀的圈子，就說明你本身也很優秀。

另外，有的人喜歡在剛見面的時候抬舉一下自己，讓你覺得他很優秀，實際上他未必像他自己說得那麼優秀。我在讀商學院的時候，有次參加同學聚會，有幾個人開口閉口就是幾個億的項目，好像他們背後都很大的產業，個個都腰纏萬貫，富得流油。但是，接觸了幾次之後發現，好多都是扯淡，因為他們說的幾個億的項目跟他們半毛錢關係也沒有。他所認為的那些很優秀、很厲害的同學，是否也存在吹牛皮的情況呢？要相信考試的公正性，當他們能進入同一所大學，來到同一個導師門下，說明他們的學識、階層幾乎是一樣的。所以，讓你的朋友不必氣餒，更不要自暴自棄。要知道，接下來三年的學習時光，才是真正較量實力的時刻。他要對自己有信心，但也不能自大。自大容易讓人狂妄，而謙虛使人進步。

哥倫比亞商學院曾經做過一項調查，得出結論：適當的謙虛，別人會以積極的眼光看你。有一個研究表明，如果你對自己的能力表現得謙虛一些，別人在評估你的時候會增加百分之二十到三十的估值。如果你過於自吹自擂，結果可能會相反。人生是一場漫長的

馬拉松，時間是檢驗成績的標準。你要相信時間和自己的努力，不要急於求成，大不了大器晚成。姜太公七十歲才遇到周文王，黃忠七十二歲才有了第一次斬殺夏侯淵名震四方的機會，吳承恩五十四歲才開始寫《西遊記》，寫完都八十歲了，齊白石六十五歲才有第一次出人頭地的機會。

所以，要熬得住時光，還要耐得住寂寞。那些優秀的同學到底是真有實力，還是曇花一現，要拭目以待。

最後你會發現，成功並不一定是單一的緯度，讓自己幸福才是更好的成功。我有個朋友現在是演員，偶爾客串一下主持人。這哥們的碩士、博士全部是北大本科保送的，還是法律研究生，博士學的是外交。有趣的是，他畢業後並沒有去做外交工作，也沒有從事律師行業，而是當演員去了。我曾經跟他一起吃飯的時候問他：「你後悔嗎？」他說：「反正我的朋友賺得確實比我多，但是我也不後悔，因為我覺得很開心。」我突然明白了，如果你總是在乎誰賺的錢比你多，誰的成績比你好，誰的小孩比你的小孩厲害，除非你總是贏，要不然你總會有心情不好的時候。畢竟，這些東西你爭來爭去，最後是一場空。可能那些東西並不是你想要的，不過是別人給你灌輸的形式。你有沒有想過本質是什麼呢？也就是說，你的理想到底是什麼？

去尋找生命的理想跟本質，你會發現，世俗意義的成功未必就是真成功，而是你能不能透過自己的努力過上自己想要的生活，成為自己想要成為的人。就像我這位朋友說的，可能他沒有他的同學賺得多，也沒有比他們更優秀，甚至他以後也不一定會大紅大紫，但他沒有為自己的選擇後悔過，反而很快樂。

所以，無論這世界誰優秀與否，你先做好你自己。

<table>
<tr><td>第
22
封信</td><td>**怎麼讓爸媽開心？**</td></tr>
</table>

橘子：龍哥好。我爸媽經常在家吵架。吵架一般都由我爸爸發起，比如爸爸看別人考了清華、北大，就會聯想到我，繼而開始貶低我，然後就會怪我媽沒把我教好。再比如，之前某某地方的房子很便宜，後來房子翻倍漲價了，他就一直抱怨說都是我跟我媽不讓他買，要不他早就發財了。後來，我考上上海的一所大專院校，離開了家。現在我參加工作了，很少回家。但每次回家，我都感覺媽媽很不開心，我知道她的婚姻生活一點也不幸福。她每次下班回到家，無論多累還得做飯、洗衣服。我爸爸寧願躺在沙發上玩手機，也不願意幫著做一點家務。爸爸對媽媽還很摳門，不願意為她花一分錢不說，還經常嫌棄她哪裡都不好。最令人生氣的是，媽媽生病了，爸爸根本不去照顧她，說話還很難聽。我很心疼我媽，我希望她能離婚，過得好一點。但她一直以來不願意離婚的原因，一是希望給我一個完整的家庭；二是在我們老家那邊，離婚是件很丟人的事；三是她怕離婚以後，我爸就完全不管我了，所以她總是在忍。我勸過我媽要為自己而活，但媽媽說已經這樣過了幾十年了，不想折騰了，就這樣吧。所以，我也不知道該怎麼辦了。

李尚龍回信：

　　這問題真長啊，但仔細看來，其實也很短，總結起來就是四個字——原生家庭。但我不想把這個問題回答得太世俗，因為我討厭

把什麼問題都歸因於原生家庭。好像沒有原生家庭的問題，我們就什麼問題都沒了一樣。所以，我想告訴你的是，不用過度責備自己的父親，也不必過度心疼自己的母親，因為那是他們夫妻之間的事。

你的母親一直在強調她是為了你才不離婚，但當你告訴她不用為了你委屈自己，她並沒有逃離婚姻的衝動。所以，你母親不離婚的原因並不是因為你，而是她自己從來沒想過離婚，或者說她沒有理由和勇氣離婚。為什麼說不要過度責備和心疼你的父母？因為他們已經開始自責了。不忍心自責，所以投射到別人身上。就像我的父母有時候也會這樣，他們總是責怪對方，要不是你呀我早就怎麼怎麼樣了。有時候，我跟團隊的工作夥伴開會的時候，也會很生氣地說：「要不是你們總拖我後腿，我早就紅了。你們真討厭。」冷靜下來想想，其實他們並沒有拖累我，而是盡職盡責地把工作做到最好。我能做的，就是把自己要負責的那部分做好，其他事情我無能為力。

所以，不要總想著插手別人的人生，不要總想著把自己的想法強加到別人身上。我以前也經常插手父母的事，看見他們吵架就忍不住插一嘴。後來我學聰明了，他們吵他們的，我安心做我自己的事。反正我說了他們也不聽，與其讓衝突升級，不如讓他們自己解決。

其實很多家庭衝突都源於資源不夠多。就像你說的，媽媽辛苦工作回來還要洗衣、做飯、打掃屋子，你很心疼媽媽。如果你掙得足夠多，是不是可以幫媽媽請個幫手呢？或是讓媽媽不用那麼辛苦，只需要做好家務就好了，不用辛苦出去工作了？就像家裡只有一顆奇異果，父母都想吃的時候，肯定涉及誰吃誰不吃的問題，但如果家裡有一百顆獼猴桃，每個人都能吃到，大家還會為誰吃吵架嗎？

世界就是這麼殘忍，很多的問題、衝突都可以透過賺錢、花錢

來解決。

我曾經在一本書上看到這樣一個觀點，就是優秀的人總在自己身上找問題，而不優秀的人總是責怪別人，責怪環境，唯獨不責怪他自己。我覺得這句話映射了你父親的一個非常不好的習慣，就是他總是在埋怨別人。但你有沒有發現，在你提出的問題裡，也在把自己的一些人生結果歸因在父母身上？有件事希望大家能看清，父母的壞習慣和好習慣，都有可能成為你的壞習慣和好習慣。比如，我有個好習慣是父親所沒有的，就是我經常反思。因為工作的關係，我經常和各種優秀的人見面，逐漸跳出了父親一些不好的思維習慣，保留了一些他的好習慣。

後來我發現，其實我們這一生有兩個父母。一個是原生家庭的父母，他們給我們血肉，給我們最初的見識和知識。另外一個是「我們的父母」，也就是我們的圈子、人脈和經歷。第二個父母可以在後天更好地塑造，但第一個父母常常讓人無能為力。《垃圾場長大的自學人生：從社會邊緣到劍橋博士的震撼教育》裡的泰拉是多麼堅強，又是多麼令人難過。雖然她深受原生家庭的影響，但她透過自己的努力看到了更廣大的世界。

所以，不要害怕改變，當你在瘋狂改變的時候，一開始父母可能也看不明白，但當你把最好的東西給他們的時候，他們自然會明白你的努力。或者他們一輩子都不知道你到底在做什麼，但他們會為此開心。

現在你唯一能做的，就是讓自己變強大。只有讓自己變強大，你的母親才有得選，你的父親才知道面前的這個女兒或兒子這麼厲害，我應該保持敬畏。

乾一杯吧，希望每一個看到這本書的人都可以保持強大。

第 **23** 封信	對方開玩笑沒底限怎麼辦？

Milu：龍哥好。我身邊的朋友都喜歡開玩笑，好像不管什麼事都可以拿來開玩笑。有時候我覺得挺搞笑的，跟著一起笑，但有時候我覺得那些玩笑超出我的底限了，就有點生氣；直接吵一頓走了，他們又覺得我開不起玩笑。我該怎麼委婉並準確地表達我的底限？

李尚龍回信：

　　Milu，你好。玩笑的確有冒犯別人的風險，因為搞笑中一個重要的技巧就是冒犯，所以才有了《吐槽大會》。吐槽也是對別人的弱點進行攻擊，如果對方沒有意見也就算了，但如果有意見，自然有玩笑開過頭的風險。

　　這讓我想起以前當老師的歲月，那個時候調侃其他老師是一種讓課堂變得放鬆的方式。但我們在調侃其他老師之前，一般都互相通個氣，比如哪些人能說，哪些人不能說。要不然胡亂調侃，很容易得罪人，甚至反目成仇。所以，開玩笑可以，但要有底限。同時，堅守自己的底線也很重要，否則尊嚴、隱私都沒了。你怎麼樣都可以，他們自然什麼都敢說了。但有些玩笑是開不得的。

　　在我心裡，有三種人是不能拿來開玩笑的：已故的人，德高望重的人，特殊群體。當然，回到你的問題，我有幾個方法分享給你，有助於杜絕對方給你開一些無聊的玩笑。

　　第一，嚴肅下來，讓空氣突然安靜。有時候大家開某個人的玩

笑未必是真想開玩笑，而是看這個人的反應。你的反應不是他想要的，等於變相打擊他，他自然就不說了。這個時候千萬不要怕嚴肅，更不要怕尷尬，就讓氣氛尷尬下去，讓他難受下去，誰讓他先沒底限的，他活該。

第二，給予明確的警示。「你這樣說我很難受。」「這個玩笑開得很好，下次別開了。」「我不覺得你說的很好笑，以後能不開嗎？」說這些話的時候，可以看著他的眼睛，冷漠地提醒他：這個玩笑讓我很不爽，不要再開了。

第三，站起來就走。跟你不喜歡的人或群體在一起時，如果他們的玩笑讓你不開心，要記得你的「掀桌權利」。

其實，大家都知道吐槽別人會有風險，因為你不知道對方的底線，所以和朋友們在一起開玩笑時，我往往是自嘲。有哪些是可以自嘲又不會讓別人抓住把柄喋喋不休的呢？第一，證明自己是個強大的人。第二，可以讓對方笑出來。第三，我都這樣了，你還捨得開我玩笑嗎？

比如，我們經常拿窮舉例子。吐槽自己窮其實特別受歡迎，因為財富只掌握在少數人手中，大部分人都覺得自己很窮。所以我們開玩笑時，常常會說諸如「我六位數的密碼保護我三位數的存款」、「我從來沒有接到過詐騙電話，因為詐騙的人總覺得我不配」這樣的話，最後惹得大家哈哈大笑。

話又說回來，一個有底線的人才值得被尊重。曾國藩在選拔人才時有個標準，叫「有操守而無官氣，多條理而少大言」。有操守就是有做人的底限，一個無底限的人就是沒有操守的人。無官氣就是為人實在，不會擺架子，不會覺得自己很厲害。多條理就是想問題有思路，做事情有章法，對人有態度。少大言就是說話可靠，不

說大話，做實事。在這四個品格中，有底限排第一位。

人做事要有底限，國家是，集體也是。英國作家霍布斯寫過一本不朽的書，叫《利維坦》，書中這樣寫道：「一切理想政治的基礎都是秩序，而秩序這個東西必須以暴力作為後盾。因為人這個東西壞起來可真沒底限。你看看歷史上那些壞人，他們都用了什麼樣可怕的方法。所以你必須用暴力震撼他們去服從秩序，才可能建立進一步的政治文明。」這段話放到人際關係角度來說，你可能不需要暴力，但至少需要一點力度，讓這種沒底限的玩笑跟話語不要進入到你的生活。所以，做人一定要有底限。

最後我也放大一點，人生有兩個底限：第一個底限是最基礎的，是法律；第二個底限是你的道德與良知。第一個底限很明確，寫在了法律條款裡。第二個很模糊，但我有一個自己的原則，希望對你有用。

第一，**不撒謊**。有時候這個世界比你想得複雜，在不得不撒謊的時候，你至少可以選擇沉默，或者不去故意說胡話。

第二，**不賺黑心錢**。很多事情是「好生意」，但喪良心。像校園貸、地溝油、割韭菜等，一旦你有機會賺這些錢，請你一定要看明白後面的邏輯，並問問自己，這件事情你賺到了錢是不是會傷害到更多的人。

第三，**不作惡**。無論你做什麼都要記住你的初衷是不傷害別人，你做的事情只要不傷害別人就堅定地去做。做的過程如果不小心傷害了別人，也問問自己你的初衷是什麼。

以我自己為例，從創業初期到今天，我們一直在思考一個問題，就是怎麼樣才能賺到更多的錢。現在我明白了，賺錢很重要，但更重要的是我們怎麼去給更多的年輕人提供更高的價值。飛馳學院成

立到今天，我們有無數可以「割韭菜」的方法，但我們選擇了一種最漫長、也是最有效的讀書會的方式，我們動不動就用兩年、三年的時間去陪伴大家。因為我們知道，只有長期的學習和陪伴才是最好的教育，不作惡是這家公司的底限。

當然，也希望你有自己的底限。

<table>
<tr><td>

第 24 封信
</td><td>

內向者怎麼處理人際關係？
</td></tr>
</table>

飛翔：龍哥好，請問內向的人應該怎麼處理人際關係？

李尚龍回信：

　　飛翔，你好。我曾經也是一個內向的人，但現在你可能已經看不出來了。推薦大家看一本書，是我寫的，叫《一小時就懂的溝通課》。在這本書裡，有一章專門講了什麼是外向，什麼是內向，以及應該怎麼做才能讓人覺得舒服。

　　現在我在這裡再給你分享一些撇步，希望你看完以後有所收穫。

　　首先，內向者建立優勢的 4P 法則。對於優秀的內向者來說，像茶壺煮餃子，裡面確實有貨，但就是倒不出來。這個方法很重要，叫 4P 法則。所謂 4P 就是四個以「P」開始的英文字母組成的單字。

　　第一個叫 Preparation ，它的原型是 prepare，準備。

　　內向者在很多公開場合，尤其是面對人的時候，壓力比較大。請你記住，無論是公開發言還是在會議上的討論，你準備得愈充分，愈不容易緊張。我認識的一位演講家，他原本是一個很內向的人，看著臺下的聽眾一度緊張得話都說不出來。後來他就在家裡把自己的演講稿對著牆背了一百遍，等他再次上臺的時候，他拿了全校第一名。很多人誇讚他真厲害，他說他無非是把一件事情做了一百遍而已。

第二個叫 Presence，展示。

內向者常常會有一個錯誤認知，就是覺得自己努力工作就好，認真就好，別人都會知道的。但事實上，如果你不去向別人展示出來，告訴別人你有這方面的能力，告訴別人你做成了這件事，別人很難真正知道你的成就。所以請你一定要記住，展示自己很重要。有人說展示不是炫耀嗎？展示並不是炫耀，而是表示自己重要，表示自己有真實的思考。在工作中多表現，在主管面前多出現，低調做人，高調做事。你做的你就大聲地說出來，不是你做的也不亂說。但只要這個事跟你有關，你就要記住，學會展示非常關鍵。

第三個叫 Push，推動。

強迫自己走出舒適區。很多人常年生活在舒適圈，不想講話就不講話，久而久之，真的變成了一個不愛講話的人。請注意，不愛講話的人跟內向的人是兩個概念。我們見過很多內向的人，但他愛講話，愛表現自己，所以要給自己一些「Push」。有一本書叫《幹掉獅群的小綿羊：內向工作人的沉靜競爭力》，裡面講了個故事。有一個非常內向的朋友，他很不喜歡參加聚會，但他卻推動自己一定要走出舒適區。於是，他做了一件事，就是每次參加聚會都給自己提出兩個要求：第一，至少待夠三十分鐘；第二，收集二十張名片。一開始很難，但他長期堅持這麼做，並且強迫自己這麼做，久而久之，從量變到質變，後來他成為業內很有名的社交專家。可見，強迫自己堅持做某件事很重要。我剛進影視圈的時候誰都不認識，跟導演、編劇的關係也是淡若水，後來他們總是帶我參加一些酒會，我特別害怕。那時候我經常在酒會裡面待一會兒，就跑了。我更害怕那些一個人拿著一杯酒，一喝喝一晚上那種場合。但沒有辦法，你要認識人，你才能有更多的資源。所以我逼著自己每次要認識五

個人以上再走，要加五個人的微信，久而久之，我也就適應了。直到今天，我已經可以做得不那麼尷尬了。「推動自己」這四個字可以放在任何領域，無論是社交、工作還是學習。如果你每天都在一種很舒服、很爽的狀態下生活，那麼你很有可能是原地不動的，甚至你還有可能是退步的。所以，一定要推動自己去自己不熟悉的領域。

第四個叫 Practice，練習。

前面幾個步驟都不是一蹴而就的，你更不可能在短期內就成功。所以，不要相信有什麼吃完以後就能起死回生的靈丹妙藥。你需要不斷地練習，甚至刻意地練習，你才能對想要學習的領域熟悉起來。每一個高手在成長的過程中都需要大量的練習。而內向者想要突破自己的侷限，要做的也是 Keep practicing。一直練習，不斷地練習，把練習當成一種習慣。你只有不斷地練習才能發現自己雖然內向，但也可以成為社交達人，也可以嘗試向不同的人、不同的圈子，甚至不同階層的人表達觀點。你可以在不同的場合講相同的故事，看一看他們不同的反應。你也可以嘗試在不同的會議中，用不同的策略來驗證它們的效果。請注意，練習是讓自己準備技能、演示技巧而走出舒適區的最好、最重要的環節。你練習得愈多，你的能力提高得就愈快。久而久之，你發現自己其實並不內向，而世界上內向的人可真多啊。

其次，我們有一個三步驟告訴你內向者該怎麼破冰。內向者在與人溝通中最難的應該就是破冰。所謂破冰就是雙方從零到一的溝通。

第一步，不要著急去說什麼，而是要去提問。比方說你實在不知道怎麼說的時候，你就看著他，問他：「請問你是做什麼工作的？

你工作中有沒有什麼難忘的事情啊？這個難忘的事情對你有什麼影響啊？」你問得愈細，對方就愈能感受到你的關心。

第二步，介紹自己。請注意，如果你實在不知道說什麼，就介紹自己。你可以開門見山地介紹自己，也可以透過講故事的方式介紹自己。比如，你喜歡什麼，擅長什麼，透過這些內容找到共同話題。「你跟我都是雙魚座。」「哇！你跟我都是 AB 血型。」「你跟我都是湖北武漢人。」

第三步，當你們找到共同話題後，就要聊你們的共同話題。內向者找到和別人的共同話題之後，往往狀態會有一個突飛猛進的變化，就是他可以走出尷尬的狀態。我建議大家可以從明星、天氣、旅行這些大多數人都不拒絕的話題說起。不要怕聊了之後，發現大家沒什麼共同話題。沒關係，傾聽也是一種溝通。

有一本書叫《越內向，越成功》，裡面總結了一個內向者的特點。

第一，他們一般是優秀的傾聽者。大多數的內向者不太願意第一個開口，是因為他們害怕直接表達觀點會得罪人。所以，他們要先了解對方的看法，然後再表達自己的看法。其實我們慢慢會發現，就算你不表達自己，只是微笑又肯定的傾聽，也會給人很大的能量。

第二，他們能觀察到談話對象的行為跟風格，而這是建立人際關係的一個重要技能。所以，愈內向的人愈能夠建立這樣的技能。他能夠讓你判斷出對方的個性，比方說對方是否開放、友好、坦誠。

第三，內向者都有好奇心。內向者會對別人好奇，會經常思考人為什麼會這樣的問題。這也算一個優點，只是這優點需要在時間的堆積下才會讓人喜歡。但如果沒有時間的堆積，你還得繼續讓自己呈現在別人面前。還記得那個詞嗎？——Presence（展示）。

如果我們實在改變不了怎麼辦？答案只有一個，讓自己默默發光。隨著時間的流逝，別人會知道你是一個優秀的人，你發光就會讓更多的人靠近你。就好比你願意跟周杰倫交朋友嗎？我們知道，他雖然不愛說話，但是他發光。

　　所以，祝你成為一個發光的人吧。

如何增進親密關係？

海海：龍哥好。我有一個朋友，她渴望親密關係，但如遇到問題，比如工作不順心，或者心情煩躁，就很排斥，只想一個人待著。但這樣做，又讓她有心理負擔，怕別人因此生她的氣。這樣的事情讓她很困擾。她該如何調適自己呢？

李尚龍回信：

　　海海，你好。如何處理好親密關係一直是很多人遇到的難題，我自己也不例外。在解決你的困惑之前，我想給你推薦一個作者，叫約翰・高特曼，他寫過一個系列，叫「親密關係四部曲」，我讀完很受益。如果你的家庭關係或者說你與伴侶之間出現了情感問題，我建議你讀讀那本《幸福的家庭》。另外三本是《讓愛情長久的八場約會》、《恩愛過一生：幸福婚姻七守則》，以及那本爭議很大的書《信任，決定幸福的深度》。沒錯，愛是需要博弈的。為什麼同樣是男人出軌，普通家庭的妻子大多會選擇離婚，而富有家庭的太太則選擇原諒呢？看完這本書我才知道，這都是背後博弈的結果。這博弈，包括身分、地位、金錢。有時候你必須把金錢考慮到親密關係裡面，它才會更持久。

　　有一個壞消息是，無論多麼親密的關係，都會隨著時間的流逝遇到問題。原因很簡單，感情本來就會隨著時間變化而淡化。所以，夫妻之間需要修復親密關係的救生衣，而修復的效果決定了親密關

係的存亡。曾經有人問我：「龍哥，我和我的老婆（老公）現在不愛了，怎麼辦？」我說：「如果不愛了，那就去愛吧。」因為愛是一個動詞，愛是一系列動作之後才有的結果。所以，如果你不愛他了，你回想一下你們曾經有過的一些美好時光，想著想著可能就重新愛上了。大多數情況下，你可能愛上一個熟悉的人，但不會愛上一個陌生的人。

其實，每段感情裡都有兩個盒子：一個是糟糕盒子，我們稱之為「潘朵拉的盒子」，記憶中所有不美好的畫面全都裝在裡面；另外一個叫美好盒子，裡面裝的全是美好的記憶，美好的事物，美好的關係。很多親密關係出問題的人，是因為每次遇到麻煩都先打開糟糕盒子，自然引起不好的反應。幸福的伴侶即使發生激烈爭吵，也總是將不愉快的情緒裝到美好盒子裡。

我有一個朋友，他每次跟老婆吵完架都會說一句：「我要不是看你好看，我真要跟你拚了。」你看，即使生氣的時候，他也能想到美好盒子裡面那個長得好看的東西。其實學會運用美好盒子，除了可以修復感情，還有其他妙處，比方說著名的「蔡格尼效應」。這個效應的觀點是，人們對那些沒有完成的事情往往記得很清楚。比如你去路邊小餐館吃飯，服務員即使不拿筆去記你點的菜，也能很精準地為你上菜。甚至你的一些小要求，比如湯裡面不要加辣椒，或是烤串裡面不要加蒜，他都能記得。這就是蔡格尼效應在起作用，但等你吃完，你再問他你點了什麼，他一般不記得。因為這件事結束了。所以，我們要讓那些不高興的事盡快完結，讓那些高興的事持續得久一點。

如果你的伴侶總是愛翻舊帳，你不要著急反駁，你仔細想想看，這件事之所以總被翻出來，是不是之前就沒有解決？

我們知道愛人之間發生爭吵要及時認錯、改錯，但我們很少從科學的角度去思考原因。蔡格尼效應告訴我們，遇到問題要及時溝通，趕緊翻篇，趕緊結束。要不然這個爭吵會一直在你的腦海中，很容易被拉出來繼續。所以，很多時候我們喜歡翻舊帳。

人總會因為被對方忽視而淡化親密關係，總會因為對方的重視而增強感情。人被忽視的方式有很多，比如在親密關係裡面有一個很著名的「糟糕末日四騎士」：第一個叫批評，第二個叫蔑視，第三個叫防禦，第四個叫築牆。光看名字，你就能看出很強的殺傷力。我有很多段親密關係都死在這四項上。所以我的建議是：第一，不要批評別人，除非你覺得這個批評有效、有意義。第二，不要蔑視他人，因為你蔑視他人，同樣也會被他人蔑視。第三，不要建立防禦機制，因為人是敏感的，而且永遠敏感。你防禦別人的時候，別人也在防禦你。第四，不要築牆，除非你決定放手。

溝通是解決親密關係最好的良藥，一定要跟自己的伴侶多聊一聊。哪怕你們談的都是一些無聊的話也沒關係。很多人都對怎麼提高親密關係很感興趣，不妨讀一下這幾本書。

第一本書是佛洛姆的《愛的藝術》。你必須先理解愛情是藝術，才能增進親密關係。這是我第一次看到一個心理學家定義「愛並不是與生俱來」的概念，而是一種需要培養的能力，它是一門藝術。你學藝術還要報藝考班，你學愛為什麼不去吸取知識，不付出努力呢？

第二本書是蓋瑞・巧門的《愛之語：兩性溝通的雙贏策略》。除了說話，愛還有其他表達方式。也就是說，你不用把什麼都掛在嘴邊。肯定的言詞、精心的時刻、準備的禮物、服務的行動和身體的接觸，這些都能增進兩個人的親密關係。

第三本書，如果你進入婚姻了，請移步到卡倫・荷妮的《婚姻心理學》。你可以在書裡看到五個階段的婚姻的親密關係，分別是重新認知、理解差異、理解自我、有效表達和灌輸和解。

第四本書是一本長篇小說，我特別喜歡，叫《正常人》。它看似講的是一個富家女跟一個窮小子的愛情故事，其實探討的是愛的本質和背後的心理、社會問題。故事的男女主角雖然沒在一起，但是裡面有很多愛情的小竅門。這本書現在已經被改編成電視劇，如果看不進去書，可以看電視劇。

第五本是萊拉・朗德絲的《跟任何人都可以聊得來 3：學會愛的語言、追愛得愛，人見人愛就是你》。書中詳細描述了男女在情感需求與表達方面的區別，探討了他們墜入情網的緣由和過程，並由此引導人們透過各種語言以及非語言的方法與技巧，博得意中人的青睞，收穫心目中的理想愛情。

總之，親密關係要在開始前評估，實踐中尋找，在結束時總結回顧。

談戀愛最重要的品質是什麼？

小靜：龍哥好。我有一個朋友，她交了個男朋友，兩個人在一起後幾乎是形影不離。可是男生的占有欲太強了，女生離開幾分鐘，男生都要打視訊電話。久而久之，女生覺得這樣相處下去很累，就跟男生分手了，把男生的微信、手機號碼也一併封鎖了。但是，男生還是一直纏著她，會讓他的朋友給女孩打電話說自己生病了之類的，甚至還在女生家樓下堵她。這種情況要怎麼處理？

李尚龍回信：

　　小靜，你好。看完你說的案例，我只覺得可怕。或許你還不知道，談戀愛最重要的品質其實就是四個字──情緒穩定。如果一個人的情緒不穩定，無論對方是誰，他有多優秀都不要跟他走得太近。也就是說，我們要避免跟情緒不穩定的人成為好朋友或是情侶。你看新聞上報導的那些因為分手而做出過激行為的男男女女還少嗎？

　　人的感情是最脆弱的，尤其是年輕的時候，還沒有辦法控制自己。被分手的一方，總感覺自己很糟糕，所以只有潛意識地把對方打垮，才能解救自己。

　　我的前女友跟我提分手的那天，給我發了一則特別冷靜的訊息，說我們在一起不適合，還是分了吧。當時我就傻了，因為過去很長一段時間，我在潛意識裡就覺得自己配不上她，覺得她是一個北京孩子，有戶口，有正經工作，而我雖然很努力，但還是會有一

些東西做得不好。所以我們在一起的時候，我就不停地表現，希望用自己的好彌補自己的不好。可是被分手的那一天，我還是深深地受到了自尊心的打擊。現在看起來，還真是她沒眼光。我記得當時我在練車，看到那則訊息的瞬間，腦子嗡嗡的，前方的路都模糊了，根本看不清。中午休息的時候，我還在那個無法正常思考的狀態裡，覺得這根本不是真的。很快，下午練車時，我已經成為「行屍走肉」。那種感覺，即使現在想起來都覺得好難過。幸虧那個時候我有一個讀書的習慣，透過讀那些情緒管理的書，我明白人一定要控制自己的情緒。所以，我時刻提醒自己：「尚龍，千萬不要爆發情緒，不要哭，不要求對方，也不要把自己最好的東西交給別人。永遠要保持內心深處的平靜。」

後來我給主管打了個電話，讓他把我的課排滿。然後，我開始進入一個高速循環的狀態。那時我覺得內心有一個大窟窿，而我要縫補那個窟窿，時間作為針線在那個時候起了作用。我不知道自己是過了多長時間恢復的，我只記得那段時間確實不好過。但是，我挺感謝那個女生的，因為那個女生的確做到了，說了分手後再沒有跟我聯繫過。她用實際行動告訴我，長痛不如短痛。這也是我想跟你說的。

我們要避免跟低自尊的人談戀愛，因為他們一旦被拒絕，可能會爆發出你無法想像的報復。這種報復多半是年輕時可能覺得很爽，但年紀大了之後會後悔的。其實對於你的朋友來說，當她決定不再理前男友的時候，咬著牙不說話真的很重要，讓他用時間去忘掉自己的傷痛。既然你已經不愛他了，踏踏實實的消失才是最好的，堅持別見他，讓時間成為縫補他傷口的解藥。

當然還有一種可能，就是你跟他頻繁溝通，聊著聊著你們感情

還昇華了，處成好朋友了。這樣的案例也有，但是不多。第一，兩個人心都很大；第二，兩個人之前沒有真正地愛過。

以上所說的話題，都是基於兩個人是理性的，兩個人中但凡有一個是衝動的、失去理智的，另一個都有可能遇到麻煩。如果遇到這樣的情況，比如對方去你樓下堵你，我這裡有三項建議，把它寫在筆記本上，牢牢記住：

第一，報警。

第二，找一個更強硬的人去警告他。

這個強硬的人可能是你的父母，可能是你很好的兄弟。

第三，發一封很強硬的書信去斷絕關係。

說到這裡，我自己也很難過。人年輕時總是容易為了情跟愛喪失理智，長大之後才發現一切都是幻覺，理性才是萬物之源。

我在《持續成長》這本書裡面講過理性的重要性。理性思維能幫你很快從分手的傷痛裡走出來，也就是你要明白，當對方說分手的時候，要麼他不適合你，要麼他覺得你配不上他，要麼他背後可能有人了。其實不管是愛情還是婚姻，門當戶對最長久。所以，親愛的同學們，如果你現在也在一段戀愛裡面，接下來這段話非常重要，請你仔細聽好。

無論你們在熱戀期多麼愛對方，都應該問彼此一個問題：如果我們分手了，你會對我做什麼？你可能會聽到各種各樣奇怪的答案。比方說：「我們怎麼會分呢？」「你怎麼可以這麼說話呢？太晦氣了，呸呸呸。」「我跟你分手後，我還是會祝福你。」雖然分手後不知道對方到底會做什麼事，但一定要說，一定要問。因為有一天兩個人真的分手的話，你會發現有這麼一句話墊著太重要了。還有一句話更重要，叫「分手見人品」。感情結束的地方，才是人性真正的亮劍。

兩個人分手之後的處理方式，暴露著彼此的品格。

　　希望你了解成年人的規律，不要高估人性，同時也要相信愛情。

離婚後，還能不能好好生活？

蛻變：龍哥好。我有一個朋友，面對老公的出軌，她決定離婚。她因為在小縣城生活，就業機會少，所以開始考編制。明明她沒有做錯什麼，這個期間，卻遭受很多白眼。經過很多次失敗，她終於考上編制（編制內工作人員）了。家人開始張羅給她相親，但很多人聽說她有兒子就不願意了，有的人能接受她有兒子但人品不怎麼好，她該何去何從？想聽您的建議。

李尚龍回信：

　　蛻變，你好。這是一個很現實也很殘酷的問題。我們MBA班上有個女孩子長得非常好看，屬於那種一眼奪目的漂亮。從她的穿著打扮上也能看出她的家境不錯，至少是個中產階層。我們班有男生問這個女孩是不是單身，她說是單身。然後，班上那些單身的男孩子一下子就騷動起來了，膽子大的躍躍欲試，想著能不能跟女孩談個戀愛。但後來不知怎麼的，那些環繞在女孩身邊的追求者一下子又都散開了。再次聚會時，她帶著女兒來到了飯局。從別人的口中我才知道，哦，她離婚了，一個人帶著女兒在很艱難地生活。她雖然看起來家庭條件不錯，自身也很優秀，但一個人帶著女兒也確實不容易。她為什麼離婚我們不知道，但有一件事是很確定的，一個帶著孩子的女人，在婚姻市場上確實要打折，而且打得還挺狠。這很殘忍，但是這又是真實的評判。

　　雖然社會發展到今天，很多人都提倡婚戀自由，愛一個人不應該講究物質條件。但婚姻需要門當戶對，經歷過的人無不知曉。如果你的家庭背景、外貌身材、財富匹配等所有條件加起來是一百分，僅僅是離婚帶孩子這一項，足以讓很多人望而卻步了。你可能需要滿足很多條件，才勉強拿到六十分。可是，就像你閨密和我同學這樣，她們又做錯了什麼呢？她們明明什麼都沒做，在婚戀市場上已經被一部分拒之門外了。

　　遇到這種情況，她們該怎麼辦呢？

　　我的答案很簡單，一個事業成功的女人，本就擁有更大的世界。為什麼一定要把婚姻視為最終歸宿呢？不能將生活的重心放在工作上嗎？不能先談談戀愛再考慮要不要把自己嫁出去嗎？

　　我有一個鄰居，曾經是阿里巴巴的高階主管，現在已經實現財富自由，提前退休了。她剛滿四十歲，離婚之後一直沒有再婚，一個人帶著孩子，握著大量的股票，過得舒服又自在。前段時間我們一起跑步，她告訴我她談戀愛了，找了一個小她十二歲的男生，當時把我笑壞了，我打趣她：「這還真是第二春呢。」我問她：「你後面還會結婚嗎？」她說：「不一定，再看唄，談得好的話可以考慮。」從她的狀態不難看出，對她來說結不結婚已經不重要了，重要的是她已經掌握了生活的主動權。

　　所以，我的建議是，繼續做自己想做的事，讓自己發光發熱，不要讓那些無法控制的事情去控制自己。當你把時間和精力放在自己能控制的事情上，你會發現一切愈來愈好控制，但是一旦你把自己交給那些無法控制的場合和人，你的生命就容易失控，人也會變得愈來愈沒有自信。

　　很多人問我：感情為什麼講究平等？在感情中應該注意什麼？

我想給很多沒有結婚的人講一個故事。

　　這個故事發生在美國，美國的實驗人員找來一百位大學生，男生、女生各五十人，在每個人身後貼上數字編號，範圍是一到一百，男單女雙。因為數字貼在身後，所以他們本人並不知道自己的號碼是多少。實驗要求在有限時間內，男女各自尋找一個合適的異性，爭取得到最大總和。如果配對成功，兩個人可以得到數字加在一起十倍的獎金。比方說女生背後是六十，男生背後是七十一，那麼加起來就是一百三十一，他們可以獲得一千三百一十美元。

　　一聲令下，實驗開始。由於大家都不知道自己背後的數字，所以大家第一時間互相觀察，用別人的目光來大概確定自己背後的數字。很快，分數高的男生跟女生被找了出來，就是九十九號男生跟一百號女生。大家都希望能和高分配對獲取最大的利益，所以這兩位的追求者開始變得愈來愈多。儘管這兩位高分男女並不知道自己背後的數字，但看著周圍圍觀的人愈來愈多，也大致清楚了，他們絕對是高分。所以在這個過程中他們變得很挑剔，總希望可以找到更高分的，於是一次又一次嘗試著。

　　就這樣，有趣的事情發生了，屢遭碰壁的追求者迫於無奈，只能退而求其次。比方說他原來想找九十分以上的，後來發現八十分也可以，七十分也差不多，六十分也湊合吧。所以，中間分數的人很快完成了配對，結束了遊戲，拿錢走人。可是那些個位數的人比較悲催，因為追求配對的過程中，他們四處碰壁，幾乎是乞討般地希望別人和自己配對成功。最後他們無外乎兩種決策：一是低分湊合。比如五號男生和六號女生湊合了，雖然獎金只有十一乘以十，一百一十美元，但是好過沒有。二是跟對方商量按比例分獎金，事後有報酬。比方說我們配對，但是錢大部分都給你，或者結束之後

我請你吃頓好吃的。當然，其中不乏虧本交易，因為無論如何都要配對成功，要不然真是丟臉。這個實驗進行了很久，眼看就要到結束時間了，還有少數人沒有配對成功。沒辦法，只能隨便找一個，草草地完成任務。當然，也有堅持己見，配對不成功，以單身結束實驗的人。

實驗結束後，研究人員得出一個非常有意思的結論，絕大多數的配對對象都是與自己背後數字非常接近的人。比方說五十五號男生，他的對象有百分之八十的可能性是五十到六十之間的女生。而兩人數字相差二十以上的情況非常罕見，很符合研究人員做實驗的預期。但是，實驗人員驚訝地發現以下特例，就是大家很關心一百號女生配對的是不是九十九號男生。事實證明，並不是，一百號女生和七十三號男生配對成功了，兩個人相差二十七。為什麼會相差這麼多呢？很簡單，因為一百號女生被追求者衝昏了頭。她採取的策略只有一個，叫再等等，她一直在等待更大數字的男生。可是，九十九號男生早已經找到其他的女生了。當她發現，大部分人都已經配對完畢，她終於開始慌了，於是在剩下的男生裡找了一個數字最大的，就是七十三號。研究人員觀察，這位一百號女生最後也去嘗試過找超過九十號的男生，但為時已晚，那些九十號以上的男生早就配對成功，結束了遊戲。而這位一百號的女孩子雖然號碼牌是最高的，但還是留下了遺憾。她以為再等等可以等到最好的，到頭來卻發現，等到最後不一定等到最好的，也可能是別人挑剩下的。所以，最好的一定是主動出擊，主動尋找的。

主動意味著對別人的了解，對自己的自知，對感情的自信。

經常有人問我，龍哥，該怎麼找女朋友呢？我的意見是這樣的，如果你是二十多歲，你可以嘗試把自己放入一段感情中。就算這段

感情最終沒有開花結果，但透過兩個人的相處，你至少能獲得成長，明白自己到底適合什麼樣的人。

其實，女生也可以主動追求愛情，無論你結過婚還是沒結婚，有孩子還是沒有孩子。在這個倡導男女平等的現代社會，男生可以追求女生，為什麼女生不能主動追求男生呢？不要光等，灰姑娘畢竟是童話，不是每個人都能等到自己的水晶鞋。

所以，如果你現在二十多歲，想打好自己手中的牌，首先要知道自己的號碼是多少，其次是努力把數字變大，從而進入更好的匹配體系。但是，如果你真的很愛很愛那個人，就別管那該死的數字了，因為以愛情結果的婚姻都應該被祝福。

第 28 封信　大多數痛苦，都來自關係

青輅：龍哥好。我想問一下我該怎麼勸長輩不亂買東西。媽媽自從疫情在家，就經常在購物網站上買買買，一天下來能買二十多個快遞商品。短短一週下單的金額有五千多塊，我倒不是心疼錢，只是家裡東西愈來愈多，要是有能用的也行，但很多都是衝動消費買的，根本沒什麼用。這可怎麼辦呀？

李尚龍回信：

　　青輅，你好。每次我心情不好的時候都會反覆讀一本書，叫《被討厭的勇氣》。因為我發現成年人的世界，心情不好的主要原因幾乎都與人際關係有關。其實人只要做到兩點就能很開心，第一叫「關你屁事」，第二叫「關我屁事」。但當事人是媽媽時，「關我屁事」這句話好像很難說出口。實際上你真的可以說出口，而且說完之後，心情真的會好很多。因為一個人一旦跟另外一個人樹立邊界感，他的心情就會舒服很多。

　　我媽也喜歡買東西，還經常給我買東西，比方說我媽特別喜歡給我買一些醃製的牛肉跟雞肉。有一天我回到家，發現我們家門口堆滿了快遞，我就知道我媽又給我買東西了。於是，我很認真地跟我媽說：「媽，你能不能幫我一個忙，不要再給我買東西了。下次再買，我直接拒收了啊。」一開始她還是堅持給我買，買一次我拒收一次，後來她就不買了。

也就是說，課題一旦分離，一切就簡單很多。你的媽媽短短一週就花了五千塊，這錢是她的還是你的，還是你們共有的？如果錢是她的，買的東西也多是她在用，那你不應該管她，因為這是她的事情。如果錢是你的，你可以直接跟她說不要再買了，也可以直接停掉她的親人代付。這樣做可能會導致你媽認為你不孝，那你就多請她吃一點好吃的，讓她看兩場她們那個年代的話劇或者電影不就行了。我就是這麼哄我媽開心的，效果還不錯，你不妨也試試。有段日子我跟我媽說：「反正我一個月就給您這麼多錢，您隨便買，但是超過這個費用，您得自己想辦法，因為您兒子的能力就這麼多。」這和我小時候父親教育我的邏輯是一樣的，做事要有總量控制，我覺得他說得很對。

你看，我就是這樣完成了課題分離。其實愈親的人愈不容易實現課題分離，總是把事情攪和在一起，最後搞得大家焦頭爛額，煩惱不已。其實只要回到問題的原位，就能把很多事情想明白。大家都是成年人，永遠不要扛著別人的課題跑，守好自己的位置就可以了。

一個不愛學習的孩子，上課不聽講，回家不好好做作業，天天就知道打遊戲，如果你是孩子的父母，你會怎麼做？大多數情況下，你會想盡一切辦法讓他學習，讓他上輔導班，給他請家教。有時候也免不了耳提面命，不做完作業就家法伺候，大巴掌給他搧溝裡。但是，你想過沒有，愈是採用這種強制性的手段，愈難讓孩子真正發自內心地愛上學習。當然，有些家長把心思花在引導孩子的學習興趣上，但從著名心理學家阿德勒提出的「課題分離」概念出發，這根本不重要。面對這種情況，你首先要考慮的是，孩子學習不好是誰的課題？不是思考怎麼才能讓孩子愛上學習，而是思考孩子學

不學習到底跟誰有關。然後你發現，學習這件事是孩子自己的課題。與此相對，父母命令孩子學習，就是對別人的課題妄加干涉，雙方自然免不了發生衝突。當然，你可能會想，讓孩子學習是父母的責任和義務，這怎麼能是妄加干涉別人的課題呢？因為孩子選擇不學習，由此導致的未來人生的後果最終要由他自己承擔。

同理，你看看夫妻關係，你跟父母之間的關係，當你們發生衝突時，是不是都是其中一方對另一方的課題妄加干涉？我們一定要明白，如果你對別人的課題妄加干涉，衝突是絕對不可能避免的。所以，我們必須學會把自己的課題和別人的課題區分開來。人際關係造成的煩惱，其實都源於要麼別人對你的課題妄加干涉，要麼你開始干涉別人的課題。

請注意，這並不意味著阿德勒的心理學是推崇放縱主義的，而是讓你思考是誰的責任。父母要隨時準備好給孩子提供充分的支持，在孩子沒有向你求助的時候，不要去指手畫腳，不要覺得自己幫他選的路就是最好的路。最好的親子關係是父母負責帶路，孩子負責走好每一步。

所以，與其整體被這些事情搞得煩悶不已，不如讓問題簡單化。做好你該做的，那些令人煩惱的事說不定自動迎刃而解。傳說中，在希臘首都的街道中心，有供奉天空之神宙斯的聖殿，在聖殿中有一輛古老的戰車，在這輛戰車上，有非常著名的格爾迪奧斯繩結。據說能解開格爾迪奧斯繩結的，就是亞洲的統治者。這時候來了一位皇帝，叫亞歷山大。亞歷山大造訪了這座宮殿，解這個繩解了半天，解得痛不欲生。在一番努力仍然無法解開的時候，他拔出寶劍說：「用我亞歷山大的方式吧。」一劍將繩結砍成了兩段。後來，大家也知道了，亞歷山大成為整個歐洲以及亞洲的統治者。

你看，很多課題都是這樣子的，你只需要一刀砍斷它，問題就簡單了很多。所以，沒必要那麼著急和焦慮，一定有更好的解決方案。

Part 2

學習讓你擁有比別人更多一種

解決問題的思路與方法

<table>
<tr><td>第
29
封信</td><td># 遠離抱怨，向厲害的人學習</td></tr>
</table>

小郭：龍哥好。我想問，如果不得不和討厭的人打交道，怎麼控制自己的情緒不被他們的抱怨所影響呢？有沒有什麼方法可以讓他們樂觀一些，而不是總是抱怨？

李尚龍回信：

　　小郭，你好。我的生活裡經常有各種各樣的人向我抱怨，每到這個時候，我都會給他們講一個故事。漢武帝劉秀有一次帶兵打了敗仗，他雖然很沮喪，但晚上依舊去巡視營房。他每到一個營房都看到裡面的士兵一個個垂頭喪氣，一副特別沒有出息的樣子。劉秀看得很心煩，一路走，一路失望。直到他走到一間營房的外面，他看到一個年輕軍官正在燭光下用一塊破布默默地擦拭著自己的盔甲和武器，臉上既沒有悲也沒有喜，既不沮喪也不憤慨，整個人顯得很平靜。這讓劉秀很震驚，覺得此人日後一定可以成大事。後來，這個人果然成為東漢開國的大將軍，就是吳漢。這個故事告訴我們什麼呢？面對挫折、打擊，不要傷心，不要難過，不要憤怒，不要沮喪，不要抗議。抱怨只會讓你走上絕境，不如默默磨亮你的武器，做好迎接下一次戰鬥的準備。

　　抱怨，無疑是這個世界上最沒有意義的事情。比方說祥林嫂（魯迅短篇小說〈祝福〉中的人物），你從她身上可以發現，抱怨不僅不能解決問題，還讓她的生活愈來愈難了。所以，假設他也知道抱

怨沒有用，那他為什麼會跟你抱怨呢？所以，我為你總結了以下幾種可能：

第一，他可能不是抱怨，他只是希望跟你共情。魯迅說過一句話，叫：「人的悲歡並不相通，我只覺得他們吵鬧。」是的，如果沒有經歷過一樣的事情，很多時候我們很難體會到當事人的感情波動。就好比那些經歷過大風大浪的人，你聽他的故事，你心想不就是這麼一點點小事嗎？有什麼好抱怨的。再比如一個同學聽另外一個同學考研的艱難經歷，他想這有什麼了不起，哪有工作辛苦啊。你試著站在他的角度去考慮，去思考，可能並不是抱怨，而是一種求助或者梳理。有一本書叫《同理心的力量》，書裡說同理心是未來稀缺的品質。更好的共情，也是產品經理、創業者、作家、導演等藝術工作者必備的能力。

第二，如果他真的只是習慣性地跟你抱怨，那麼他可能知道你並不會拒絕。我也有朋友曾經在深夜跟我抱怨，一抱怨就是一個小時，但慢慢地他們就不跟我抱怨了。第一，他們逐漸接受我深夜不愛接電話的現實。第二，他們知道我不願意接話，當對話中一個人不接話，另外一個人無論怎麼抱怨，都不能形成閉環。還有一次，一個朋友來我辦公室抱怨一件事，他滔滔不絕地說了二十多分鐘，我只說了一句話，我說：「兄弟，我四點半還有個會，你要不要先坐一會兒？等我忙完再說。」正常情況下，沒有人不會意識到這是逐客令吧。所以，他也當即回道：「好吧，我也就瞎說，我該撤了。」所以，當有人不停地跟你抱怨時，十有八九他潛意識裡覺得跟你抱怨你不會拒絕。

第三，他潛意識裡知道你的時間不值錢。比方說你在演唱會見到了周杰倫，其中有個點歌環節，他把麥克風給你。你會用這個時

間跟他抱怨很多跟他無關的事嗎？或者你有想過你的偶像會聽你說那些與他無關的事嗎？我想你肯定不會說那些有的沒的，你只會興奮地說出你最想聽他唱的歌。是啊，因為你潛意識裡知道他的時間值錢。所以，面對不停的抱怨，要學會說「NO」。

比如「我今天有一個事，你先別抱怨了，改天我跟你細聊。」；比如「我先接個電話，你稍等。」；比如「那要不今天我們就先這樣」等等。當然，如果他跟你關係很好，你也可以用一個辦法，比方說「你看你抱怨了這麼多，有沒有想過有解決方案呢？」再比方說，你可以跟他說：「你看看我，我一般就不抱怨，我遇到事情第一反應是還有什麼事情可以做的。」更重要的一點，讓大家知道你的抱怨、吐槽、叫苦，早晚要還的。我見過一個女孩在朋友圈裡抱怨，說自己明明表現很好，但晉升機會就是不多。不知道這女生是馬虎大意，還是故意為之，她發這條吐槽訊息時竟然沒有封鎖主管，主管看到後不但沒有說什麼，還默默給她點了個讚。但是，後來聽說，她被公司開除了。

話說回來，假如你是一個不愛抱怨的人，你也不希望別人跟你抱怨，那為什麼那些人不能從你身上學到樂觀的品質呢？接下來的答案有些殘忍，因為人們只會和比自己厲害的人去學習，去和自己崇拜的人學習，而往往不會跟與自己平行或更差的人學習。所以對於你來說，先讓自己成為厲害的人，成為被崇拜的人。那時，你自然就聽不到抱怨的聲音了，因為他人的抱怨離你太遠了。

小郭同學，請一定要加油，成為更好的人。

八招搞定一切枯燥學習

吟遊詩人：龍哥好。我今年省考失利之後，依然選擇了堅持在家鄉考編制。但學習出了問題，以前學過的知識再次學習起來心浮氣躁，同時也不知道自己對知識究竟掌握了多少。希望龍哥可以提出建議，謝謝龍哥。

李尚龍回信：

　　吟遊詩人，你好。很多人走出學校以後，學習能力、記憶能力確實是愈來愈差，這個真沒辦法。

　　究其原因，一是離開學習氛圍濃厚的校園，個人很難有持續學習的動力；二是人的學習能力就是隨著自己與之遠離愈來愈差。所以，我在這裡分享一套學習方法，考博、考研、考編、高考的同學一定要認真看一下。

　　第一，牢記注意力是一切。

　　我們的學生時代好像都曾遇到過這樣的學霸：每天只學幾個小時，但成績永遠是班上的前幾名。這種人是智商超群還是天賦異常？都不是，而是他們掌握了學習的精髓——注意力。好消息是注意力可以提高，心流可以隨著自己的修練變得愈來愈長。在開始學習的時候，你不妨把手機放遠一些，不要讓手機隨時打擾到你。同理，也不要讓你的室友或是男朋友、女朋友打擾到你。心流一旦被打斷，再次回歸到學習狀態難上加難，但一旦進入狀態，時間會過得飛快。

關於學習，專心致志的一個小時，頂得上你神遊的十個小時。

第二，學會運動。

事實證明，運動對學習是有幫助的。一個結合運動去學習的同學，和一個光學習不運動的同學比起來，前者的效率更高。有本名為《運動改造大腦》的書，裡面講了增強肌肉和增強心肺功能只是運動的基礎，運動最關鍵的作用是改進和強化大腦。這裡特別推薦跑步跟快走，效果更佳。因為人的腳掌和地面有更多的接觸，腦部的血液就可以循環得更快。甚至有時候一邊走路一邊背單字，一邊走路一邊看書，效果更好，比你乾坐在書桌旁看書效果要好太多了。

我自己也是這樣，有時候寫作寫不下去，我就會邊走邊思考，然後拿手機去錄音，效果真的非常好。所以，從今年開始，把跑步跟快走加入你的學習清單。

第三，以結果為導向。

所謂「以結果為導向」，就是以結果為驅動力去學習。這句話聽起來很難懂，但簡單來說就是有沒有達成結果。如果沒有達成結果都是無效努力，都是你只是看起來很努力。所有不以結果為導向的努力，都只是自己感動自己。比方說你今年要過英語四、六級，目標就是通過，那麼需要背多少單字才能通過，你倒逼回去就行了。具體來說，就是如果過四級需要記憶四千個單字，過六級需要記憶六十個單字，你每天需要背誦多少個才能達成目標，你按照這個標準去完成就行了。只要這樣以結果為導向的努力，才是有效的努力。

第四，創造良好的反饋。

你為什麼覺得學習無聊，遊戲好玩呢？因為遊戲的設計有一個特別符合人性的機制，叫及時反饋。你點了什麼按鍵，馬上會有相應的反應。比方說你打了對方一下，對方掉血了，你吃了一個雞腿

回血了。但是，學習不一樣，你學完之後可能需要很長時間才有反應。比方說期末考試要一個學期才有一次，中間漫長的幾個月你是不知道自己到底學得怎麼樣的。所以，學習很容易讓人覺得很無聊。

那怎麼辦呢？

我的建議是適當給自己增加一些反饋，這很有必要。當你學會一些東西，可以想辦法講出來或者應用出來，這就是自己給自己製造出反饋。如果不講出來或者沒人聽你講，自己寫下來也是一種特別好的方式。再比如，你今天完成了學習任務，獎勵自己吃一頓大餐，喝一杯奶茶。這樣的及時反饋能夠讓你重新愛上學習，並能高效地學進去。

第五，回顧學習法。

無論你學了多少東西，學一段都要回去回顧一段。如果不停下來回顧一下，只是馬不停蹄地趕進度，那麼走得愈遠，忘記得就會愈多。每當學習教材一至二頁，你就應該適當地停一下，花幾分鐘大概地複述一下剛才學到的內容。只有你能講出來才是屬於你自己的知識。比方說我背了十個英語單字，停下來想一想第一個是什麼？回顧的時間可以根據教材的分量和學習的難易程度進行增減。

這個方法十分適合背誦一些枯燥的，像政治、專業課等類型的題目，這些內容很管用。這裡請大家參考一本書，叫《如何成為學習高手》，裡面關於學習方法的敘述很豐富。

第六，學會利用音樂。

很多人反對一邊聽音樂一邊學習，說這樣更不能集中注意力學習了。其實根本不是這樣。

我在學習、看書的時候一般都會聽著音樂，而且不影響效率。我問了身邊好幾個學習高手，他們都習慣一邊聽音樂一邊看著書。

他們很多人都說，當播放音樂的時候，自己只在剛開始學習的前幾分鐘聽到音樂聲。但一旦投入進去，音樂好像融進自己的背景裡消失了，而效率也變得高了很多。

所以請注意，其實聽什麼很有講究。當你需要勵志的時候，比方說快考試了，快遇到大賽了，你必須做一些辛苦的工作的時候，要選擇那些能使人情緒高漲、令人興奮的熱血音樂。如果你需要安靜的時候，比方說你在做回覆郵件、回覆釘釘（DingTalk）這樣的基礎工作時，盡量迴避一些節奏過快的音樂，選擇一些能夠讓你心情平和的音樂。當你想放鬆的時候，可以選擇一些讓自己身心輕鬆的歌曲。

第七，尋找熱愛。

很多人認為學習是痛苦的，要死乞白賴的堅持，但真實的學習並不是這樣。如果一個人找不到學習中的熱愛，注定是不能學好的。比如你從小到大特別恨籃球，怎麼可能打得好呢？你從小到大都恨英語，怎麼可能說得好呢？那些學習的高手一定是在學習中找到了成就感，找到了學習的樂趣，才走到了今天。

因為，如果你痛恨這件事，是不可能有所提高的，所以聰明的你們，先培養對這門學科的興趣，然後再開始猛攻。比如在學英語的時候，我經常建議我的學生去看幾部美劇，先了解西方的生活，再培養對英文世界的興趣。千萬別一上來就做枯燥的習題，這樣很容易把自己陷入枯燥跟乏味中。一門學科一旦跟枯燥、乏味息息相關，或者逐漸聯繫在一起，你可能就不想學了。再比如，你一開始彈烏克麗麗的時候，我特別建議朋友們先去學習最簡單的〈小星星〉。這首歌特別好學，學完之後可以立刻炫耀，給朋友彈奏一曲，看看反饋。就是說，你要先愛上那種感覺，接下來你再學，效率就

高太多了。

第八，找到志同道合的人。

請注意，一個人可以跑得很快，但一群人可以跑得更遠。找到志同道合的人，讓他們陪你一起前行，這樣的效果會更好。所以，考研、考博班的人不妨找個夥伴一起學習，成長的路上一群人努力可以幫你走得更遠。

第 **31** 封信	**怎麼做一場高品質的演講**

東東：龍哥好。我有時需要參加演講，但很多內容都是在百度上直接複製貼上的。請問，怎麼樣才能寫出一篇屬於自己的漂亮的演講稿？

李尚龍回信：

　　東東，你好。

　　所謂真正的演講稿，往往來自內心真實的感受。要想寫出一篇漂亮的演講稿，首先你自己要經歷，然後要表達，最後是感動。具體該怎麼寫呢？

　　第一條，機會很重要。

　　關於演講，市面上這方面的書太多了，我也翻閱了幾本，幾乎大同小異，都強調了內容、手勢、語音語調和多加練習，但忘了演講最重要的事情是演講機會。早年的新東方，為什麼名師的演講實力都很強？因為新東方有一個非常好的正循環體系，就是你講的課愈好，你的課時就會愈多。你的課時多了，講的就會更好，從而課時會更多。從這裡不難看出，演講機會才是最稀缺的。一個人就算有著馬丁・路德・金、歐巴馬的演講能力，有著安妮・海瑟薇的樣貌，如果沒有演講機會也是白搭。你沒有機會站在一群人面前演講，也沒有大量的機會在失敗後一次又一次地更新你的演講稿，你就不可能成為一個演講高手。所以，演講機會是最稀缺的，也是

最寶貴的。

所以，在你能夠做一場高品質的演講之前，珍惜每次當眾演講的機會。這裡說的「當眾」，可能面前只有兩三個人，即使這樣，也要好好把握。如果你實在沒有演講機會，也不用太絕望，你可以找一些空教室或是空場地，想像你此刻正站在臺上，下面有很多人聽你演講。然後，你試著把自己的話講出來，久而久之，你就不會害怕了。不要覺得這個方法不重要，我就是用這個方法練習的。直到今天，就算臺下有人，我依舊不會擔心，因為大量的練習，這些流程和套路會深入你的 DNA，變成你生命的一部分。訓練是王道，這是誰也沒有辦法幫助你的事。倘若你有機會在公開場合做過一百次演講，每次演講一結束，都能好好地復盤、改進、更新，你的演講能力不可能不行。

第二條，逐字稿。

克里斯・安德森是 TED 的創辦人，他寫過一本書叫《演講的力量》，書裡說，一個好的演講有三個「有」字。第一個叫有內容，第二個叫有準備，第三個叫有亮點。有內容排第一，有準備排第二。所謂內容跟準備，就是我們說的逐字稿。我們往往不會為了演講而去演講，而是為了講一點什麼，所以採取了以一對多的方式。在這個內容為王的時代，你講述的內容最能決定你是不是一個優秀的演講者。直到今天，我每次在演講的時候依舊會寫逐字稿，能背下來就背下來，背不下來，我就算上臺念，也不浪費我的演講稿，我不會讓我自己脫離這個稿子。

原因很簡單。第一，你寫的逐字稿代表你在認真準備。第二，在這個短影音時代，當場發揮的時候，你可能一句話沒說對，被人剪下來放在網上斷章取義，很容易遭受網路暴力，划不來。所以，

想要讓自己的內容好，至少做到自己的逐字稿沒有瑕疵。

我經常跟我的同事們說：「你們上課前一定要寫逐字稿。」他們說：「幹麼呀，我都熟記於心了。」我說：「你們別問，可以試試。」後來很多老師都感謝我，說幸虧是這些逐字稿，讓自己的課程內容愈來愈扎實了。其實原因很簡單，因為我們每個老師在上課的時候都不知道接下來會發生什麼。比方說會不會有學生突然打斷你，會不會麥克風突然不好用了，會不會那天你不舒服，會不會你的思維短路了。這個時候，逐字稿就代表你輸出的內容的底限，你講得至少不會比這個糟。

第三條，好的演講要有好的開始，也要有震撼的結尾。

好的內容除了要有知識的深度，還要包含一個好的開始、好的結尾。演講剛開始的時候，你要有一個能夠吸引人們注意力的開頭。比方說你可以先提個問：有多少朋友曾經聽我講過這門課？有多少朋友曾經讀過這本書？有多少人認識我？這樣的互動能夠很快拉近你和聽眾之間的距離。你也可以講一個笑話或是講一個故事，甚至故意出一個醜，來吸引別人的注意力。如果開頭實在沒掌控好也沒關係，結尾令人印象深刻也不錯。這就是心理學中著名的峰終定律。

什麼叫峰終定律？就是一個普通人對一場演講的評價只有兩點。

第一，你的演講是否有高潮。

第二，你的演講是否有一個好的結尾。

你可以下載一些 TED 的演講，看看他們是怎麼結尾的，你會發現無論他們前面講得怎麼樣，結尾都乾淨利落。請記住，你可以用金句的方式結尾，也可以用震撼、幽默的方式結尾，甚至可以首尾呼應，把開頭講的事情在結尾處再點亮它。

說句實話，我個人不太喜歡特別有激情的結尾。在我看來，好的演講沒有必要從情緒上震撼別人，而應該從情感上震撼別人，從內容上給人共鳴，讓人感動，而不是從語音、語調帶著別人去共鳴，逼著別人去感動。

當然，除了開頭跟結尾，中間也最好有亮點。

我剛開始當老師的時候，一節課兩個小時，我要花十倍的時間去準備，大多數的時間都在寫逐字稿。演講是個苦工，你必須十分努力，才能看起來毫不費力。TED上面所有的演講者講得都很自然，很多人並沒有經過演講培訓，他們只不過是各行各業的高手，但依舊能講得很好。其實，僅僅是因為他們把稿子背得滾瓜爛熟了，每一句都是精心設計過的，沒有一句多餘的話。一段十八分鐘的演講，有人會花二百個小時準備，經過無數次的修改、刪減，以最佳狀態呈現給觀眾。而一個人如果想登上TED的舞臺，至少應該珍惜生命裡每一次上臺的機會，去提升自己的演講能力。這中間除了要下死功夫，還要時刻去想辦法製造亮點。所謂亮點就是金句。

你可以用PPT去闡明自己的亮點，也可以出其不意搞個怪。世界演講比賽冠軍戴倫有一次演講的時候，在臺上摔了個大跟斗，觀眾哄堂大笑。戴倫說：「我摔跟斗的時候大家都說快起來，太尷尬了。只有我的老師說，你在地上多趴一會兒吧。」演講者的任務不是讓觀眾感覺舒服，而是要引起激烈的共鳴，給觀眾留下難以磨滅的印象。

最後，千萬不要把演講想得多麼高大上，也別想這玩意離你有多遠。事實上，如果你知道怎麼在飯桌上對著一群朋友講話，怎麼在宿舍裡對著大家發號施令，怎麼在朋友圈裡說那麼一兩句討人喜歡的話，你就能夠做好一個演講。好的演講能夠讓你受益匪淺。這

個時代牢牢掌控在輸出者手中，輸出者只有兩種方式，就是寫作和演講。演講比寫作更具備煽動力。所以，東東，希望你可以用這樣的方式重新準備一下你的演講稿，看看能不能有感而發，去走心，寫出一篇不一樣的演講稿。

持續的極致帶來持續的成功

小陳同學：龍哥好。我有一個朋友，他最近很受挫，工作總是出錯，就是最簡單的快遞訊息整理，他都能漏掉好幾個。老闆找他談了好幾次，希望他多用心，多長腦子，看事情不要只是一個角度，做事情要考慮用戶的體驗。老闆說只有集中注意力專精一件事，才有可能做成功。他看到老闆工作很辛苦，也知道老闆一直在朝著目標努力，但他總有一些事情做得不到位、做得不夠好，辜負了老闆對他的期望，所以他迷茫了。他明明沒有老闆辛苦，卻總覺得很累。難道真的要像老闆一樣辛苦才可以進步嗎？

李尚龍回信：

　　小陳，你好。這一年我遇到很多在自己領域做得非常好的人。但無論哪個領域，哪個年紀，什麼社會階層，什麼背景，他們都具備一個特點：抗造（經得起折騰）。換句話說，無論前一天他們遇到什麼挫折和打擊，第二天都會滿血復活。

　　隨著我對這個領域有愈來愈深刻的理解，我開始明白，成功真的只有一條路，就是持續的極致。什麼叫持續的極致？我把它分解成兩個詞，第一個詞叫極致，第二個詞叫持續。你看你朋友的老闆想跟他說的話也是如此，如果你的朋友聽明白他的話，就應該知道老闆希望他把一切都做到極致。無論任何事情，只要你做到極致，老天都會幫你。因為當你做到極致的時候，你的眼裡沒有對手，你

總能爆發出意想不到的能量。

我特別喜歡稻盛和夫寫過的一本書，叫《幹法》，書裡說就算掃地，你依舊可以做到極致。比方說原來你是從左往右掃，那你今天可以試著從右往左掃，或是原來從周圍往中間掃，現在從中間往四周掃，甚至你可以不用掃把掃，跟主管申請一下，試試能不能用好用、效率又高的機器掃。最後，你總結出哪個方法效率最高，效果最好。

但是，你要知道，這種極致只有一天是不夠的，你需要持續的極致。人最怕的就是間歇性的雞血，持續性的低迷。怎麼做到持續極致呢？答案只有一個，就是養成優秀的習慣。

當然，你可能會問：「你這樣活不累嗎？」我經常被人反駁啊，說：「龍哥，你每天活得這麼累，難道不覺得辛苦嗎？你每天如此的忙碌，你真的不覺得難過嗎？」我告訴你，真的不累，忙起來很快樂的。你可以試試看。從跑步機上下來的人，跟躺在床上的人比起來，前者更開心更幸福，因為忙起來真的很快樂，閒下來才是真的累。

或許你會說，我就是愛閒著，我就是喜歡躺平，你能耐我何？這麼一來，又把問題拉回本質，即你想成為什麼樣的人。前段日子我參加了青島啤酒節，其間我跟幾個製片人、導演一起喝酒，到了晚上大家喝得微醺的時候，我看到路邊有幾個大腹便便的男子光著膀子，一邊喝一邊大叫著，完全是忘我的狀態。如果在小城市生活，可能沒有那麼大的理想，只有老婆孩子熱炕頭，誰又能說他不幸福呢？但不好意思，至少這不是我想要的。如果我是那個喝到吐，喝到瘋瘋癲癲然後不停搖擺身體的男人，我一定不會開心，我甚至會討厭我自己。

有人會問，我們為什麼要背井離鄉，奮鬥到極致？因為我們希望可以成為更好的自己。我創業八年了，經常感到無比累，也經常會在深夜感到無比焦慮，甚至很長一段時間我都失眠，找不到自我。但是，我慢慢明白，勞累可能是沒有找到好的規律和方法，沒有弄清楚好的態度，沒能讓自己更好地進入狀態。人一旦陷入迷茫，就容易累。

每當我迷茫的時候，我都會思考一個問題：當初為什麼出發？在華爾騰湖尋找生活意義的梭羅曾經說過一句話：「每個早晨都是一個愉快的邀請，但迷茫的人每天早上起來都是勞累的。」一個人如果開始明白自己想要什麼，就不容易累了。

最後，假如你真的很清楚自己要什麼，但每天還是很累，那麼很可能是你的精力管理出了問題。所以，我也給你推薦了一個書單，希望你能夠按照書中的方法提升自己的精力，讓自己愈走愈順。

第一本書是《史丹福高效睡眠法》。這本書的精華已經放在我的讀書會裡，歡迎反覆地去聽。

第二本書是《我們為什麼會覺得累》。作者是慕尼黑大學的教授，叫蒂爾‧倫內伯格，他也是時間生物學領域的代表人物。在這本書裡，他把人分成了雲雀型和貓頭鷹型。雲雀型的人早上精力旺盛，而晚上需要早點休息，他們像孩子一樣嘰嘰喳喳。而貓頭鷹型的人晚上精力旺盛，早上卻頹廢到不行。你要明白自己是什麼樣的人，從而找到自己最好的狀態。

有時候一個人就是因為狀態不好，所以做出很多錯誤的決定，這一點希望你跟我共勉。對於我來說，我是一個中午狀態很差的人，所以中午我一般不會做創造性的工作。我會做一些平凡的、重複性的工作，讓自己更好地度過中午的時光。對於你來說，找到精力不

充沛的時候去鍛鍊，去放鬆，不要花時間去做一些很重要的工作。

第三本書是《內向者心理學》。假如你是個內向的人，一定要學會精力管理。怎麼去提高自己的個人精力管理？作者蘭尼給我們傳了三招：一是控制節奏。你要找到自己的節奏，不要打亂它。二是控制個人邊界。我的是我的，你的是你的。三是學會恢復精力。比方說你要學會利用自然光給自己充電，或是學會透過飲食、運動讓自己變得更好。

第四本書是《輕斷食》。假設你每天少吃一點碳水化合物，多運動十至二十分鐘，你就能恢復自己最好的狀態。

最後總結一下，成功只有一條路，就是持續的極致，加油啊！

已習慣了目前的工作，
怎麼成功轉型？

微雨：龍哥好。我已經工作多年，跟著龍哥參加讀書會兩年了，收穫頗豐，但總感覺有力無處使，還是從事著自己不喜歡的銀行工作。餓卻是餓不死，但是磨人意志，沒有時間和精力做自己喜歡的事。我知道人要先度過生存期，再談理想，但我對現在的工作不滿意，換行的話試錯成本太高。請問，有沒有什麼好的策略或者建議？我該怎麼運用已有的知識謀生呢？

李尚龍回信：

微雨，你好。謝謝你跟著我參加了兩年的讀書會，認知層面你應該刷新了不少，但是從認知到行動還有著一個巨大的鴻溝。作為一個已經從體制內出來的人，我想告訴你的是，如果你決定從銀行或者其他體制內出來，需要下一個巨大的決心。是的，這個決心很大很大，甚至需要你茶飯不思，糾結、痛苦、難過好幾天，甚至膽戰心驚才能行動。但是，請你一定記住，一旦你決定了，可能就沒有退路了，因為你就要開始另外一種生活了。

我的大學同學，他們中的大多數人都過著穩定的生活，而我不一樣，我到今天還在過著充滿挑戰和不確定的生活。這就好像沒有體制這樣的大船保護你，你只能自己建造小船，生活的擔子沒有任何人可以幫你扛，只能你自己扛。這樣的生活給了你諸多自由，但也充滿著各種風險。所以我還是建議你，想好再出發。

其實，無論你在哪個地方，每一次轉型都是一次重新開始。無論過去你獲得了什麼成就，在你不了解不熟悉的領域，都需要彎下腰踏踏實實地向別人學習。我把身邊轉型成功的人做了幾個總結，希望對你有用。

第一，帶著資源轉型。我的一個朋友是私行的經理，在銀行待了五年，覺得生活太沒意思了，決定跳槽。跳槽之後，她開始自己做私募，也不知道從哪個地方要到了我的電話，就開始給我打電話募資。我雖然不知道她這麼做是不是合適，但我覺得她一個小女生也不容易，還是跟她見了一面。她說他們這些私行出來做私募的，很多都會給老用戶打電話，希望可以再次合作，他們這叫帶著資源轉型。雖然最後我沒有跟這個小女生合作，但是我從她這裡學習到一件事，就是帶著資源轉型。當你把公司的資源變成自己的資源，背後的阻力是難以想像的。因為原來你在位，你靠著平臺，現在你隻身一人，別人憑什麼相信你。別人信的是過去的公司和品牌，而不是你這個人。所以這背後需要你非常努力，要麼磨鍊出超強的能力，要麼花時間打磨關係。說實話，哪一種都是硬仗。

其實，很多人一旦離開平臺就不是很厲害的人了，因為他不具備一個人活成千軍萬馬的能力。準確來說，他沒有獨自發現問題和解決問題的能力。我曾經寫過一本書，叫《無懼迷茫是種優勢，人間清醒才是本事》，裡面有一篇文章，我到今天仍記憶猶新，就是〈離開平臺，剩下的才是你自己的〉。如果沒有能力，是不是就沒有辦法帶走公司的資源呢？不是。我們還有一招，叫多交朋友。怎麼交朋友呢？答案只有一個，叫「做超乎公司要求你做的事情」。比方說公司要求你對客戶五分，你就做到十分，因為剩下的不是公司對你的要求，而是你對客戶的人情。要記住，客戶對價格不敏感，

對人非常敏感。

　　我的理髮師曾經在一家很大的店面上班，給我理了三年的頭髮。後來他準備出來單飛，我對他說：「你記住我一句話，無論你去哪裡，我都找你理髮。」因為我找他給我理髮，溝通成本能夠減少很多。我不需要再告訴他我要理什麼樣的頭髮，或者我適合什麼樣的髮型，他直接給我理就可以了。但是，這哥們兒說了一句話，打消了我繼續找他的念頭，他說：「哥，我去天津了。」我說：「那就算了，這個代價太大了。我沒有辦法每次理髮還要從北京跑到天津，就是為了讓你給我理髮。」你想想看，假設他在北京，他就成功地把我從公司的資源變成了自己的資源。

　　第二，帶著能力轉型，這是最高超的轉型。無論你是在體制內還是在體制外，但凡你有能力，有一技之長，你在哪裡都能活得很開心。無非是體制內還是體制外，自由還是不自由。能力這個東西，總能帶你走得很遠。如果你現在在體制內總覺得有不滿意的狀態，為什麼不花時間去學習一項技能呢？你可以先看看行業，然後決定要不要在這個行業扎下來，開始培養專業技能。這項技能可以是長遠的，比方說自學一下寫作，自學一下演講，或是考一個教師資格證。也可以是新型行業，比方說你可以自學一下直播運營。大家注意，愈新的行業愈沒有專家，你愈早開始自學愈能成為專家。

　　第三，帶著心態轉型。好的心態就是隨時做好從零到一的準備。我的一個好朋友在教培行業整頓之後，很淡定地說了一句話：「就算我以後做了銷售，我依舊可以從零開始。」這種心態令人佩服。因為到了一定年齡以後還願意從頭開始，真的要有一個很好的心態。後來這個朋友跟另外一個哥們在上海開了一家脫口秀俱樂部，開始做脫口秀。我去看過幾次，說實話，講得並不好。後來我去他

家，我發現他家裡到處都是脫口秀的稿子。他說自己從零開始，萬事開頭難。雖然艱難，但這種心態會保護他走得很遠。

第四，帶著夢想轉型。我認為最後一條最重要。新東方的俞敏洪在遇到教培行業坍塌之後，第一時間竟然是回到農產品售賣轉型的賽道。之所以這樣做，是因為他出身農民家庭，幫農民賣東西是他的夢想和初心。可能這個東西一開始並不賺錢，但一個人只要衝著理想去，全世界都會為他買單。果然，東方甄選的轉型非常成功。這件事給我一個啟發，當一個人面臨更換行業的時候，是什麼行業都可以試試的。

現在回過頭來，認真思考一下，你最初的夢想是什麼？說不定這是一次和夢想重逢的機會。曾經，我們是有什麼資源做什麼事，現在面臨轉型，最好的方法是想做什麼事，就去找什麼資源。

<table>
<tr><td>第
34
封信</td><td>## 讀書的意義到底是什麼？</td></tr>
</table>

芥末：我有個九歲的外甥，平時我們一起聽您的讀書會，他也很喜歡。暑期我們一起制訂了閱讀計畫，但他覺得讀書沒用。他說他的父母沒有讀書，現在一樣生活得很好，而我很努力地讀書，卻沒有見我過著富裕的生活。龍哥，站在我的角度，您會怎樣回答他？

李尚龍回信：

　　芥末，你好。感謝你喜歡我們的讀書會。首先我想告訴你，從某種意義上來，這小子說得沒錯，他只有九歲就已經知道物質生活是多麼重要。但是，換個角度看，他說得也不對，因為光有物質生活肯定是不夠的。你看那些大老闆，他們自己可能已經不讀書了，但他們都盡力把孩子送到國外的名校去。而且這類人喝多之後對孩子說的話幾乎都是：「你呀，一定要好好讀書，爸爸就是吃了沒文化的虧。」

　　簡單來說，讀書和不讀書最大的區別是你看這個世界的維度是否單一。一個人不讀書，他看世界的角度只有一個，就是別人是不是有錢。就像那些在網上刷遊艇的人，沒有文化的人只會喊：「榜一大哥，謝謝你。感謝大哥送的『嘉年華』。」而有文化的人會想：這錢是怎麼來的？如果這錢背後是校園貸，我是不是可以把他直接封鎖？其實讀書到最後，就是為了讓我們更寬容地去理解這個世界到底有多複雜。

網上有一個段子，是這樣說的：

當你看到一幅美景，讀書的人會說：「落霞與孤鶩齊飛，秋水共長天一色。」而不讀書的人會說：「這不是鳥嗎？」

當你開心的時候，你會說：「春風得意馬蹄疾，一日看盡長安花。」而不讀書的人會說：「哈哈哈哈。」

當你傷心的時候，你會說：「問君能有幾多愁，恰似一江春水向東流。」而不讀書的人會說：「嗚，好難過啊。」

當你思念一個人的時候，你會說：「玲瓏骰子安紅豆，入骨相思知不知。」而不是只會說：「親朋好友們，我想死你們啦。」

當你表達愛意的時候，你可以說：「山有木兮木有枝，心悅君兮君不知。」而不會只是說：「親親。」

你看，生活就是如此。我總是會想起《三國演義》裡面劉備、關羽、張飛的一場戲。

劉備說：「為圖大事，我漂流半生，苦苦尋找志同道合之人，直到今日，淘盡狂沙始見真金，天可憐見，將二位英雄賜予劉備，備欲同你二人結拜為生死弟兄，不知二位意下如何？」

關羽作為一個讀書人，他出口成章：「關某雖一介武夫，亦頗知『忠義』二字，正所謂擇木之禽得其良木，擇主之臣得遇明主，關某平生之願足矣。從今往後，關某之命即是劉兄之命，關某之軀即為劉兄之軀，但憑驅使，絕無二心！」

張飛想了想，他也不讀書，也聽不懂。哎，別說了。張飛說：「俺也一樣。」

關羽覺得自己態度還不夠明確，言語可能還不夠懇切，所以關羽繼續說：「某誓與兄患難與共，終身相伴，生死相隨！」

張飛想，這說得真對呀！所以張飛說：「俺也一樣。」

關羽又說了：「有違此言，天人共怒之！」

張飛繼續說：「俺也一樣。」

你看，這就是讀書跟不讀書的區別。蘇東坡的朋友黃山谷也是一位詩人，他說過一句話：「三日不讀，便覺語言無味，面目可憎。」三毛也寫過：「書讀多了，容顏自然改變。許多時候，自己可能以為許多看過的書籍都成了過眼雲煙，不復記憶。其實它們仍是潛在的，在氣質裡，在談吐上，在胸襟的無涯，當然也可能顯露在生活和文字中。」讀書真的會改變容顏嗎？我覺得一定會，它會從內到外改變一個人的氣質。

毛姆寫過一本書，叫《閱讀是一座隨身携帶的避難所》。對我來說，這些年我一直保持閱讀的習慣。因為我討厭單一角度的生活，而且在這殘酷的世界裡，如果我可以有一個短暫躲避的地方，那一定是書裡。

說到這裡，可能還會有人懷疑，說：「生活在這個被比喻成賽跑的社會，我們太忙了，我們哪有時間在閱讀的世界裡漫步？」能夠說出這種話的人，可能真的沒想過讀書。所謂時間不夠，歸根結柢是價值排序和選擇的問題。你真的有把讀書這件事看得很重要嗎？你不是真有那麼忙，更不是一輩子都在忙，而是你根本就不想閱讀。因為再忙的人也有屬於自己的「節慶時間」，這個時間是可以自由支配的。如果真的想閱讀，蹲所的時間也可以拿來利用嘛。

最後，我們聊一聊讀書跟賺錢到底有沒有關係。我曾經在《你只是看起來很努力》中寫過一篇文章叫〈讀書可能不會讓你變得很有錢，但是會讓你變得富裕〉。我當初想說的是讀書不會讓你爆富，但是它能讓你從內到外散發出一種富裕的氣息。今天，我要收回這句話，因為我當時寫這句話的時候，還沒有去讀創業類、經管類和

經濟類的書。我不知道很多賺錢的方法都在這些書裡，比如說《有錢人和你想的不一樣》、《財務自由之路》，很多賺錢、存錢、錢生錢的邏輯也可以透過讀書得到。

所以，在你還沒有發家致富之前，還是盡量多讀些書吧，「書中自有黃金屋」啊！

好的心態能打敗一切

詩文同學：龍哥，你好。我的問題不是工作，也不是學習，而是生命。我是一名病人，父親為了照顧我也生了大病。生病的這幾年，我看了很多書，考了一些證照，也一直在努力地活著。書中有些雞湯文會說，麵包會有的，愛情也會有的，等等。可是，擁有這些的前提是你要健康，不是嗎？所以，我應該怎麼面對生命，接受生死離別？

李尚龍回信：

　　詩文，你好。我想告訴你的是，很多厲害的人都是在人生的低潮期努力讀書學習，然後厚積薄發，一舉成名。就拿新東方的創始人俞敏洪來說吧，他在上學期間因為身患肺結核休學了一年，他沒有就此一蹶不振，而是用一年時間讀了三百本書，然後改變了他的一生。我身邊有些朋友遇到困境時，通常也是這麼做的。雖然並不是每個熱愛讀書的人最後都功成名就，但至少比他沒有讀書前強太多了。請你一定要相信，讀書可以改變命運。

　　我特別理解你的痛苦和煎熬，因為身體不好，很多事情都沒有辦法往前走。你讓我想起著名作家史鐵生，如果你讀過他的文章〈我與地壇〉，應該知道他也是身體不好，什麼事也做不了，而文學卻救了他的命。上帝關上你一扇窗，可能會為你打開一扇門。他的門是文學，你一定也有你的門。只不過門在哪裡，你現在還不知道，

那就去尋找、去探索。

　　史鐵生二十一歲的時候雙腿癱瘓，後來又患腎病，最後變成了尿毒症。命運讓史鐵生飽受痛苦，甚至多次到達死亡邊緣。雙腿限制了史鐵生的行動，他的思想卻可以自由馳騁。他把對生命的感悟，對生活的思考都傾注到了他的作品中，用筆寫下了不朽的名篇。你縱觀很多身體有缺陷的人，身體不好的人都在思想上有著過人的成就。十七世紀法國著名的哲學家笛卡兒，從小就體弱多病，一輩子都保持著每天睡十個小時左右的生活習慣。他躺在床上的時候喜歡思考，悟出了「我思故我在」這樣精彩絕倫的哲學論點，所以他也被稱為「西方現代哲學思想的奠基人」。同時，他還是著名的數學家和物理學家。而「我思故我在」也成了一代人在面對困難時的名言。

　　我們說回史鐵生，他有一部散文集讓我印象非常深刻，叫《病隙碎筆》，裡面有一段話是這麼寫的：「生病的經驗是一步步懂得滿足。發燒了，才知道不發燒的日子多麼清爽。咳嗽了，才體會不咳嗽的嗓子多麼安詳。剛坐上輪椅時，我老想，不能直立行走豈非把人的特點搞丟了？便覺天昏地暗。等到又生出褥瘡，一連數日只能歪七扭八地躺著，才看見端坐的日子其實多麼晴朗。後來又患尿毒症，經常昏昏然不能思想，就更加懷念往日時光。終於醒悟：其實每時每刻我們都是幸運的，因為任何災難的前面都可能再加一個『更』字。」

　　這真的是生命的哲學啊。我們總以為未來會好，所以期待著未來，卻忘了此時此刻才是一切，此時此刻才是所有。無論未來是好還是更不好，你當下唯一能做的就是下好手上這盤棋。

　　另外一個我想跟你分享的故事主人公，她出生在一八八〇年六

月二十七日。她的父母本來以為她會是一個快樂而健康的女孩子。可是兩歲之後，也就是一八八二年二月，因為突發的猩紅熱，她喪失了聽覺和視覺，這意味著她的世界從此一片漆黑。但就是這麼一個女孩子，後來拿到了劍橋、哈佛的雙學歷。她就是著名的作家海倫·凱勒，她寫過一本著名的書叫《假如給我三天光明》。當你為沒有一雙漂亮的鞋子而哭泣時，你該為你有一雙可以穿鞋子的腳而感謝。

她說：「有時候我會想，也許最好的生活方式便是將每一天當作自己的世界末日。」用這樣的態度去生活，生命的價值方可以得到彰顯。我們本應純良知恩、滿懷激情地過好每一天，然而一日循著一日，一月接著一月，一年更似一年，這些品質往往被時間沖淡。

親愛的朋友，身體不好確實令人痛苦，但千萬不要放棄，因為人的一生是在不斷變化的。老天讓你來到人世間，一定想告訴你一些什麼，請你用心傾聽。另外，我想告訴你一個科學實驗，人的身體是會隨著心態改變的。一個樂觀的人不僅會讓自己的心情變得很好，更會讓自己的身體發生潛移默化的正向變化。

一九七九年，有人做了一個至今被人津津樂道的抗衰老實驗。實驗者招聘了一批七、八十歲的男性，在一個修道院裡像度假一樣過了五天。這五天的主題活動是假裝現在是一九五九年。他們討論一九五九年發生的事情，讀一九五九年的書，聽一九五九年的廣播，還特意找來了舊的黑白電視，看一九五九年的電視節目。實驗人員甚至還給他們準備了一場所謂最先進的直播，看了一場一九五九年的體育比賽。五天之後，實驗人員給這些人體檢，發現他們的記憶力、視覺、聽覺以及身體的力量都比參加活動之前更好。接著，他們讓不知情的外人看他們參加活動前後的對比照片，人們普遍認為參加活動後的照片看起來更年輕。

類似的案例有很多，很多年前，實驗人員招聘一些得了第二型糖尿病的患者玩電子遊戲。他們給每個人發一個鬧鐘，要求患者們每過十五分鐘就換一款遊戲繼續玩。實驗的祕密就是這些鬧鐘都被動了手腳，有些走得很快，有些走得很慢，有些是準時的。結果發現，分發到的鬧鐘速度快，這個人的血糖水準波動得也快。這說明糖尿病人的血糖並不是根據實際時間的變動來發生變化的，而是根據個人對時間的感知來變化的。也就是說，心態發生變化後，身體也跟著發生了變化。

　　你看，心態是多麼重要啊！每個人活在世上都有自己的使命，傾聽內心的聲音，調整好心態，勇往直前，一切都會變好。

<table>
<tr><td>第
36
封信</td><td>**一說話就冷場怎麼辦？**</td></tr>
</table>

桃子：龍哥好。我最近苦於交際，跟朋友、同事完全不知道說什麼。就算跟不錯的朋友在一起聊天也總是冷場。其實，我是願意說話的，但是總怕自己說得不好會得罪人。龍哥，我應該怎麼做呢？

李尚龍回信：

桃子，你好。我自己也曾經是一個一說話就冷場，一說錯就自責，這麼一個非常讓人討厭的傢伙。但好在我還是不停地說，當然也得罪了不少人。後來，我發現想讓自己不冷場的方式，並不是要不停地說話，而是少說話、會說話。我積累了關於說話的五則撇步，跟你分享：

第一則，三年學說話，一生學閉嘴。這世上所有的「禍」都是從嘴巴裡出來的，不管是你說的話，還是你吃的東西，都很容易給你惹禍。如果你在一個陌生的場合不知道怎麼說話，可以不說話，交給那些會說話的人去說，你在聚會裡就負責傾聽，偶爾微笑點頭，這也是一種智慧。久而久之，當他們意識到你可能就是不愛說話，他們反而願意跟你說得更多。

第二則，想好再說。我們身邊喜歡說話的人通常可以分為兩種：一種是想好了再說。這種人輕易不會開口，一開口就是一字千金，然後愈來愈被人尊重。一種是說完之後才開始想。這種人先讓自己把話說出來，然後說著說著意識到壞了，這話說錯了。久而久之，

他們就養成了不好的說話習慣，得罪人無非是時間關係。我經常跟我身邊的人說，你說慢一點，別著急，想明白再說，要不然你就別說。有時候你說多了或者說錯了特別尷尬。你說錯一句話，你要用十句話去挽回這一句話，最後反而給人留下情商特別低的不良印象。所以，話不一定要多，而是要精準，要可靠。

第三則，善於提問。有一本書寫得很好，叫《提問的藝術》。簡單來說，如果你不會說，就去提問。提問分成三種：

第一種叫封閉式提問，適用於你想得到明確答案的時候提出。比如：「你今天到底是在廣州還是深圳？」「你是白羊座還是天蠍座？」「你到底喜歡我還是喜歡他？」

第二種叫開放式提問，適合閒談的人際溝通時提出。比如：「你在這個公司工作了多長時間啊？」「你喜歡看的電影是什麼啊？」「最近有沒有特別好的電視劇，讓你欲罷不能呢？」

第三種叫追問，適合想要找到核心答案時提出。

我的建議是除非你是做銷售的，或者你的地位比較高，否則不要在公開場合去追問任何一個人。

當然，無論哪一種問法，你都可以把話題重新拋給別人，讓別人多說。遇到那種不太熟悉的場合，我一般都會多問少說。比如，我會問：「真不好意思，我沒聽懂您這話是什麼意思啊？」「不好意思，我能多問一句嗎？」「這個問題真有趣，麻煩您再跟我說說吧。」「太棒了！我怎麼沒想到！」你看，這些問題一旦被你提問，對方就開始多說了，而你只需要傾聽、微笑、點頭。

第四則，重複對方的話。請注意，這則非常管用。無論對方說什麼，你都重複一下。重複代表著肯定，重複也代表你聽進去了。很多時候，就是因為你重複了對方的話，才能讓對話往更深的層次

去走。你可以適當地變換語氣，比方說用疑問的語氣重複一下，對方一定會具備很強的解答欲望。

舉個簡單例子。

那人說：「我心情真難過。」

重複他：「你覺得你心情很難過？」

「是啊，我跟我男朋友剛分手。」

「啊，你跟你男朋友分手了？」

你看，當你重複的時候，她會有源源不斷的話說出來。還有一個小招數，就是當你沒有辦法馬上接話的時候，不如陷入思考三秒鐘，仔細回味他的話，然後做「正反回應」。什麼是「正反回應」呢？就是你可以根據自己是否對這個話題有共鳴來選擇正面回應還是反面回應。

如果你想要正面回應，大概的意思就是我和你很有共鳴，我非常欣賞你的觀點。比如，「我非常同意你的看法。」「天哪，我怎麼沒想到！」「是啊，你說得太對了，你就是我的『代言人』。」

如果你想要反面回應，大概的意思是我和你沒有共鳴，但是我有興趣了解你的世界。「這個邏輯很新穎啊，我怎麼沒想到。」「你還真的給了我好多啟發。」「這個角度我還是第一次聽。你是怎麼想到的。」你看這樣是不是就跟別人繼續聊到一起了？

第五則，重新開啟一個每個人都想聊的新話題。如果對方說的話你實在接不下去了，請跟我學這樣一個話術：「對了，我突然想到……」這個話術非常管用，我用了好多次。那接下來你可以聊這麼幾個話題，比方聊聊變幻莫測的天氣，聊聊大小城市的發展。聊到小城市可以聊聊當地的特色，比方說成都的小吃，西安的兵馬俑。也可以聊聊近期的工作狀況，明星的八卦，最近的新聞等等。蔡康

永寫過一本專門講說話的書，叫《蔡康永的說話之道》，裡面有一個終極大招，就是聊吃的話題八成不會冷場，因為這個世界上對美食有興趣的人可是太多了。這些話題都能幫你度過難關。

最後，無論如何，都要克服說話的恐懼。講話最重要的是什麼？是講啊！有時候就算講錯了也沒關係，你可以透過不停地講下去，不停地反思，去彌補你講錯的話。所以千萬不要害怕，勇敢大膽地去講。

辭職去留學就是最好的選擇嗎？

悅悅：龍哥，你好。請問大齡單身，國企基層員工，這兩年的大環境適合辭職去留學嗎？

李尚龍回信：

悅悅，你好。世界每天都在千變萬化，我們的人生也不是一成不變。如果你要問我大環境適合出國留學嗎？我的答案是：非常適合。

你可能會好奇，我怎麼直接給你答案，而不是給你一個思考的空間。因為有一句話我至今都非常受用，叫「別人恐懼我貪婪，別人貪婪我恐懼」。你只有走少有人走的路，才能看到不一樣的風景。你問我大環境，我只能告訴你大環境的答案，但如果你要問我個體的選擇，我有更多想跟你分享的。

二○二一年，我的一個朋友去愛丁堡大學讀了傳媒系的碩士，可是他的雅思成績只有 7 分。你要知道愛丁堡大學是很厲害的，它的碩士錄取條件的底線是雅思成績最少 7.5 分，而他的聽力只考了 6 分。比這個更糟糕的是，他還不是國內「211」、「985」的學生。愛丁堡大學的傳媒專業還有一項硬性規定，就是必須要有傳媒類實習的經驗，遺憾的是，這項他也不具備。那你知道他是怎麼被錄取的呢？因為受新冠病毒感染疫情影響，當年幾乎沒什麼人出國讀書，所以他等於是撿到便宜，很幸運地被錄取了。

可能你會說，當時大環境那麼糟糕，他不害怕嗎？怎麼說去就去了呢？可是他說，他也怕死，但更害怕成為碌碌無為的人。這句話給我很大的啟發，他說：「你走在路上，都有可能會被隕石砸死，或是被樓房倒塌壓住。你活在世上已經是上帝賜給你的禮物，為什麼不去做自己喜歡的事情，同時規避風險呢？」天哪，我聽完這句話，當時腦子一熱，多麼好的四個字——規避風險。它說明了一切，也道明了一切。

身邊有無數的朋友跟我講過這樣的話：「龍哥，我要去考編制，宇宙的盡頭就是編制。」考編制當然很好，但你有想過不光你想考，別人也想考嗎？職位就那麼多，參加考試的人以百萬計。你想過自己考編成功的機率嗎？

這個時代有自己獨立的思考很重要，大多數人都選擇的路未必適合你，少有人走的路未必走不通。事實證明，只要你選對了，再艱難的路也有走順的一天。

有人說這兩年創業的人很難，哪一年不難呢？做什麼不難呢？要想做成事，什麼時候都難，你要遭受別人的不了解，你要看著別人的白眼，你要忍受無盡的孤獨，你要一個人活成一支軍隊。但是，我想告訴你，這都非常正常，因為誰讓你想要成為一個不一樣的人呢？說到這裡，我想到一本書。它寫於一九七八年，是一本心理自助類的書，直到今天依舊被人津津樂道。這本書叫《少有人走的路》。書裡說心智成熟的旅程，實際上就是透過不斷克服人生的困難，激發我們自身潛能的過程。因為這條路困難重重，很多人根本無法堅持走下去。所以，愈往後走，人愈少。

其實，做任何事情都一樣。一開始你可以隨大流，可以跟隨眾人的腳步，比如大家一起讀小學、初中、高中、大學。你會發現，

從大學開始，你已經不能再抄別人的作業了，因為大家要麼考研考博班，要麼出國留學，要麼開始找工作，要麼一畢業就結婚生子。你發現人的分類愈來愈迥異，有人選擇躺下來被社會改造，有人選擇去創業，改造這個社會。

我們有太多的人，第一，不知道自己要什麼；第二，天天隨大流。有時候你會發現二八定律放在很多領域都適用，永遠是百分之二十的人站在頂端，百分之八十的人為他們服務。在《反脆弱》一書中，塔雷伯做了一個總結，根本不用百分之二十，百分之三的人的偏好就可以演變整個社會的一致性。

你只需要做到兩點：第一，少數人極其較真；第二，其他人根本無所謂。

每年都有想出國留學的，也有害怕自己適應不了國外生活的。真正想去的，不會因為一時的阻礙就不去了；不想去的，就是條件再怎麼充足，他也不會去。所以，我想告訴你的是，如果你已經想好去留學，就趕緊去找相關的資源，準備相關的材料。

當然，做任何決定的前提是，這是你自己真實的想法，而不是人云亦云。所以，是繼續留在單位上班也好，出國留學也好，不要墨守成規，也不要瘋狂換跑道。不管做什麼，堅持到最後。就算你是少數派，你依舊可以改變自己，甚至改變世界。

第 38 封信　怎麼提高一個人的注意力？

S：龍哥好。我想請教一下，如何讓自己的注意力集中？畢業兩年了，注意力和學習能力不如上學時候那麼好，希望能有方法擺脫這種狀態。

李尚龍回信：

S，你好。我跟你分享四個提高注意力的方法。

第一個方法來自一本書，叫《注意力曲線》。 事物對人產生刺激能夠讓人分泌腎上腺素，分泌腎上腺素的過程就是注意力提升的過程。腎上腺素分泌的多少，會顯示你對這件事情到底是興奮還是無聊。比方說，你現在聽我講課，你可能腎上腺素很低，因為你可能聽不懂什麼叫腎上腺素。這個興奮或者無聊的程度叫做刺激水準，而刺激水準的高低決定了注意力集中程度的高低。而作者根據刺激水準和注意力之間的關係畫出了一條曲線，這就是注意力曲線。這個曲線像一個倒過來的英文字母「U」，也被作者稱為倒 U 型曲線，它更像是一個鍋蓋，兩邊低中間高。這個曲線是畫在坐標系裡的，人在刺激水準很低的時候，注意力就很低，隨著刺激水準愈來愈高，注意力也愈來愈高。但是，這曲線是倒 U 型的，也就是說當注意力到達一個頂點的時候，刺激水準哪怕再高，注意力也不會隨著升高，反而會下降，直到降為零。

為什麼會這樣呢？比如你上課的時候，老師讓你注意力集中，

你肯定會集中。但如果老師打你呢？同學罵你呢？羞辱你呢？你可能就沒辦法集中了。所以這也告訴你，在參加重要考試或是做重要事情之前不要太重視，正常發揮就好。只有刺激水準既不是很高又不是很低的時候，人的生理反應才會平和。因為這個時候身體是放鬆的，但意識要保持一定的警惕性，也就是說不要過於緊張，也不要過於鬆弛。注意力專家把這種狀態稱之為最優刺激狀態。這個狀態可能是倒 U 型中間的部分，刺激水準不高也不低，但是注意力很高，而且在某一個階段注意力會到達峰值。

　　曲線的這一部分被作者稱為注意力專區。我之前就見到一個男生，每次遇到自己喜歡的女生就語無倫次，我就建議他把注意力專區調到適中就好。如果過於重視會失態，不重視會失禮。這孩子就問我：「龍哥，怎麼去了解自己的注意力專區啊？」人啊，要多花時間去了解自己。我經常會有意識地記錄自己的一天，看看自己的注意力專區在什麼時候是好的，什麼時候是差的。人和人是不一樣的，我早起這段時間的注意力非常好。我一般就會看會兒書，後來發現晚上的注意力專區也很好，我就會背背書、看看書、寫寫東西。有些人的注意專區是在喝了一杯咖啡之後，有些人是在健身跑步之後，有些人是在站起來的時候，有些人是一群人在一起工作學習的時候，有些人是一個人關著門的時候，還有些人是一邊聽著音樂一邊工作的時候。各位要找到自己的注意力專區的時間，把這段時間用好。

　　第二個叫控制干擾源。大家有沒有觀察過，你上了一節英語課，課間十分鐘你打了一局遊戲，再次集中精力回到課堂，你需要多長時間？根據研究，人在做一件事受到干擾之後，要花二十五分鐘才能夠重新回到你手上的任務。二十五分鐘是什麼概念啊？是一節讀

書會的時間。而心理專家尚恩・艾科爾推薦了一個方法，叫「二十秒定律」，就是你做任何一個事情的時候，二十秒足夠讓你遠離干擾。比方說你把不健康的小吃從工作的地方挪開就二十秒，工作時把手機放到另一個房間二十秒，把網際網路的路由器拔掉二十秒。從根本上斷絕干擾，提高自己的心流。因為當你工作和學習的時候，每一個干擾都會讓你失去將近半個小時的效能，因此你必須想辦法斷絕你的干擾源。

我在寫作的時候特別容易開小差，一坐到電腦旁邊總覺得頭沒洗，指甲也該剪了。寫兩行，覺得好久沒跟爸媽打電話了，還是先給他們打個電話吧。又過了幾分鐘，是不是有人給我發訊息啊，不會漏掉什麼重要事情吧……後來，我看了《最有生產力的一年》這本書，按照書中提供的方法，寫作前把手機放到看不見的地方，這樣一來，效率果然提高了。所以，有時候抵制誘惑的方法並不是超強的意志力，而是從干擾源處就抵制它，這樣注意力就不在那邊了。

第三個叫注意力外包，說白了就是給大腦減負。透過外部工具把一部分注意力轉移到大腦之外。比如，你把生日當作手機的開機密碼，老闆雇用祕書來規劃時間，明星讓經紀人去安排行程，本質上都是利用外部的資源來分擔注意力。你有沒有什麼注意力是可以外包的？人的注意力是有限的，你不可能把每一個注意力都用到極致，所以本質來說，你需要外包一些注意力來分擔你的壓力。

對於你來說，你什麼都可以不做。但至少有一件事你是可以做的，就是找一個筆記本，把重要的行程寫在筆記本裡或手機裡，這些都屬於注意力外包。

第四個叫策略放空。注意力外包可以降低犯錯的機率，書裡分享的一個方法也能幫我們激發創造力。這個方法叫「策略性走神」，

就是在專注思考一段時間之後，故意放空自己，流失一段專門的時間來走神，放飛自我。這個方法對創作的幫助很大，走神未必都是壞事，有時候走神是為了更好的集中。人們往往認為只有全神貫注的時候才能最大限度地激發創造力。根據腦科學家的觀察，有時候有計畫的走神反而有助於激發創造力。

據說很多偉大的發現都是走神時的靈光一現。比如，阿基米德在洗澡的時候發現了浮力定律，牛頓在被砸的時候發現了萬有引力。我們先不深究傳聞的真假，至少在這本《別讓無效努力毀了你》裡，作者認為這是有扎實的神經科學依據的。在大腦裡面有兩個跟創造力有關的區域，一個叫左前額葉皮層，它負責的是深度思考，也就是調動專門的知識。比方說你在考四六級、考研的時候，這個部分在發揮作用，把你學過的知識調動出來。另外一個區域是你的右腦，它負責聯想，也就是把一些原本不相干的東西連在一起，碰撞出新的可能性。這個區域有一個侷限，就是你愈刻意聯想，愈努力把無關的東西聯繫起來，反而愈是什麼也想不起來。你只有放鬆或走神，右腦才會更加活躍，這些聯想才會自動發生。所以你思考問題的時候要專門留一些時間來走神，這是作者說的「策略性走神」。在你走神之後，你會發現大腦的注意力集中得愈來愈好。

請你一定記住，策略性走神就是你走得愈徹底愈好，讓大腦完全放空。比如你在辦公室裡苦思冥想，在教室裡奮筆疾書的時候，你想放鬆，僅僅在椅子上伸個懶腰是不夠的。你要走出辦公室，走出教室，到另一個環境去，比如去咖啡廳，去公園，去樓下的走廊，最好周圍一個活物都沒有，任何與辦公環境、學習環境有關的東西都不在視線之內。吸一口氣，聽聽音樂，或者什麼也不做，就在這個環境裡放空自己，才是一次有效的策略性走神。這時，你的創造

力往往能得到更大限度的調動。接下來你再回去繼續剛才的學習或工作，會發現自己的注意力提高了很多，而且效果也愈來愈好。

對什麼事都提不起興趣怎麼辦？

多餘人：龍哥好。我最近對任何事情都提不起興趣。我想學一門技能，但又不知從何開始，也不曉得學什麼好。請問該怎麼辦呢？

李尚龍回信：

　　嗨，多餘人。我必須如實提醒你，如果你真的什麼事情都提不起興趣，必要時，請一定及時去看心理醫師。但如果只是情緒低落，那你一定要看看我接下來要講的話。

　　正常情況下，一個人對任何事情都提不起興趣，可能是因為他沒有成就感。平淡的生活像是一眼就能望到頭的高速公路，加速、減速好像都無所謂，所以就乾脆停在了高速上。但不管是車還是人，停在高速上都是容易出事的，所以你要想辦法找到激勵自己的方法。為什麼打遊戲特別吸引人？因為遊戲裡有隨時可以激勵你的東西，你打它一下，它就給你一點點掉血的反應。我們要找到這樣的東西。

　　我曾經有過這樣的經歷，體力處於巔峰，心靈卻在睡夢裡，什麼事都不想做，覺得生活無聊透了。而這事就發生在公眾號演算法改革前夕，當時我的公眾號閱讀量降得特別狠，我有點不太想更了。而小說轉到影視的過程太漫長，我也不想寫劇本。想寫新的作品，又一直沒有靈感。抖音更著更著，也開始煩了。總的來說，創新到了極限，我不想再繼續了。那段時間，我天天睡到自然醒，然後開

開心心打開手機，隨便看一看有什麼事發生，一晃就到下午了。然後去公司跟同事們聊天，一天就這麼過去了。直到有一天，我打開塵封已久的電腦，突然感到過去一段日子，我真是足夠倦怠呀。其實，當你意識到自己倦怠的時候，這是一個很好的訊號，因為意味著你還沒有失去自我覺察，而另一個自己已經開始提醒你：「唉，你該做點改變了，要不然可就廢了。」也就是這個時候，我決定開始做一些改變，我希望可以突破現在的瓶頸。

年輕的時候，我們總是天真地以為生命沒有意義。我們拿這個當藉口，然後什麼事都做不下去。但這是一件非常危險的事情，同學你看，就像你的名字一樣，你覺得自己是個多餘人，覺得做任何事情都沒意義，都是錯的。可是，生命本來就沒有意義。我在三十歲前也有過這樣的迷茫：我追求的一切都是荒謬的，尋找的一切都是虛假的，人最終都會死。既然如此，我為什麼還要努力呢？但在三十歲之後，我重讀了那本著名的書——《活出意義來》，我突然明白，生命於我們的確沒有意義，但我在追求某件事情的時候產生了意義。

那段日子我決定改變，我想堅持一百天早起，看看生活會不會有什麼變化。然後，神奇的事發生了。第一天早起後，我坐在電腦旁，腦子裡突然有好多不同於以往的想法。我發現早上的狀態比下午好，比晚上更好，最重要的是我的創作欲又回來了。我的專欄開始更新了，漸漸地，愈來愈多的人開始看我寫的東西，我得到了正向的激勵，從而更好地繼續創作了。我相信我的專欄還可以繼續更新很長時間，同時能夠更好地突破我的極限。

很快，我感覺自己的視野、狀態、文筆都回來了，我感覺自己文如泉湧，才華無限。我對著電腦，像上帝抓著我的雙手在幫助我

創作一樣。你看，意義感又來了。這裡我要感謝每一個參加我們「寫作訓練營」的人，沒有你們的鼓勵，我可能還沉寂在那個階段，遲遲沒有走出來。這也告訴我們，如果你自己不行，就去找別人幫你，他可以是一個人，也可以是一群人，讓他們監督你，給你力量。現在就拿起手機發個朋友圈，讓他們看到你正在努力做一些改變。

所以，最重要的是去做，而不是只想。一切改變，只有你在做的時候才會產生意義。你在想的時候，只可能滿腦子雲裡霧裡。又是那句著名的話：「晚上睡前千條路，早上起來走原路。」我每次在提不起興趣的狀態裡，總會想著我得做點什麼，我必須做點什麼。記得當時我的狀態不好的時候，我弄了一把烏克麗麗，在家胡亂彈奏了一整天。我發現這個技能好像挺管用的，尤其是彈給女孩子聽的時候，她們會很開心。於是，我決定學習這個技能。接下來的幾個月，我認真學習了它的彈奏技法。終於在一次直播的時候，我給大家唱了一首歌，效果出奇得好。你看，又是正向反饋。

對於剛入社會的年輕人來說，如果你真的不知道做什麼，可以先學習一些傍身的技能，比如寫作和演講。或許你覺得我是在老生常談，但它們真的很重要。因為這兩項技能不僅可以放大你的影響力，還能讓你的時間更值錢。當然，不管是寫作還是演講都需要長期堅持，只有堅持才會有收穫，只有堅持才能看到不一樣的結果。重要的是，想要這兩項技能變現，你可能需要更多的時間，我也是堅持了十多年才有了這樣的水準，希望你可以比我更強。

第 **40** 封信　「寫下來」真的有魔力

小念：請問龍哥，為什麼很多事情寫下來就容易做到或者更容易完成？

李尚龍回信：

　　小念，你好。我給你講一個故事吧。這個故事發生在我大一的時候，當時我對生活充滿著迷茫，也不知道未來何去何從。我甚至不知道自己以後會走到哪裡，遇到什麼樣的人，看到什麼樣的風景。我問了很多人，也跟他們講了我的夢想，也聽了他們給我規劃未來應該怎麼做。但是所有的夢想都是三分鐘的熱度，剛講完時熱血沸騰，第二天醒來還是走老路。我想很多人跟我一樣，都有過類似的迷茫，原以為這只是青春底色，可是進入職場以後才發現，迷茫依舊如影隨形。有一天晚上，我在自習室的燈光下做了一件事，就是把夢想寫在紙上。那張紙我至今還留著，因為上面清清楚楚寫下了我大學四年要完成的夢想。比方說過四六級，比方說參加英語演講比賽，比方說看一場演唱會，比方說去跟一個有過一面之緣的女孩子談戀愛。我覺得我必須實現那些夢想，要不然都對不起我寫的這些字。此後，我感受到一種巨大的力量，那些夢想督促著我不斷做出改變。

　　四年之後，我坐在北京鳥巢聽演唱會，突然間哭得稀里嘩啦。我終於完成了自己寫在紙上的十個願望，那一刻，我釋然了。很多

事情光去想可能完成不了，一旦寫下來，生活就具備了儀式感。有了儀式感，你就會抓緊時間去完成這些目標，給自己一個交代。直到今天，我在做一件大事的時候，依舊會找一個沒人的地方，拿出一張紙，在紙上推演一遍，看看這件事是否可靠？如果可靠，我應該怎麼完成它？這叫不打無準備的仗。尤其你在互聯網公司，你必須具備這樣的思考模式。

工作是這樣，生活也是這樣。我有一部特別喜歡的電影，叫《遺願清單》，你有空可以看一看。這個故事講述了兩個身患癌症的病人，生命即將走到盡頭，機緣巧合之下，結識成為好朋友。兩個人決定在餘下的日子裡完成他們的遺願。於是，兩個人拿出一張紙，寫下了人生最後想要完成的十個願望。接著，「遺願清單」的內容一條條被劃掉，他們的生命也在一點點凋零，臨死前兩個人終於完成了自己的願望。把每一天當作最後一天來過，在自己熱愛的事情上燃燒自己，是我對生命的最高理解。所以親愛的，把願望寫下來非常重要。

近年來，我還有個習慣，就是我會隨身帶一本本子，上面記載著我每天、每週或者每個月要去完成的事情，完成一個，我就劃掉一個。這樣的本子，我一年能用掉七、八本。每一年年底，我都會找一個不被打擾的時間，把這些本子一一放到面前，然後一本本打開，尋找一年來我存在的痕跡。很多時候有人跟我開玩笑說：「我問一下，你上週做了什麼？」我會毫不猶豫地告訴他：「你問週幾呀？我都記得非常清楚。」你問我週幾見了誰，週幾跟誰吃飯，我做了什麼事，我都能毫無保留地複述給你聽。因為好記性不如爛筆頭。在科技高速發展的今天，我依舊喜歡用紙和筆記錄一些事情，以此來增強我對生活的儀式感，從而更好地完成自己的願望。

或許你也發現了，寫在微信裡的東西好像就是沒有寫在紙上更讓人有動力去完成它。我們太多人以為電子產品的記錄能力比紙和筆要強，卻忘了紙和筆的之所以流傳至今是因為絕對有著不可替代的功能。所以，我建議各位可以像小念一樣去學習這種方法，把目標寫在紙上，然後貼在最明顯的地方，讓自己隨時可以看到，時刻提醒自己要去做點什麼。當你的目標被寫下來，你的理想就開始清晰可見了。

那麼接下來，你要做這麼幾件事：

第一，要不停地提醒自己這張紙的存在。

第二，在另外一張紙上去拆解自己的目標。

假如你今年的目標是考上研究生，你先看看時間還剩多少，每科要考多少分才能達成目標。然後繼續細化目標達成所需要的條件，比如你每月至少需要學習多少天，每天最少要學多少小時，每門學科應該怎麼分配時間，用多少時間做真題，用多少時間背單字，幾點起床，幾點睡覺……你規劃得愈清晰，執行起來愈有效率。

所以，「寫下來」三個字，真的有巨大的魔力。有時候你覺得自己什麼都懂了，只是沒有辦法用語言表達出來，其實還是沒有真正明白這件事的底層邏輯，一旦你真正理解了，你絕對有能力「寫下來」。我也是成為作家之後才明白「寫下來」代表著什麼。

因此，我建議大家都要努力養成把願望「寫下來」的好習慣。寫的時候，不僅是把事情表述出來，還能整理你的思路。無論是公開場合的發言，還是每一天你要做的事務列表，或者是對未來的展望，寫下來，不僅讓你的目標更清晰明確，也能增強你做人做事的儀式感。很多時候，人都是迷迷糊糊地被時代的洪流推著走，自己也不知道以後會怎麼樣，也不知道自己可以到達哪個高度。可是「寫

下來」，會讓一切變得清晰可見，你會知道自己怎麼走到今天，怎麼變成現在這個樣子的。

　　既是如此，「寫下來」也能看到你未來的樣子。

第 41 封信　怎麼養成好習慣？

聰聰：龍哥好。我在開始一個目標的時候，尤其是身邊的朋友知道我要做這個事情的時候，中途往往會因為壓力而放棄或者逃避。所以，我想問問龍哥，這麼多年從鑽研英語到創業，您是怎麼盯著目標不放鬆的？

李尚龍回信：

聰聰，你好。其實堅持做一件事並不難，難的是你對自己做的事是不是一直有信心。而且，做事一定要有方法，好方法可以讓你事半功倍，好方法可以讓你的堅持不再那麼辛苦。所以，掌握一個好方法比你空想，傻傻地去堅持要重要得多。

這裡有五點撇步可以分享給你。

第一，一定要有正向反饋。

我講過很多次，打遊戲為什麼會上癮？因為你每按一個鍵都會有正向反饋。學習為什麼會痛苦？因為你堅持的時間不夠長，正向反饋還沒來。在你學得很累或是快要堅持不下去的時候，不妨自己給自己製造一個正向反饋。就拿我來說，一般情況下，我寫的東西要等到正式出版之後才可能會有正向反饋，但這個週期很長，很容易放棄。但如果改成專欄，大家看完之後馬上會告訴我：「龍哥，我對這個觀點，還有其他的想法。」你看，正向反饋馬上就來了。這樣一來，我的寫作動力有了，心裡也更踏實了。

還有一個小竅門，你把自己想做的事，馬上公布出去。這樣做的目的，一是督促自己抓緊時間把這件事做起來，二是讓關注這件事的人監督你。可能你會說，要是最後沒弄成，那多丟人啊。沒關係，沒做成就沒做成，至少你嘗試過。不要怕輸不起，要敢於贏得起。關於習慣，我推薦你去看一本書，叫《為什麼我們這樣生活，那樣工作？全球瘋行的習慣改造指南》。書中講到養成習慣的三要素：線索、行為、獎勵。當一個線索出來的時候，基底核在習慣的數據庫裡搜了一遍，找到了對應的習慣。簡單來說，就是什麼情況下你會用到這樣的習慣。接下來，遇到什麼樣的習慣你會做什麼動作。做完之後你獲得了獎賞，你對這個獎賞很滿意，繼而給這個習慣點個讚。下次線索出現的時候，你還會用到它。很多好的習慣和壞的習慣都是這麼養成的。

第二，內心深處你要確定你做的事是對的。

這一點很關鍵。很多事情為什麼你堅持不下去，是因為你內心深處不確定這件事到底是不是對的。以我做的讀書會為例，從商業角度很多人並不看好，因為很多人覺得做這個不賺錢。說實話，讀書會確實不賺錢，但我依然在堅持。因為我從內心深處認為堅持讀書這件事是對的。所以，假如你也認為讀書可以改變命運，只管去讀、去做，別在意他人的看法，你堅定就好。

第三，你要有行業的指明燈。

換句話說，你堅持的事前面得有人。比方說減肥，你身邊的人減肥成功了，你減肥成功的機率就會高很多。比方說考研，你身邊有人考上了，你才知道考上好像也不是特別難。這背後的學問很多，比方說堅持、動力。當你覺得自己堅持不下去的時候，不妨問問身邊成功的朋友。他們走成功了，你是不是也可以走成功呢？這是我

堅持下去的原因。原來我們做英語教學的時候，參考新東方的經驗。現在我們做飛馳學院，參考樊登讀書的經驗。畢竟他們是前輩，走過的路，吃過的虧，包括成功的機率都比我們大太多了。

第四，你要把堅持變成一種習慣。

如果你每天只是想著堅持，可能很難堅持下來，但是堅持一旦變成習慣就好了，因為它不再耗費你的能量了。比如說我自己，最近一段時間每天早上起來第一件事就是坐在電腦桌前趕緊把《乾一杯》的專欄寫完，不寫完不刷牙、不吃早餐，不知不覺就養成了習慣，以致我現在每天早上不坐在電腦桌前反而覺得不舒服。也就是說，你要保證你的習慣迴路是完整的。

說到刷牙，我給你講一個關於習慣的案例。在二十世紀初，地球人還沒有養成刷牙的習慣，據統計，當時美國只有百分之七的人家裡有牙膏，但這部分人也不是人人都願意刷牙。時代發展到今天，大家不刷牙反而不習慣了。這種局面是由什麼導向的呢？最初是由一個名為白素德的牙膏做了一個廣告，這個廣告沒有講牙膏的功效，而是聊到了美白和牙垢。這一下子引起了愛美人士的注意。愛美之心，人皆有之，這就完成了一個漂亮的迴路。這裡牽扯到一個獎賞，也就是說你刷牙可以讓牙齒變得特別美。他們還在牙膏裡加了薄荷油這種清爽的原料，讓你刷牙的時候不由自主地覺得口腔好像真的乾淨了。這種薄荷油一直使用至今，我們每次刷牙的時候都可以感受到。這裡面使用了兩個招數，一個是牙垢膜的概念，一個是個薄荷油的成分，它們聯合起來扎扎實實地完成了刷牙習慣的迴路。於是，近代史上最大的一次習慣養成運動就此誕生了。有了這樣一個迴路之後，刷牙漸漸成為一種風氣跟時尚。接下來，僅僅十年的時間，美國有刷牙習慣的家庭比例就從不到百分之七上升到百分之

六十五。後來，這個習慣又蔓延到全世界，成為幾十億人每天早晚的固定流程。當然，這兩招的大獲成功最初純粹是白素德的營銷人員的天才創造，但他們在不知不覺中就完成了我們開頭講的三條迴路。若干年之後，腦科學家和心理學家，包括很多營銷人員去總結他們是怎麼做到的。結果發現，當初白素德的營銷人員之所以能讓產品大獲成功，同時又推動整個人類開始刷牙，原因就在於他們的營銷恰好符合了習慣迴路的要求。

所以，請一定要記住，完整的迴路需要精心的思考和設計，就像你的人生一樣。

第五，怎麼改變你的壞習慣。

我們說回習慣的力量。既然有好習慣，自然有壞習慣。當你有壞習慣，比方說咬指甲、吸菸、酗酒。請記住，改變一個壞習慣的時候，不要總想著壓制它，讓它從你的生活中消失。改變壞習慣的黃金法則是偷梁換柱，給它一個合適的替代品，也就是說把習慣中的行為換掉。你看，很多成年人沒事的時候喜歡咬自己的手指甲玩，咬來咬去，手指甲咬禿了，甚至咬出血。旁人一看，可能會覺得這是什麼奇奇怪怪的習慣。但如果你認真拆解這個行為，你會發現它背後隱藏的獎賞，是透過這種刺激來驅趕一個人當下無聊的感覺。線索是無聊的感覺，獎賞是消除無聊。當你確定你的線索和獎賞就是為了消除無聊，你可以改變一下你的行為。比方說你把咬手指，改為玩一下手機，或者手裡握個什麼東西。再比如說你原本喜歡抽菸，現在可以嘗試做兩組仰臥起坐或者喝一杯咖啡。改變行為一點點來，落到實處才能養成好習慣。

第 42 封信

如何做讀書筆記？

小楊：龍哥，請問讀書筆記該怎麼做呢？有相關的書籍可以看嗎？

李尚龍回信：

小楊，你好。很多人以為做讀書筆記要畫線，但奇怪的是，有時候就算你畫線了，也還是記不住。可見，畫線並不是做讀書筆記的有效方式。我們先來說說閱讀的意義。

閱讀有兩種意義：

第一種意義是，我們在讀報紙、雜誌、圖書或者其他東西的時候，憑藉我們自有的閱讀技巧和聰明才智，一下子就看懂了，一瞬間就能融會貫通。這樣的讀物能增加我們的見聞，但請注意，它並不能增進我們的理解力，因為在開始閱讀之前，我們的理解力已經和我們讀的東西相當了。換句話說，我們自身的理解力比我們讀的東西要強，所以我們讀得很快，而且很容易讀完之後就能吸收到重點，但並不會讓我們變得更強。

第二種意義是，一個人試著去讀某種他一開始並不了解的東西，這個東西的水準比閱讀人的高上一截。換句話說，你讀的東西比你強得多。這類作品想表達的東西能增進閱讀者的理解力。簡單來說，我們只能從水準比我們更高的人身上學到更好的東西。我們一定要知道他們是誰，如何跟他們學習。對於我們來說，你只有讀到高水準的作品時，才會有真正的提高，這樣的讀書筆記才有意義。

關於讀書筆記，以下幾點非常重要，請做好摘錄。

第一，不再畫線，做好摘錄。只是在書本上把自己感興趣的內容畫線是不夠的，很容易就會忘記，但摘錄下來的東西特別管用，因為摘錄是主動的學習和記錄。我有一個摘錄本，上面密密麻麻地寫了很多東西，這些東西現在都變成了屬於我的財富。

第二，給你分享一個格式。每次讀完之後，先找一本乾淨的本子，或者一個沒有寫過文字的文件夾和目錄檔，分行依次寫下作者、書名、你認為重要的觀點和句子、你的一些思考和感悟。當然，如果你能用思維導圖的格式把它總結出來，效果會更好。

第三，過兩天要讀第二遍。很多好的書，第一遍讀可能只是圖好玩或是一種參與感，第二遍才是真正的閱讀。

第四，用批判性的眼光看書裡的世界。所謂批判的眼光就是你要跟文本保持一定的距離，而不是跟著作者的想法走。所以，讀書時一定要有問題意識，時刻提醒自己問問題。比如，我為什麼要讀這本書？我想研究什麼問題？這本書到底在說什麼？……

你看，讀書就是這樣一個讓人愈來愈清醒的過程。

<table>
<tr><td>第
43
封信</td><td>**書讀那麼多，為什麼賺不到錢？**</td></tr>
</table>

阮頂天同學：龍哥好。我覺得就算上了大學、考了研也沒有獲得實在的賺錢能力，讀書給人一種啃老迴避社會的感覺。我們怎麼去思考這個問題呢？

李尚龍回信：

阮頂天同學，你好。在回答你的問題之前，我一定要告訴你，讀書跟賺錢其實是兩件事。有些人讀書特別好，學問也特別高，但是一貧如洗；而有的人學歷不高，卻當上大老闆，賺了好多錢。可是，我想告訴你，這個社會真正賺到很多錢的人還是以讀書人居多。不管他們讀的是財經書籍還是人物傳記，他們透過讀書把自己的知識和才華變現了，然後確確實實賺到了錢。很多人希望透過提高學歷賺到錢，卻總是圍繞文學、小說打轉，以為自己讀過很多書，就可以實現自己的理想。實際上，僅僅是讀這些書，是賺不到錢的。要想透過這些賺錢，你要寫出暢銷作品來。從這裡不難發現，賺錢的本質跟讀書沒多大關係，它只需要你提供價值——要麼幫客戶節省時間，要麼提供某種稀缺性，然後標價就能賣出一個好價錢。

我在讀書會上講過一本書，叫《世界盡頭的咖啡館》。書中第一次提出 PFE（Purpose For Existing）概念，即「你存在的意義」，你不妨多讀兩遍。

注意，我並不是跟大家說讀大學賺不到錢，只是說鏈條有點長。

你看多少沒有讀過大學的人也賺到錢了，因為他們直奔錢多的地方去了。當然，賺快錢是要找風口的。比如說電商直播，這兩年因為疫情，很多東西的銷路並不通暢，但它透過網路直播把市場打開了。所以，很多從事這個行業的人是賺了很多快錢的。我有一個小兄弟，初中學歷，在電商直播行業剛起步的時候殺進去做商務，無時無刻不盯著盤子和各種管道供應商交流，一個月至少可以賺二萬多元。這份工作雖然很累，但用他自己的話來說，養活自己沒問題。所以，想要賺快錢，需要學會抓風口。要不然，錢沒賺到，還可能被當成「韭菜」被別人收割。

有的人懵懵懂懂，只看到別人做電商直播賺錢就一頭栽進去了，原本是想著自己創業的，結果成了別人創業的「實驗品」。為什麼這些人會被收割呢？因為這個行業早就變成了「紅海」。所謂「紅海」，就是每個人都想在裡面賺到錢，結果大部分人都在虧錢。你想想看，如果連掃地的清潔阿姨都知道開直播賺錢，那是不是「韭菜」的風颳得太大了？這裡並不是說清潔阿姨不能開直播，而是告訴你，你想賺別人的錢，別人早想把你割到地上去了。

所以，但凡你決定賺快錢，想成為風口上的豬，你就要想清楚，自己怕不怕被摔死，因為風一定會停下來。如果風停下來，你準備怎麼辦呢？我的建議是，賺錢不一定要快，有時候慢即是快。打好地基，讓自己愈來愈值錢，這一點很重要。畢竟你還有百歲人生，未來的路還很長。你有沒有想過自己的晚年，是愈來愈賺錢還是愈來愈值錢，還是既不賺錢也不值錢？

怎麼樣讓自己愈來愈值錢呢？我們回到最先開始聊的話題——讀書跟學習，縱觀歷史，你會發現你擁有的一切都有可能被奪走，唯獨存在你腦子裡的知識、閱歷、本領誰也奪不走。而且很多本領

會陪伴你很長時間，會讓你的生活結構、經濟狀況愈來愈穩定，會讓你越老越值錢。

人生需要打持久仗，而不是百米衝刺。所以，我們需要跑馬拉松，而不是賺了快錢轉身走人。但是，我不否認，有的人讀書確實給人一種迴避社會的感覺。比如有的同學已經快要大學畢業了，對自己的未來依舊很茫然，不知何去何從，只好人家考研他考研，人家考編他考編。實際上，我們每個人或早或晚都是要進入社會的，愈往後拖，你的機會成本就愈高，資源也會愈來愈少。很多東西學校是不教的，它需要你踏入社會親身體驗。

我們說回賺錢，還有一種錢叫慢錢。什麼叫慢錢？就是一開始可能並沒有顯現出賺錢的痕跡，但是你堅持做這件事，為這件事做足了充分的準備，慢慢地，它開始賺錢了，並愈賺愈多。很多職業都是愈老愈值錢，比如老師、醫師、律師、文藝工作者、作家、演員、導演等等，年老時大多是行業優秀的從業人員。但這些職業，無一不需要讀書和學習，甚至需要更高的學歷和見識才能做得好。

有一本書叫《有限與無限的遊戲》，書中講述了世界上兩種類型的遊戲：有限的遊戲和無限的遊戲。如果你想玩一個有限遊戲，就一定要進入快錢市場，賺一筆馬上走。千萬別戀戰，因為可能讓你從賺到錢變成沒錢。你看那些栽倒在股市裡爬不起來的人，很多都是跑得不及時。至於什麼時候跑，需要的就是個人智慧了。如果想玩一個無限遊戲，可能短期內你確實沒有收益，甚至沒賺到錢，但一想這可能是一輩子的遊戲，你就會堅持把它做得更好。

所以，不要怕讀書賺不到錢，你若盛開，清風自來。

什麼會讓你專注目標？

YY：專注目標到底有什麼好處啊？

李尚龍回信：

　　嗨，YY。前些時間我跟一個很久沒見的朋友一起喝酒，他拿著那個倒滿紅酒的酒杯，愁容滿面地跟我說：「我覺得我完了。」看著他的表情，我心裡非常難過，因為我知道他的人生一定發生了什麼事。他已經快半年沒有發朋友圈了，一個曾經那麼喜歡發朋友圈的人，突然半年沒有發朋友圈，要麼生活中沒有什麼值得高興的事跟大家分享，要麼心態崩了。他應該兩個方面都有，創業失敗，債臺高築。如果我沒記錯，保守估計他應該有幾百萬的欠債，好在他還能扛得住，現在可能償還了不少。聽說他最近開展了幾個業務，帶著幾個人在賺錢，情況也在慢慢地好轉。

　　「我還差八十萬。」他說完這句話的時候，我心一揪，以為他下句話就是找我借錢。結果他第二句話打消了我的顧慮，他說：「我今年應該可以還清。」我嘆了一口氣，他繼續說：「可是，我下面幾個小朋友突然鬧著漲薪水，要不然就離職。」他搖了搖頭，我知道他這回是真的傷心了。那幾個小朋友是他手把手帶到今天的，從什麼也不會到在現在的領域能有一技之長，著實不容易。沒想到，他們現在有了自己的想法，有想要買車的，有想要買房的，有想要離開北京回家發展的，有想趕緊結婚生孩子的。

我說：「那你要理解，因為人都有自己的目標。」

「可是誰能理解我呢？我完全可以申請破產一走了之。」他說。

「然後呢？」我問他。

「我找個移民公司，然後不回來了。」他有些生氣地跟我說。

聽他這麼說，我就知道他還是想繼續做點什麼。

我問他：「你先別難過。你能告訴我一個問題，就是你的當務之急是什麼嗎？」

他愣在一旁說：「還債。」

「怎麼還債呢？」

「把手上兩個業務做完就能還債。」

「如果這幾個小朋友走了，你手上的業務能不能做完？」我問他。

「我再招幾個人就行了，大不了重新培養，只是時間需要花久一點。」

「那你現在難過、發洩、抱怨有用嗎？」我點點頭，然後衝著他笑。

他也點了點頭，笑著說道：「我也就是跟你抱怨一下，明天我還是會去公司盯著這個業務的。」

我把杯子裡的酒喝了，然後又聊了幾句，就和他告別了。

過去的一年我最大的收穫，就是擁有了平和的心態。現在無論遇到任何麻煩，我都不著急。我會在每一個清晨或者夜晚，找一個沒有人的角落把自己的目標寫下來。我會告訴自己，無論這世上有多少麻煩，只要盯著目標，就算在路上挨兩下巴掌，又能怎麼樣呢？我扛得住！所以，我的成長總是比別人順一些。

創業快兩年了，每次公司遇到危機，我都會問自己一些問題：你做的這項業務賺錢嗎？你做的這項業務能改變別人嗎？你做的這

項業務有意義嗎？如果答案是肯定的，無論這路上有多少人阻擋我，無論這路上有多少事阻礙我，我都要去做。人啊，就是要盯緊目標，麻煩才會愈來愈少。如果你盯著麻煩，麻煩就會放大，而且愈來愈大。如果你盯著目標，目標則會愈來愈清晰。我用這個方法特別受益，所以分享給你。

你可以拿出紙跟筆把自己的目標按照輕重緩急寫下來，同時把自己遇到的麻煩從大到小列下來放到它的右側。接下來，你對著這張紙發一會兒呆，寫下對策。記住，只在左邊寫，別管右邊。最後，看看你寫的對策有多少可以蓋住右側。你會發現一個非常有趣的現象，當你開始衝著左邊寫的時候，右邊的麻煩開始愈來愈不重要了，甚至很多對策可以直接打敗右邊。

我再跟你分享一個我的親身經歷。有一天，我要從武漢飛到北京，可是飛機晚點了，我們在機場焦急地等五、六個小時之後，航空公司通知大家，航班取消了。乘客們人山人海地衝到櫃檯，前對著空姐破口大罵，而空姐只好無奈地跟乘客說著抱歉。那一刻，我的腦子裡突然啟動了一套應急機制，然後它清晰地被畫了出來。當下我明確了自己的目標，就是要回北京。於是，我逆著人群衝出了安檢通道，到國航的櫃檯改簽了最晚一班飛往北京的機票，那是最後兩張。等我辦理完機票之後，看見氣喘吁吁的一群人從機場裡走了出來，他們才想到去改簽，可是時間已經來不及了。當我坐到最後一個回北京的飛機座位的時候，心裡不禁感嘆：如果人總能盯著目標，能少多少麻煩。

這也是我想跟你說的，或許你現在的處境跟我那個朋友一樣，四面楚歌，一地雞毛。你覺得世界上的人都在針對你，每一個角落都站著你的敵人。但請你一定要記住，永遠要盯緊目標，而不是盯

緊敵人，不要總是強調自己怕什麼，要多去問自己要什麼。

這個世界很邪門，你愈怕什麼，愈來什麼。相反，你愈是不怕曾怕過的東西，那些東西好像也沒那麼可怕了。怎麼讓自己不怕那些曾經怕的東西呢？就是不去正眼看它們，而是用正眼看那些對你真正重要的事情。我記得小時候，我特別害怕一個人在黑夜裡行走，總覺得有一些看不見的東西在身邊，每次想到這個就會愈來愈害怕。現在好多了，我甚至喜歡在夜晚走走路，跑跑步。因為我在十多歲的某一天迷戀上了在腦子裡做實驗，在腦子裡講故事。後來，我成了作家和編劇，我寫了很多感動人的故事，我反而不怕黑夜了。

你看，這就是生活的奧祕。你只有盯著生活的目標，才能打敗那些意外或者必然的麻煩。所以，你別沮喪，盯著目標想辦法到那裡，這樣生活才能好起來。

快三十歲了，
還要不要考研、考公職？

匿名：龍哥好。本人二十五歲，現在在四線城市的私人企業，想考公家機關。但是，我大學學的是旅遊管理，每年要麼沒工作機會，要麼是異地鄉鎮三不限的職位，所以一直沒有考。現在我想換一個好考公職的專業，或是直接考研，可是考上後研究生畢業已經三十歲了，還值得去考嗎？想聽聽龍哥對大齡考研、考公職的意見。

李尚龍回信：

　　無論什麼時候，讀書提高學歷都是沒問題的。這個與生理年紀無關，主要與心理年紀有關，看你是不是有一顆想要進步的心。

　　二十五歲正是風華正茂的年齡，人生還有無數可能性。據最新數據，中國每年考公考研的人數正逐步攀升，二〇二二年研究生的報考人數更是高達四百六十多萬人。尤其是當前的就業環境並不樂觀，很多臨近畢業的學生更是選擇了考公、考研。

　　我有一個理論，如果你有一天無聊的時間就去讀書，如果你有一年無聊的時間就去準備考公、考研，或者讀個 MBA，別讓自己的青春浪費掉。雖然在我看來，你還特別年輕，人生正處於剛剛開始的階段，但我特別理解你擔心畢業時已經三十歲的恐慌。其實大可不必，不管你做什麼選擇，你都是會到三十歲的。你只要看自己的三十歲是增值了還是貶值了，是變好了還是變差了？如果有很大機率變好，為什麼不去試試呢？

我給大家分享一個關於考公、考研的錦囊，希望對你們有所幫助。

第一叫職場優先。你考公職、考研的目的，其實也是為了有個好工作。如果現在你能找到好的工作，並且很喜歡，可以持續地突破；或者透過在職場學習打磨自己的技能，讓自己更好地在職場賺到錢，那就先工作吧。因為有時候你個人的工作狀態和工作領域是紅利期。比如原來的公眾號，現在的短影音，趕上風口期，你可以賺得盆滿缽滿。風口期一過，拉都拉不回來。但是，考研在任何時候都可以去選擇，四十歲去考研也不是不可能。另外，你的工作遇到瓶頸的時候，也盡量不要全職考研，這樣風險太大。記得四個字，騎驢找馬。

第二，以下三種人適合考研。第一種，本科學歷自己不喜歡，需要用一個研究生學歷蓋住。第二種，本科的專業自己不喜歡，需要更換一個圈子。第三種，本專業必須深造，比如醫學、物理等專業，不深造就沒有後續發展的可能。有一種人不適合考研，就是別人都在考研，你跟著一起考的，不適合。

第三，市場穩定適合工作，市場不穩定適合考試。如果市場穩定，你可以試試去創業，甚至在公司內部創業。如果市場不穩定，請一定要小心，因為你的創新有可能是和趨勢作對，這很累呀。

第四，別管年齡，看看自己是不是需要。你一旦決定考研、考公就要義無反顧，因為這是一條很艱難的路，但無論如何，這份努力是有收穫的。

為了讓你更有力量，給你分享幾個成功的案例。二〇〇五年，八十一歲高齡的金庸考上了劍橋大學的歷史學專業，並於二〇〇六年完成了自己的碩士論文《初唐皇位繼承制度》，二〇〇七年他又

獲得了該校的哲學碩士學位。老人家還嫌不過癮，二〇一〇年，獲得劍橋大學哲學博士學位。

江西師範大學軟體學院二〇二二年碩士研究生複試結果在網上公示。有一個四十一歲的天津人叫單良，排在錄取名單裡的第一名。很多人一看錄取名單，很自然地以為他一定很優秀才會被排到第一名。殊不知，在此之前他考了七次，這是他第八次考研。有媒體報導，單良從二〇〇九年就開始參加考研，但一直沒有成功。他一邊照顧家裡，一邊自學，前後一共參加了八次考研，歷時十四年，此番終於上岸。如果你是他的朋友，你會不會被他的精神鼓舞呢？

第五，關注優勢，不要跟短板（弱點）較勁。 愈是到三十歲的關口，我愈感受到這一條的重要性。如果考研僅僅是為了彌補自己的短板，那我就勸你放棄。真實的世界邏輯是你只需要關注你的優勢，透過和別人配合來彌補你的短板。你需要做的是接受自己的不完美，同時把注意力放到你的強項上去，而不是透過考研究生來證明自己。在我們的生活裡，就算你有短板，大不了把那個桶傾斜著放，水也灑不了。

第六，多條腿走路。 在當前這個互聯網時代，多條腿走路可以降低風險和成本。無論你是準備考研還是已經在考研的路上，都需要花費一定的成本，即時間和金錢。如果全職考研，一年的時間過去了，考上研究生，三年時間過去了，這都是時間成本。為了考研購買的複習資料、報考的補習費，你的生活費這些也是成本。所以，我的建議是你可以考慮勤工儉學，也可以考慮一邊工作一邊利用業餘時間準備考試。

第 46 封信　怎麼提升自己的記憶力？

青輅：龍哥好。我感覺自己記憶力的超級差，可能我總熬夜，或是太長時間不去深度思考導致專注力下降。總之，怎麼樣才能讓自己進入學習狀態，產生正反饋和積極效果呢？現在背書特別容易忘記。

李尚龍回信：

　　青輅，你好。人和人的記憶水準本就不一樣，有的人一天能記一百個單字，有的人一天記幾個都非常困難。從科學層面來說，每個人的記憶空間其實是一樣大的，至於你每天能記多少東西完全取決於你後天對記憶力開發的強弱。記憶力特別像人的肌肉，你愈用它，它就愈好使。

　　德國著名的心理學家赫爾曼・艾賓浩斯曾經寫過一本有關記憶力的書，叫《記憶力心理學》，也是第一本對記憶的研究記錄報告。我們從小學到大學的「艾賓浩斯曲線」，就出自他的手筆。下面，我把有關記憶的八個方法列給你：

　　第一，記憶力分為兩種。一種叫短期記憶，往往只能持續幾秒鐘，可能最多一分鐘。在生活中，我們每天會出現大量幾秒鐘的記憶，但這些記憶都不重要。比如你對面那個人叫什麼，或者說剛剛經過你身邊的車牌號是什麼。第二種叫長期記憶。短期記憶只有轉化成長期記憶，才能對我們的生活產生影響。

　　「艾賓浩斯曲線」告訴我們，記憶的遺忘速度是不規則的，不

是每天忘掉平均數量的內容，而是在最開始遺忘的階段忘得最快。隨著時間的推移，遺忘的速度開始逐漸變慢，最後遺忘停止了，留下來的是長期記憶。這些記憶可以隨時被調取，或者在某些特殊環境和某個時間的觸發下再次讓你想起來。

第二，持續的複習。艾賓浩斯做了一個很有意思的實驗，他把四十個人分成了 A 組和 B 組，讓他們同時背誦《唐璜》中的詩句。A 組在背誦完一段時間後進行了一次複習，B 組從來不複習。二十四個小時之後，A 組記住了百分之九十八的內容，B 組只記住了百分之五十六的內容。七天之後，A 組的學生記住百分之七十，B 組的學生記住百分之五十。這表明，一次複習雖然會增加記憶的保持度，但隨著時間的增加，這種優勢會逐漸降低，該忘的還是忘記。所以，及時複習非常重要，並且在遺忘點出現之前複習，能更好地避免遺忘。把知識變成更多的長期記憶，從而終身保留下來。

第三，351-351 記憶法。根據記憶曲線，記憶的內容在二十分鐘之內，如果你不複習，可能會忘掉百分之四十以上，九個小時會忘記百分之六十五。所以，艾賓浩斯這本書的經典之處就在於他發明了這個記憶方法，即當你學習完所有內容時，盡量在三個小時之內回憶一遍。接下來，在第五個小時、第十個小時、第三天、第五天、第十天分別複習一遍。經過這六次學習，長期記憶就會形成。

你會發現對這部分內容的記憶開始進入長期記憶。你可以今天就試試背單字或者古詩，回憶過程所用的時間愈多，記憶的效率就會愈高。這裡指的回憶是在腦子裡面像過電影一樣，重複那些你要記的東西。

第四，鏈式記憶法。所謂鏈式記憶法，就是找到你記憶的內容和內容之間的連接點，形成一個記憶鏈條。我們都知道電話號碼是

非常不容易記的，但找到規律之後，你就會發現方便了很多。尤其是電話號碼，單純讓你記一串數字，你可能需要好幾分鐘都記不下來，但如果它跟某一個人或者跟某一個規律相關，它就好記多了。同樣地，如果你遇到的是不熟悉或者抽象難以理解的內容，就很難記憶。這個時候你需要轉換，把它們鏈接到生動直觀的內容上去，就方便記憶了。

比方說很多人背英文單字「apple」很困難，但如果舉一個蘋果再來背，效果就好多了。再比如讓你去背誦兩個看起來毫不相干的詞很難記住，但是如果它們出現在一篇文章的上下文，很容易就記住了。這就是為什麼我建議大家去看英語電影、看英語原著故事來背單字，因為它是一個鏈式記憶。當一個東西特別抽象的時候，用鏈接把它們和可愛的生物、可愛的動物、可愛的場景聯繫在一起，效果加倍。當你需要記住一整本書的時候，面對龐大的詞彙量，這個時候就需要運用環形鏈式記憶法，讓彼此沒有關聯的詞彙環環相扣。比方說有 a、b、c、d、e 五個詞，你先把 a 跟 b 進行鏈接，再把 b 跟 c 進行鏈接，最後 d 跟 e 進行鏈接。這樣你只要記得 a 就可以順藤摸瓜，記起 b、c、d、e 中任何一個詞。

第五，聯想記憶法。 這種記憶方法的特點就是讓記憶的東西產生畫面，畫面愈誇張愈容易被記住。為什麼戰爭場面很容易被記住？因為太血腥了。為什麼吵架、打架這樣的詞很容易被記住？因為太有畫面感了。

第六，冥想。 有一個專家曾經做了一個實驗，他讓很多擊劍愛好者分成三組。第一組每天練習二十分鐘的實際擊劍，練習二十天。第二組在二十天內不做任何練習。第三組在兩天內先做十分鐘的實際練習，再做十分鐘的冥想擊劍，也就是靠著想像糾正自己的技術

動作。二十天過後，再去檢測他們的練習成果。結果發現，第二組，進步率最低。第一組，進步率只比第二組略高。而第三組，進步率竟然超出第一組很多。這個實驗說明，想像力對人的作用是巨大的。

第七，**整體記憶**。很多人發現，當你理解一件事的時候，才能更好地記住。原因很簡單，因為你理解了，你的腦子裡就形成了一個完整的記憶點。比如你要背誦一篇文章，你可以在記憶的時候把整篇內容通讀一遍，然後分塊提煉出有特點或者有代表的句子。比方說帶數字的句子，或者是能夠體現文章中心思想的句子，利用我們之前講的鏈式記憶法，把這些句子聯繫在一起，便於整體記憶。

第八，**找出最適合記憶的時間**。根據生物學對人類普遍作息規律的研究，人類思考最活躍的階段是睡覺前的一個小時和醒來後的一個小時。在這個時間段，人腦中的雜念最少，也是最適合記憶的時間段。早上的記憶能夠有效避免前期內容的干擾，睡覺前的記憶能夠避免後期記憶內容的干擾。

希望以上八點對你有所幫助，找到適合你的記憶方法。

第47封信 如何提高資源整合能力？

小張張：龍哥，有個問題向你請教，如何有效地提高資源整合能力？

李尚龍回信：

小張張，你好。我們曾經講過，未來職業裡最需要的思維能力之一就是資源整合能力。資源整合分為兩大類，一類是個人的資源整合，一類是企業的資源整合。企業資源整合分為兩種情況：第一種就是你把別人買下來，讓人家為你所用；第二種是你獨有的資源，別人必須跟你換。目前看我這個專欄的大多數人可能還不涉及企業資源整合，所以我重點說一說個人資源整合。

個人資源怎麼整合呢？

第一，你得先有資源。既然稱為「資源」，顧名思義是有限的，既然是有限，你就要去爭取。比如你認識很厲害的人，你能接觸到稀有的管道和厲害獨特的思路。如果沒有，你要一想想自己怎麼去得到這樣的資源。

很多人主張你有什麼資源就去做什麼事，但我的建議是，你想做什麼事就去找什麼資源。很多時候找資源是一件漫長的事情，所以說不要著急，不要一口吃個胖子，先把自己變強。等你自己變強了，有些資源自然而然就來了。我經常跟別人說，不要在混圈子的過程被圈子混了。有時候你進入一個圈子，你會驚奇地發現你就是給別人點讚的那個人，其他什麼也不是，所以先讓自己變強。

第二，要分析已有資源。整合資源的前提是善於發現資源，很多時候你並不是一無所有。很多你擁有的東西你已經把它當作理所當然，其實未必是這樣。我有一個朋友，他是一個導演，他準備創業的時候突然問我：「哎，你覺得我有什麼特殊的資源呢？」一下子把我問愣住了。我說：「您不認識張藝謀嗎？」他也愣住了，說：「認識他有什麼用啊？」我說：「他是稀缺資源呀，你得去找他幫你的忙啊。」他說：「他也叫資源？」後來他刷著臉請張藝謀喝酒，幫他錄了一節課。也就是這一節課，投資人給他投了幾百萬，讓他開始了自己的創業。

　　有時候你以為自己是個素人，殊不知你可能有當黑馬的技能，只要你能找到自己的「張藝謀」。我的建議是列出一個清單，包括資金、團隊、管道、客戶、品牌、專業、人脈等等。分析一下，自己擁有的這些資源如何為自己服務？如何為自己的目標服務？還是那句話，不能為自己目標服務的資源都是無效資源。什麼才是有用的資源呢？一句話：只有能變現的資源才是有效的資源。

　　我認識的一個姊妹，特別愛混圈子，普洱茶喝了快兩噸了。認識的人快加滿兩個微信了，還是一臉茫然。原因很簡單，她混的資源都是無效資源。

　　前段時間，我在飯局上認識了一個央視的主管。組飯局那個兄弟是一個電影出品人，於是對央視的那個主管畢恭畢敬，恨不得每一杯酒拿壺都乾了。因為主管手上掌握了很多幫助這位兄弟發行片子的資源。但是，我吃了一個小時就走了，連主管的微信都沒加，因為我很清楚他的資源在我這裡沒有用處。人哪，要知道自己要什麼才能更好地得到它。不要覺得自己世俗，成年人的世界就是這樣，簡單點真好啊。

　　第三，你缺少什麼資源。這一條對創業者格外重要。你要明確地知道自己缺什麼，列一個變現路徑。從你的產品研發，到你下游的管道、客戶、你的品牌、物流資源，然後到你的回款方式，你全部列出來，看看自己到底缺什麼。在一個人知道自己想要什麼的時候，接下來就是思考缺少的資源在誰手裡，記得去找他，研究一下對方想要什麼。這個時候，就是我說的那句話：等價交換，才能有等價感情。

　　一個負責我項目的平臺的年輕女孩，每次跟我見面都不跟我聊業務，而是跟我喝酒。後來，我就問她：「你到底想幹麼？」她說：「我想找男朋友。」原來是這樣啊，行吧，餓了遞個饅頭，睏了遞個枕頭，於是我就把身邊一個特別好的男性朋友介紹給她。你看，她雖然沒給我提供任何資源，但跟我處成了朋友。如果有一天我真的想找她要資源，我相信她也不會拒絕吧。想辦法獲得對方的信任和認可，給對方想要的資源，讓對方給你想要的資源。這背後的邏輯可能有點兒複雜，但是你必須經過幾件事的實戰，你才能知道成年人的交往本質上就是等價交換。

　　最後，我跟你分享三個資源整合的方法，希望對你有幫助：

　　第一個叫拼湊。很多創業者都是拼湊的高手，他們在已有的元素上加入一些新元素，形成創新。就好比二〇一七年前後，「互聯網＋」就是在自己的產品基礎上加上互聯網，形成了自己產品的互聯網化。有一天我在一個 APP 上正在隨意瀏覽，突然發現我家附近一家賣肥腸的店正在直播，發貨方式是閃送，於是我就買了一百元的、直接包郵到家。你也可以研究一下，做一下直播或是影音號化、小紅書化，說不定也能收到意想不到的效果。

　　第二個叫槓桿原理。我推薦大家看一本書，叫《金字塔原理》。

很多創業者都很喜歡這本書，裡面講的很多原理都可以應用到現實生活中。比如我剛才講的我那個兄弟找張藝謀幫忙的案例，就是用別人的資源完成自己的理想，運用的就是槓桿原理。

第三個叫取長補短。大家都知道蒙牛的創辦人牛根生吧，據說他當年創立蒙牛的時候什麼都沒有，但他資源整合能力很強。當時，他第一反應是找政府，搞定關鍵人，然後將工廠、政府、農村信用社三方資源整合在一起。沒有運輸車，他就整合個體戶投資買車；沒宿舍，他就整合政府出地；沒錢，他就整合銀行出錢讓員工分期貸款。就這樣，農民用信用社貸款買牛，蒙牛用品牌擔保，農民生產出的牛奶包銷。你看，蒙牛一分錢沒出，就把這事做成了。聰明的企業家絕對不會親力親為，聰明的個人也不會總是針對自己的短板瘋狂努力。要學會外包給別人，取長補短。

整合的關鍵是互補。只有互補的資源別人才可能幫助你。

<table>
<tr><td>第
48
封信</td><td># 怎麼對抗持續的情緒低落？</td></tr>
</table>

詩琳：龍哥好。您之前在《三十歲，一切剛剛開始》中提道：當你焦慮時，就持續去做焦慮的事情。可是我最近發現自己在做事的時候，總是會出現低落的情緒。請問龍哥，如何才能在持續行動的過程中防止低落的情緒出現？

李尚龍回信：

　　詩琳，你好。看了你的問題，我想起那句名言：「情緒可以低落，理想必須高漲。」當你做一件事開始情緒低落的時候，往往是因為你做這件事會有持續的挫敗感。對一件事情的掌控感不多時，就會出現情緒低落。比方說，我在做一件我很不擅長的事情的時候，就會持續情緒低落，就好比在更新這個專欄的時候。但我會提醒自己，這種情緒低落是正常的，甚至是對的。

　　我曾經讀過一本書，書裡說人為什麼會情緒低落呢。因為從進化的角度來看，我們的身體是一系列適應、進化的遺產，幫助我們在面對不確定和風險的狀況下生存和繁衍。低落情緒有助於我們去消解衝突中的焦慮。

　　實際上，一個很沮喪或者很卑微，甚至比較容易認輸的人，往往不容易戰死或者冒險，所以他能保護自己。低落情緒還可以阻止一個人去追求不可實現或者看起來很危險的目標，這也是一種很強的自我保護機制。除此之外，低落情緒還可以幫我們更好地分析環

境和周邊。尤其是當環境非常棘手的時候，它們會提醒自己只要不出手就不會出事。這是一個反覆被驗證的心理學理論。因為心理學家發現，情緒低落的人在評估一個事件的控制權時會更加精準。而情緒正常的人總覺得全世界都是自己的，容易高估對某一個事件的控制度。他也會鼓勵自己展開行動，追逐獎勵。而低落情緒會把注意力放在威脅和障礙上，去做一些約束的行為，提醒自己不要茫然，不要衝動，萬事都有代價。當情況不太妙，目標不可靠或不太可行的時候，低落情緒會發出暫時停止的訊號，確保你的有機體，你的生命不做無謂的努力。在一個時間、資源和行動力都有限的世界裡，進化出這樣一種機制，真的對生存很重要。

可是，所有的計畫都不是完美的，低落情緒也是有代價的。最顯然的弱點就是行動上出現瑕疵。在這個不斷變化的世界裡，一個行動力遲鈍甚至癱瘓的人是要冒很大風險的。因為他有可能會被捕獵者吃掉或者失去捕捉獵物的機會。情緒如果進一步低落，壓力、荷爾蒙的過度釋放，不僅會對身體有傷害，還會導致機體的認知弱點，成為我們身體、心靈的殘缺。比方說，重度憂鬱症患者常常會陷入一種扭曲的負面思維裡，會出現「生而為人，我有罪」的致命幻覺。這些扭曲的想法，甚至會導致其自發產生自毀性行為，也就是我們常說的自殺。我們的圖書暢銷榜上常年名列前茅的《人間失格》，就是日本作家太宰治在這樣一種自卑狀態下創作出來的。

所以我們總結一下，真正的高手永遠是逆著基因生長，就是你確實給我進化這道機制，但我偏要樂觀給你看。我覺得我就是這麼一個人，我會接受低落的情緒，但是我不退縮，雖然很累，但終究是有意義的。就好比一個人在上坡，他的身體確實有一些勞累，但是一個人在解決比自己大的問題的時候，就需要先逼著自己長大，

然後再解決問題。我就是這樣逼著自己長大的，因為除此之外，別無他法。什麼時候我開始發現自己的情緒不低落了呢？就是我開始盯著目標的時候。當我開始做點什麼的時候，這種焦慮感就蕩然無存了。

團隊給我布置了每週三必須直播一場圖書的任務，給他們創造KPI 的一個狀態。所以每週三直播前的那幾天，我是最焦慮的。因為直播的時候，我要推薦一些書，雖然團隊已經把書給我準備好了，可是那些書我還沒時間看，所以我就很焦慮。最好的方式當然是馬上看，看得愈快愈好。我一般是從週一就開始看，有時候週末也看，爭分奪秒地看，然後去寫一本書的講書稿。等到看完心裡有數的時候，我再去上直播。導演喊「三、二、一」的一瞬間，我淡定地吐了口氣，我不焦慮也不緊張了，因為我已經準備好了。

所以，我的建議是接受負面情緒，同時朝著高處攀爬。行動是打敗焦慮最好的方法。

還有個小方法，也很管用，大家可以試試，就是給情緒貼上標籤，並且說出來。在《自然・人類行為》期刊上，有篇文章分析了超過十億閱讀量的推文。研究人員透過人們在推文中強烈的感情色彩詞語，觀察標籤情緒的行為怎麼去影響人們的情緒狀態。他們得出的結論：

對於大多數人來說，在他們做完「我覺得自己如何」的陳述之後，情緒會迅速下降。你可以試試，很管用，哪怕不跟別人說，只是打字，或者用日記寫下來：我感覺很沮喪，我感覺很失望。光寫下來，情緒就會得到很好的改善。其實我們每個人生活中都會遇到各種煩惱，情緒低落是很正常的事情，有時候它只是暫時的，過一段時間就過去了。當然，有時候低落的情緒會持續很長時間，以至

於它像拉傷的肌肉、破壞的內臟一樣，成為我們生活的一部分，影響到我們的生活品質。請注意，當你的情緒已經到了長線和長期的狀態時，你應該採取一些自救的行為。

Part 3

人生順利「避雷」最好的方法：

遠離消耗你生命的人

第 **49** 封信	工作沒熱情怎麼辦？

魚崽子：龍哥好。我大學畢業就回到自己的家鄉，一個普普通通的三線城市，在一家公司待了三年。瓶頸期過去了，但感覺工作愈來愈沒挑戰性，我也開始對工作敷衍了事。漫漫職場路，我該怎樣保持對工作的熱情呢？

李尚龍回信：

魚崽子，你好。工作想要有激情，首先要主動，生活也是一樣，這是我跟很多人說過的話。因為只要你還在主動工作，你就能找到這份工作的挑戰性，這與工作的性質以及工作的內容，甚至工作的地位都無關，而是跟工作態度息息相關。

什麼叫工作態度？就是你怎麼去工作，你是否有熱情去做這個事。在職場裡，有四種人分別叫阻燃型、不燃型、可燃型和自然型。阻燃型跟不燃型在職場裡都不受待見，而可燃型有一個麻煩，就是但凡身邊沒有可燃物就廢了。

所以職場的第一法則，請你一定要記住，叫成為自然型的人。要在平凡的工作中找到新的挑戰，要在平淡的生活裡找到能點燃自己和點亮自己的火柴。怎麼去主動呢？我接下來跟你分享的七項法則很重要，你認真讀一下：

第一項，騎驢找馬找工作、去創業。

如果你覺得現在的工作很平淡，千萬別著急辭職，一定記住四

個字，叫「騎驢找馬」。無論你是三線城市、二線城市，還是一線城市，記住不要裸辭，驢是你胯下那一隻，馬是其他機會，這機會可以是創業，可以是其他的工作機會。所以，無論你現在的工作是否穩定，請你一定要記住——居安思危。要具備反脆弱的能力，因為沒有哪個工作可以養活你一輩子。所以，就算在一個穩定且沒有挑戰的公司，也要調查研究你的行業，了解一下其他行業，為下一步做打算。

如果你想創業，千萬記住，不要突然進入一個你完全不熟悉的領域。很多人創業失敗就是犯了這樣的失誤，根本沒有從內到外詳細了解行業報告，只是因為興趣愛好，就冒冒失失地拿著一筆錢去創業了。這種人最後基本都是行業的炮灰。你可以嘗試先在現有的職位努力工作，了解你所在的領域的創業邏輯，一邊做謀生的事情，一邊去創業。這樣你既有了動力，又有了目標，同時還有了安全感。

第二項，嘗試在公司內部創業。

假如你在大廠，或者你在一個小公司，但是這個公司非常好，再或者你還不具備出去發展的機會，我的建議是可以嘗試在公司內部創業。拿著項目去跟公司的主管申請，說「我能不能帶這個項目」，說「我能不能重新發展一個項目」，或者重新開啟一條業務線，再或者找一些資源幫助公司和自己一起發展。總之，不管是內部創業還是外部創業都只有一個目的，就是要有自己想做的事，要有準備和目標，要不然人很容易鬆懈。

第三項，主動找老闆溝通。

各位要切記，老闆的時間很寶貴，你要主動跟老闆溝通。我曾經在《一小時就懂的溝通課》這本書裡說過，你要去支撐你的主管，我們稱之為「向上管理」。主管是組織裡最需要幫助的人，同時也

是訊息最多、資源最廣的人。在你沒有動力的時候，一定要去問問主管：「您的大方向是什麼樣的？」如果他的大方向清晰可落地，他就能給你更多的啟發和動力，也可以幫助你走得更遠。所以前提只有一個，先要問問主管想成為什麼樣的人，然後跟隨主管成為這樣的人。

第四項，尋求本職的能力精進。

如果以上都不適合你，你也不想動。請記住，任何一個職位，哪怕就是打掃衛生，你也有機會可以精進你的技能。因為就算是掃地，每個人打掃出來的也不一樣；就算是送快遞，每個人的服務品質也不一樣。只要你換個角度，換個思路，總能有不一樣的目標。人啊，可以在工作職位上混一輩子，也可以在工作職位上精進一輩子，完全取決於你想成為什麼樣的人。

第五項，調整工作的節奏。

比方說，把運動加到工作裡，把學習放在工作後。除了工作之外，你要給自己增加一些額外的任務。比方說今天下班，你可以安排自己跑一個五公里，或是騎行十公里。再比方說，你可以給自己報名一個英文班、興趣班，或者報一個程式編程班。如果說你在工作中沒有辦法學習，那麼下班的時間很關鍵，因為它決定了你的一生。我們經常說工作五年決定了你的未來。如果你在工作的前五年沒有辦法在工作中學習，那你一定要在私下去認認真真、踏踏實實的學一項技能，或者讓自己的身體變得更健康。

第六項，給工作增加儀式感。

儀式感很重要，哪怕這個儀式只是在書桌旁放上一杯咖啡，或者放一點點小吃。比方說你試著早起半個小時，試著換個新髮型，試著換一種穿衣風格，試著去一個沒有去過的地方待上幾天……嘗

試做一些自己習慣中沒有的事情，或者嘗試戰勝一些困難，完成之後給自己一些獎勵，儀式感足了，工作效率自然就會高很多。我們的工作跟我們的生活一樣，都需要儀式感。你的儀式感愈足，你的工作效率就會愈高。

第七項，發展副業。

我的建議是每個人都應該有自己的副業，因為未來在一個行業或一個職業做一輩子的可能性愈來愈小。副業不僅可以對抗風險，還能讓自己跨越到不同行業，看到不一樣的風景，同時再反作用於你的主業。而且很多人做副業比做主業還賺錢。

千萬不要當一天和尚撞一天鐘，工作已經占用了你生活的大部分時間，如果只是敷衍了事看似浪費了老闆的錢，其實浪費的是你自己的生命。

第 50 封信

好的商業，具備三個特點

何導：龍哥，您如何看待在國內創辦戒菸俱樂部和戒酒俱樂部？有市場嗎？可以賺到錢嗎？國內有成功的案例嗎？

李尚龍回信：

何導，你好。雖然我本人並不抽菸，但戒菸和戒酒的原理是一樣的。我們在美國電影裡總能看到一堆人圍坐在一起探討自己是怎麼戒酒的，從而給彼此力量和方法。

一九三五年，一個叫比爾·威爾遜的人和幾個醫師成立了一家戒酒匿名會。他們希望戒酒者透過互相幫助達到戒酒的目的。這個組織現在依舊存在。雖然說比爾·威爾遜已經去世五十年了，但這個協會依然在正常地運轉和擴展。每年有二百一十萬人在那裡尋求幫助，大約有一千萬人在那裡成功戒了酒。也就是這個協會，誕生了一個著名的「十二步驟戒酒法」，大家有空可以去網上查一下。

我簡單說一下第一步，就是你要承認自己在對付酒精這件事上已經無能為力了，這樣你就不用把注意力放在自己已經控制不了的事情上。你只需要把目光交給自己能控制的事情就好了。協會要求會員設立一天一次的目標，也就是說你不一定要保證自己終身戒酒，你只要保證自己二十四小時之內不喝酒就已經很成功了。而二十四小時之後是新的二十四小時，新一天的目標又開始了。透過這樣周而復始的循環，從而幫助戒酒者完成戒酒。所以，我們不妨也給自

己設定一個每天一次的目標。不要想著目標太小，不值得設立，俗話說「不積百步，無以至千里」，聚沙成塔，積少成多，只管先把每天的小目標落實下來。這跟跑馬拉松其實是一樣的，如果你給自己設定的目標是四十二公里，一下子可能很難完成，但如果你給自己設定的是四十二個一公里，你完成的可能性就會大很多。所以，我們不要一下子就把目標定得太高、太大，高到搆不著，大到無法實現，那樣只會讓你不堪重負，心煩意亂。

這家戒酒匿名會也是成立很久後才開始盈利的。目前中國有很多類似的機構，但都不盈利。我來幫你分析一下原因。

前段時間我去看了一次心理諮商，那個老師的收費標準是一個小時一千九百八十元，價格高得嚇死人，還說第一次沒有辦法解決我的問題，我們必須長期溝通，第一次只能理解，要到七次、八次之後才會藥到病除。我們第一次聊的效果很差，幾乎沒聊什麼實質內容，於是他們就很著急幫我預約了第二次。我突然明白了一個道理，商業的本質只有四個字「持續付費」，把一生一次的付費變成一生一世的付費自然就盈利了。

你問我如何看待在國內辦戒菸俱樂部和戒酒俱樂部，可以賺到錢嗎？我的回答是：不能。雖然它是一件好事，但絕不是一個好生意。其實，戒酒的道理很簡單，你只需要把我剛給你說的十二步驟查一下，然後按照那個做，你很快就能夠戒酒，並且能戒得很徹底。戒菸也是一樣，大家去看一本書，叫《這書能讓你戒菸》，裡面有非常詳細的方法論，你跟著做也許就可以戒掉菸。

可是，為什麼總有人戒不掉呢？有人說因為他們沒有知行合一，有人說因為他們太懶了。其實都不是，因為你低估了「癮」（上癮的癮）背後的商業鏈條是多麼強大！請大家記住，但凡有癮的東

西，都有市場。你想想看，那些給你味覺刺激的，持續刺激讓你上頭的，像酒精、菸，當然我們知道毒品是違法的，千萬不能碰的，一次都不要嘗試，再比方說那些甜的、鹹的、辣的，你發現它背後都有強大的商業利益。如果你讀過彼得·杜拉克的《商業的本質》，你就知道賺錢有兩個重點，一是你的產品有吸引力，讓用戶去付費；二是讓用戶去回購。這個回購真的是商業中偉大的發現，也是明知抽菸有害身體健康，政府至今都沒有取締它的原因。抽菸的回購率真的太高了。有個故事說，戒菸是世界上最簡單的事，因為他已經戒了好多次了。這背後的利益大得驚人，且不說能賺多少錢，光是這個產業鏈能保證多少人工作、就業，繳多少稅，你想過嗎？

很多事你用商業邏輯一看就明白了。口紅的色號為什麼那麼多？橘紅、正紅、復古紅等一系列紅，有幾個人看得真切？只要不是十分特別的顏色，誰會在意你的口紅色號是橘紅還是復古紅。但口紅廠商抓住了人人愛美的心態，牢牢占據了美妝市場，所以很多人一買就是很多支。

這些年我一直相信很多錢是可以賺的，但有些錢真的不能賺，尤其是沒有良心的錢。我曾經跟一個醫師聊天，他說其實有些藥是可以藥到病除的，有些疑難雜症早就找到了藥方，只是有一些財團把這些藥方鎖進了保險櫃，他們不去開發，也不公布於世。因為一個病如果一次就能治好，那就不是好生意。你需要持續買藥，他們才能持續賺到你的錢。這是多麼噁心的操作啊，但這就是資本和商業的真相，它需要你持續付費，所以你的病不能一下好，你得慢慢地好。

我第一次聽到這個邏輯時非常震驚，但仔細一想，嘖，很多生意都是這樣。你看我們現在用的很多產品，牙膏口是不是愈來愈大，

礦泉水瓶口是不是愈來愈大，都是讓你更快回購。我們經常喝的一些飲料，很多都出了小瓶裝，目的也是讓你回購。我們的智慧電視，電視很便宜，但是要看裡面的內容，需要給各大影音平臺付費，甚至同一平臺不同的劇目還要繼續付費。

所以，如果你的產品不能完成回購，你就不可能賺到錢。就像你說的戒菸俱樂部、戒酒俱樂部，它們提供的服務是幫助別人戒菸、戒酒。但是，如果一個人真的在你這裡戒菸、戒酒成功了，他還會來嗎？你還能讓他回購嗎？當然，如果你戒菸以後又復吸了，戒酒之後又復喝了，那是另外一回事。能輕易復發的菸癮、酒癮就不會輕易戒掉，那他們更不會來戒菸俱樂部、戒酒俱樂部了。

另外你要知道，所有的資本跟財團都希望人們持續抽菸、喝酒，而你的商業模型是反人性的，你得有多大力量才能把這事做成呢？所以，你說的創辦戒菸俱樂部、戒酒俱樂部是一件好事，但絕不是一個好生意。

好的生意，一定有兩點：第一，產品足夠好，可以付費。第二，產品足夠吸引人，可以被回購。但是，對於我來說，其實還有一點，就是要有良心。

人不能什麼錢都賺，要賺有良心的錢。

<table>
<tr><td>第
51
封信</td><td>## 找不到工作怎麼辦？</td></tr>
</table>

路星兒：龍哥，你好！最近工作上有些迷茫焦慮，希望龍哥幫忙分析分析。我是二〇二一年畢業，就去了上海發展。由於工作內容單一、重複，我在做了八個月以後，決定在二〇二二年三月份離職。因為疫情我不得不居家。那時，我一度懷疑自己這步是不是走錯了，不該辭職，應該繼續待著。還好在居家的這兩個月有龍哥的讀書會和直播相伴，讓我不至於太難過。因為決定辭職時，我就想好了以後的工作方向——電商運營助理，所以我在居家期間進行相關課程的學習，但現在的情況是，不用居家了，我依舊沒找到工作。龍哥，上海這麼大，我竟然連一份工作都找不到，接下來我該怎麼辦？請龍哥提供建議。乾一杯，龍哥！

李尚龍回信：

路星兒，你好。二〇二二年畢業的大學生很多，但找到工作的機率很低。因為大環境的經濟形勢都不好，很多小老闆自己都在找工作，更別說讓他們提供點就業機會了。所以，我希望你認真看完下面這幾個找工作的關鍵點。

第一，找不著工作真的和你的能力無關。二〇二二年，受大環境影響，大廠招不到人，小廠面臨倒閉。所以找不到工作，千萬別自卑，這反而是一個厚積薄發的好機會。

第二，活下來。我之前見了很多人，無論是小公司的創辦人，

還是大公司的高階主管，我給他們的建議都是不要怕，活下來。只要活下來就能找到機會。但前提是，無論如何先讓自己活下來，才能看到希望啊。

第三，開源節流。這一點也是給所有人說的，減少開支，換小一點的房子，減少不必要的消費。控制一下消費欲望，然後積極尋找新的賺錢方法。能賣點什麼就賣點什麼，不要忌諱別人說你品味差，諷刺你做微商。活下來比什麼都重要，這年頭誰也不好過。所以還是那句話，先賺到錢，把生存期度過去，再去談所謂的夢想。如果你正在開公司，你要多問自己幾遍：這個人是給公司增加收入還是減少收入的？這個團隊是消耗還是投資？如果是虧欠的，堅決砍掉，斷尾求生。

第四，打敗焦慮。最重要的事情就是打敗焦慮。你想想看，自己最焦慮的是房租、學習成績、對未來的迷茫、對存款的懷疑，還是對人生的選擇？無論如何，請注意，打敗焦慮最好的方法是立刻做讓你焦慮的事情。比方說你缺錢，那就趕緊去賺。你覺得未來一片迷茫，就趕緊試試你想做的事情。至於怎麼做，我的建議只有一個，就是做之前你要想想五年之後你會成為一個什麼樣的人？如果你喜歡那個時候的自己，那就去做。比方說我現在寫書，我開的課，以及接下來我要做的一系列很重要的事情，在五年之後可能都會使我感覺到驕傲自豪。所以，你想到什麼就趕緊去做，不要拖延，拖延是打敗夢想最糟糕的一件事。

第五，可以考慮換一個城市。上海是國際大都會，發展好，機會多，這是毋庸置疑的。但大城市競爭壓力也很大，不要總是強調偌大的上海為什麼沒有你的工作，因為好的工作職位不但你喜歡，別人也喜歡。以前需要招人的，現在可能不招了。所以，你有沒有

考慮過換一個城市呢？前些日子，我的一個特別好的哥們決定去日本發展了，他說想試試從頭開始。我不知道他過得怎麼樣，既然是大時代的變遷，每個人都有屬於自己的機會。雖然不知道結果到底會怎樣，但你得勇於嘗試。

　　第六，降維去找工作。我遇到一個產品經理，原來在教培行業上班，懂技術也懂產品，年薪五十萬元。隨著「雙減」政策出臺，教培行業開始被整頓，他一下子失業了，遲遲找不到新工作。我跟他聊過一次，建議他將年薪五十萬降低到年薪二十萬。他這樣做了，順利找到了新工作。一句話：先謀生，再去談所謂的夢想。

　　對你來說也是一樣，先找一個助理的工作是對的選擇，哪怕薪水不高，先降維地做著，慢慢努力往上爬。每個人都在艱難前行。有的人倒在寒冬起不來，有的人在寒冬咬緊牙關爬起來。

　　希望你是咬緊牙關爬起來的人。加油！

酒桌上怎麼做才得體？

李李同學：龍哥好。我在酒桌上既不會也不想逢場作戲，不知道該怎麼處理。想問問龍哥，我該怎麼做才得體？

李尚龍回信：

嗨，李李，這是一個特別好的問題。因為工作原因，我也經常參加酒局。一開始我也不知道怎麼說話，後來慢慢明白了，酒桌就是權力的鬥爭。誰的地位高，誰的話多，誰的話密，誰的話重。

卡耐基先生說過一句話，流傳特別廣。他說，一個人的成功，百分之十五是由於他的專業技術，百分之八十五是人際關係和處世技巧。我之前看過一本書，叫《學會應酬，半生不愁》，裡面講了很多應酬的技巧。我不知道這本書現在有沒有再版，如果可能，請你一定記住，在酒桌上講話盡量讓別人舒服，同時也別讓自己難受。

一個人在酒桌上的表現，其實是一個人最真實、最全面的表現。第一，你的能力不能造假。第二，在幾杯酒之後，你的表現可能會全面地被所有人看到，這也造不了假。所以，一個人的溝通能力以及情商表現會在酒桌上表露無遺。我的建議是，如果你的酒量大，最好的方式就是直接喝。我反正是這樣。我的酒量雖然一般，但我確信只要我不尷尬，尷尬的就是別人。我一般遇到這種莫名其妙的局，第一反應就是，算了，喝吧，喝大了趕緊跑。另外，實在不會說話，就靜心傾聽，保持微笑點頭就好。

我跟某著名演員吃過幾次飯，基本上插不進去嘴。大部分時間我都是聽，偶爾接一兩句：「您說得太對了，您說得太好了，您太厲害了。」也能度過難關。如果有人真的讓你說，記得放開一點，別緊張，沒有人會覺得你說的是真的，也沒有人真的會覺得你說得好，說得多麼重要。最重要的是氣勢上不要輸給別人，要大聲一點，自信一點，表示祝福和期待。

比方說，找一個好的節日，祝大家節日快樂。找一個週末，祝大家週末愉快。實在不知道怎麼說，祝大家今天能有一個好的心情。你看所有的節日只要聚餐，你都可以說。哪怕今天不是節日，你也可以表達祝福，然後說：「很開心，今天有機會跟大家聚會，祝大家萬事如意，工作順利，生活美滿。」

我們其實都知道，誰也不願意逢場作戲，但成年人的世界不是小孩子那套「我不喜歡你，我不要給你玩」的邏輯，而是背負著各種壓力和任務去應酬、去社交。我曾見過好多把自己喝到酒精中毒的銷售跟營銷。我每次問他們，他們都只會搖搖頭說：「我也不想喝啊，但我能怎麼辦呢？」

在酒桌上，說什麼話才能讓對方舒服，自己又不難受呢？當然是對對方有了解，知道對方的喜好，迎合對方才能讓對方喜歡。所以，在參加之前，你可以查一查對方的公司是什麼背景，對方是哪裡的人，喜歡吃什麼，有什麼忌口，你們有沒有共同好友。永遠不要去打無準備的仗。在你說話的時候，你要學會眼觀六路，耳聽八方，察言觀色。比方說你講了一句話，你看有人臉色不對了，趕緊收起來，或者私下去敬一杯。有的人喝多了容易失態，哭的，喊的，破口大罵的，什麼情況都有可能發生。總之，參加酒局是一個非常累的事情，不是逼不得已，還是少在酒桌上談工作，因為很多事情

還得第二天清醒了再一起喝個茶進一步落實。

我給你分享三個場景，告訴你在酒桌上該怎麼講話。

第一，給主管敬酒。總的來說，就是表達對主管栽培的感謝。比方說：「感謝主管，我從什麼都不懂到今天能有一點小小的成就，都要感謝主管您對我的栽培，謝謝主管，我乾一杯。我也會在未來繼續給主管添磚加瓦，給公司創造價值，祝願公司愈來愈好。」

第二，如果給長輩敬酒，記住誇長輩年輕。比方說：「這麼久沒跟您一起吃飯了，今天仔細一看，您可真是愈來愈年輕了。祝您年年十八歲，永遠青春煥發。」長輩們往往都希望你誇他年輕，愈誇他愈高興。

第三，如果是同事、朋友，那就祝工作、生活、感情一切順利。比方說：「我提一杯，祝大家萬事如意，一切都好。」大家一起工作、一起玩耍，圖的就是開心，說點吉祥話挺好。

其實，也不是每一個飯局都需要喝酒，那怎麼做到不喝酒又不得罪人呢？我跟你分享兩個在酒局躲酒的方法。

第一個，早點打招呼，私下跟組局的那個人說。你可以提前跟組局的那個人說：「我今天實在喝不了酒，不知道我去方不方便？」你千萬別到了現場之後說：「我不喝酒啊，我酒精過敏。」人家組局就是為了開心，你當眾駁人面子，實在不禮貌。

第二個，找幾個很重要的藉口。比方說，「我最近有備孕計畫，不好意思，實在是不能喝」，或是「我剛巧在喝中藥，醫師說千萬不能喝酒」，或是「我今天吃了抗生素，喝了酒人可能就沒了。」

我給大家說一個特別不合格的理由，就是「我今天開車了」。每次我們有朋友以開車為藉口拒絕喝酒時，就有一些人反駁他。比方說：「你不就想證明你有一輛車嗎？開車好厲害啊，不過我有更

厲害的，我這裡有個叫代駕的方法，不知道好使不好使，要麼我來給你叫代駕吧，我付錢，你覺得怎麼樣？」所以，這不是一個好方法。

但是，我遇到一個情商特別高的人，他拒絕喝酒的做法，讓我受益至今。他說：「同志們，今天我真的喝不了，我在群裡給大家發個紅包賠罪，下次我來安排。」所以他一晚上沒喝酒。但他活絡了氣氛，大家非常喜歡他。

真的是絕了。

怎麼培養自己的自學能力？

樂吧：怎麼培養自學能力呀？

李尚龍回信：

　　樂吧，你好。自學能力是成人應該學習的一個重要能力，尤其是職場。如果一個人擁有強大的自學能力，在任何領域都是黑馬。不管是親密關係、上下級關係，還是朋友關係、親戚關係等各種關係，那種具有超強自學能力的伴侶、同事、朋友、親人，他們的存在都格外讓人放心和舒服。而自學建立在高度自律的基礎上，你要知道學習的必要性，理解自學的重要意義，才可能擁有高超的自學能力。所以，如果你想有高超的自學能力，一定要把閱讀、寫作和實踐結合起來，這需要時間的堆積和日積月累的堅持。

　　小學、初中、高中，老師可能還能手把手地教我們怎麼學習、怎麼解題，到了大學，沒有老師會像保母一樣陪在我們身邊，我們必須培養自己的自學能力。所以大學老師最多給我們指明一個大致方向，最後是得自學者得天下。

　　後來走進職場我才發現，尤其是大公司，你想有更好的發展機會，必須得有很強的自學能力。主管交給你的任務沒有給解決辦法，你要自己尋找方法，解決困難，完成任務。再之後，我開始創業，我更明白一件事，很多東西老師不是教的，甚至老師教不了你。因為這個問題可能只出現在你的領域，也可能只由你個人面對。社會

是一所大學，你要做的就是自學、找方法、避坑，然後找到回家和上升的路。所以你能看到很多輟學的企業家，他們雖然沒有上大學，但是社會就是一所大學，他們的自學能力太厲害了，所以很多問題都能迎刃而解。

如果你有孩子，最好讓孩子在十歲之前至少自學一門重要技能，比方說畫畫或者編程等。要讓孩子知道，學習不僅是老師跟課堂的事，更是自己的事。從小養成自學的好習慣，未來才會把命運握在自己的手中。

我們應該怎麼學會自學呢？這裡有三點非常重要的撇步，請你拿出筆跟著我一起學習。

第一，跟書學；

第二，跟課學；

第三，跟人學。

當你對一件事感興趣的時候，自學的可能性就來了。最好的方式是你先在網上搜一下相關話題，注意，這些都是免費的資料。比方說你想學烏克麗麗，網上先搜烏克麗麗的自學方法。想學英文，搜一下英文的自學方法。你會驚奇地發現，免費的都是最貴的。比方說你在網上搜四六級、考研、托福，你看到的一定是大量的廣告，而你浪費的是寶貴的時間。所以比較好的方法是，以自己喜歡和想成長的方向去付費學習。

第一步，去買書。千萬不要小看買書這個環節。在國外買書超級貴，你可以問一下你認識的國外朋友和留學生。有些書買下來要幾千元一本，你想要借閱一下可能也要幾百元，而且限期一個月之內必須還。相比而言，國內的書是真的便宜，不僅很多書五折包郵，還有大量的書你買回來也不會讀。

所以，請一定要讀書。你只用二、三十元錢就可以把一個作家在一年裡或者更長時間的思考模式帶回家，這真的是一件太划算的事了。現在買書也很方便，你可以去實體書店購買，也可以登錄購物網站購買，甚至說你想買什麼書，登錄網站搜索相應的詞彙，比方說經濟學、政治學、管理、談判、寫作、小說等，頁面馬上出現相關科目的推薦書籍。透過翻閱資料，你能得到第一手資料。當你有了相應的知識，覺得自己理解得不夠透徹、不透系統，翻到書的背面往往有 QR Code 或者 APP，手機掃碼加入進去，恭喜你進入線上教育的世界。

按照慣例，這個時候你會遇到很多有意思的老師，他們分別負責這個學科的多個分支。就拿英語來說，至少會有聽、說、讀、寫、翻譯五個分支，選擇自己感興趣的老師報名他的課，有線上的，也有線下的。線上的課你直接購買就好了，應該也不貴。但線下的課你可能需要報名，因為線下會手把手教你怎麼學習。

行業的規範就是這樣的，線上的課便宜一些，因為成本比較低，線下的課貴一些。聽的專欄價格比較低，有交付的訓練營價格比較高。一年的課程價格高，但是效果可能更好，時間愈長，交付的效果肯定愈好。

培訓課程有一個原則，就是永遠不要相信速成，這世上沒有什麼專業技能是速成的。二十一天看似可以養成一個習慣，但不會幫助你掌握一個技能。無論你多麼有天賦，你都要明白時間的累積是最重要的。

等你上完了或者上夠了這個領域所有的線上課，甚至參與了一些有必要的線下課的時候，恭喜你，你會進入一個專業領域的圈子。這個時候你會遇到你的老師、你的同學，這些人很快會跟你相處成

朋友，其中有些人會把你帶進一個屬你們自己專業的圈子。

在這個圈子裡你能了解到更多可能連網上都沒有的資訊，而這些資訊往往是私密的、獨一無二的、經典的、精華的。接下來，有意思的事情來了，愈小愈菁英的圈子聚集起來，愈容易賺到錢。

你仔細看，身邊多少賺錢的消息是公布於眾的呢？賺大錢的消息一般都是在小圈子裡萌發出來的。這個時候你已經是這個行業裡的一分子了，你要麼可以出山走進職場，要麼可以開課當老師，收回你當時的學費。另外，你會發現還是要活到老學到老，沒有哪個老師可以陪你一輩子，你只能靠自學。請注意，自學真的是王道。

所以，找一個方向，跟書學，跟課學，跟人學。

備孕中被降薪怎麼辦？

卡伽同學：龍哥，您之前說應該先解決好溫飽再去換工作，所以疫情的時候公司降薪，我欣然接受。目前公司已公告恢復所有部門的薪資，但我們部門的四個人除外。您說老闆是不是鐵了心要降我們的薪？我在公司工作六年了，被老闆這樣一弄，感覺升職加薪根本沒希望，一點前途也沒有。問題是，我現在處於備孕中，換工作對已婚未孕很不友好，現在兩難。想聽聽龍哥的建議。

李尚龍回信：

卡伽同學，你好。大環境不好，不管是裁員還是降薪，都是企業開源節流的正常做法。裁員意味著公司用不著你了，降薪意味著公司還用你，只是現在你不值這個價了。有的公司是給你降薪，同時你也不用工作那麼長時間，變相給公司節約成本。而有的公司開始降薪是因為實在扛不住了。這個時代，當老闆的人沒有現金流，做什麼都沒意義。無論這個公司有多少人，上游沒有錢，下游也不可能會有更多的資金幫助運轉。上游公司運轉不下去，下游的家庭運轉不過來。

公司其他部門的薪資都恢復正常了，你們的卻沒恢復，這件事很蹊蹺。正常情況下，公司的薪資都是保密的，就算公開，也會給出合理的理由。所以你要確認你的訊息來源是否準確，如果是公司同事私下跟你閒聊說起的，可能只是他的隨口一說，不足為信。很

多人為了自己的面子，就把自己的薪資說得很高，實際上可能只有他說的一半多。所以，先管好你自己，再去想別人。

以我的經驗，老闆這麼做有兩種可能：第一，他認為你們不值得那麼多，所以他不想再花更多的錢養你們。第二，逼著你們走，他好不賠「N+1」。因為你主動離職，老闆就省掉了「N+1」。想讓主管給你調薪，最好的方法只有一個，先讓主管吃飽。千萬不要覺得這個說法很奇怪，實際上這才是真實的人性。如果老闆自己都入不敷出了，他怎麼給你調薪呢？職場本來就是殘酷的，離職之前一定要想清楚，所以請你務必要斟酌。

請你記住，備孕跟調薪是兩回事，因為你調不調薪或者能不能回到原來的水準都跟你備孕無關。生孩子這件事你不要太焦慮，順其自然就好。每個備孕媽媽或多或少都會害怕因為多了一個孩子或是有了多個孩子，自己現有的生活水準會下降，然後焦慮得不行。其實缺錢是這世上大多數人的常態。就算是億萬富翁，可能也會擔心自己有了孩子後生活品質下降。所以，缺錢與生不生孩子關係不大。與其現在焦慮，不如接受現實，看看身邊誰最能賺錢，找個時間拜訪一下，看看人家能不能帶你一起玩。愈是經濟寒冬，愈要抱團取暖。多參加聚會，多與人交流，說不定就柳暗花明了。

另外，不是換工作對已婚未育不友好，世界上百分之九十九的女性在職場中都會面臨一個不好處理的時期，就是產假期間。按照中國《勞動法》的規定：「女職工生育享受不少於九十天的產假。」產假期間的薪資按本人薪水的百分之八十發放，這就意味著公司要投入大量的成本進去。更有甚者，有人休完產假，拿完公司的錢就離職了，等於公司白養了幾個月。所以，有的公司在招聘員工的時候對女性有諸多限制也可以理解。可是，作為普通人，我們應該怎

麼辦呢？這裡有三點建議，你可以記下來：

第一，**發展副業**。工作之餘不妨找個副業來做。有時候副業可能比主業還賺錢，主業讓你謀生，副業可能讓你謀愛。

第二，**騎驢找馬，尋找可靠的機會**。比方說考研、考編，或是找一份可能賺錢的工作。

第三，**多去見人**。不管是線下還是線上，多與人溝通。但是要記住，線上訊息真假難辨，不如線下訊息可靠。如果線上、線下都可選，優選線下的工作機會。

最後，在個人經濟狀況不好的時候，不要做任何大的決定。比如說創業，比如說裸辭，比如說結婚，比如說生孩子。

希望以上建議對你有所啟發，希望你多賺點錢，好好生活。

<table>
<tr><td>

第
55
封信

</td><td>

生活需不需要鬆弛感？

</td></tr>
</table>

Scold：龍哥好，我總感覺自己的壓力很大，我該怎麼辦？

李尚龍回信：

　　Scold，你好。前段時間有個詞很火，叫「鬆弛感」。所謂鬆弛感，就是你可以不去追求別人對你的評價，不去追求和別人過分的比較。你只去追求自己內心深處真實的想法，想做的事情，想實現的夢想，想成就的自己。

　　你有沒有想過，為什麼「鬆弛感」能火呢？其實這個詞是一個隱喻，它意味著每個人都在背負自己的重擔。而這個時代裡，沒有人可以逃離永無止境的重壓。大家可以去看一看尼采的《悲劇的誕生》，它是一次一次的循環，一遍一遍的折磨。這意味著另外一件事，就是「鬆弛感」是一種大多數人都缺失的東西。

　　這個世界給每個人的壓力太大了。尤其是當你到了大城市，巨大的壓力如影隨形。每天叫醒你的不是鬧鐘，可能是壓力給你的生理時鐘。但我並不是否定壓力的必要性，因為人有了壓力才會有動力。小時候讀《約翰‧克利斯多夫》，裡面有個情節我一直不太能理解，在小說的結尾處，有一個叫克利斯多夫的聖人，同時他也是個巨人。這個人不僅力大無窮，而且能力很強，他不停地把人從河的這邊渡到那邊。可是有一天他看到一個很小很小的小孩，他幫小孩渡河。他把小孩背在身上，但是當他背著孩子走到河中央的時候，

突然電閃雷鳴，河水氾濫，差點把他淹死。好在最後他還是成功上了岸。上來之後克利斯多夫說：「我以為我會因你而死呢。你這麼小，就這麼重，就好像整個世界壓在我的肩上。我在這裡生活，我幫助那麼多人過河，我還沒有看過你這麼小又這麼重的人呢。」就在那一瞬間，這個孩子消失了。然後一轉眼，光輝熠熠的一個神，也就是耶穌，出現在了克利斯多夫的面前。這個神說：「克利斯多夫啊，你剛才扛的可不是小孩子，你扛的是我。你在過河的時候背負的就是全世界。」小時候我一直弄不清楚這句話到底在說什麼，可是人到中年，尤其是到了三十歲之後，感覺自己背上的壓力愈來愈重，尤其是當我開始有了自己的責任感的時候。我突然明白，其實每個人都是克利斯多夫，無論你是否力大無窮，你是否能力十足，你都要背負自己的「上帝」，每個人也都沒有喘息的機會。

可是，為什麼有時候你會覺得背著「上帝」並不累呢？因為有些「上帝」是你心安理得背負的，它可能是你的愛情、你的家庭、你的事業，你的文學、你的理想，你曾經熱愛的一切，甚至是一個更好的自己。從這個角度來說，有了這些壓力，你的渡河才有了意義。因為你背上了自己的上帝，你才有可能活成聖賢。

所以，我想告訴你，我並不反對壓力。但是在這個時代，你發現你背著的不僅是那個孩子，還有好多你意想不到的石塊。這些石塊不知道哪裡來，但就是奇重無比。後來我們分析才發現，這些石塊都是後天壓在你身上的，它來自外在的評判以及和別人的比較。比方說別人買了學區房，我也要加班加點弄一棟；比方說別人一個月賺了一萬元，我也要一個月賺一萬元；比方說別人的公司上市了，我的公司雖然小，但也得定個 IPO 的理想吧。因為懼怕別人的負面評價，害怕社會把你比下去，害怕跟別人比較輸了，所以你開始不

停地往自己背上加石塊，結果就是生活的壓力愈來愈重，直到壓垮你自己。

為什麼很多人最後過不了那條河？因為當石頭愈來愈重時，你根本沒辦法走到你理想中的彼岸。或者，你走著走著，發現河的對面根本不是你想要的彼岸。我在過去一年深陷這樣的危機，我有很多想法，可是做著做著就背離了初衷，我還讓自己愈來愈累。我的手機從來不離手，訊息從來都是秒回。我想我都這麼努力了，但是我還是做不到最好，感覺這世界沒了我就是轉不起來。所以前些時間我去了一趟西安，下午的時候我竟然想睡一覺。我已經好久沒有午休了，那是我第一次難得進行了一次午休。我關掉手機，睡了快一個小時。那一個小時睡得天昏地暗，然後我從夢中突然驚醒，趕緊去找我的手機，我發現手機裡並沒有什麼人給我發訊息。天沒有塌下來，也什麼都沒有發生，我還是我，世界還是那個世界。

我打開窗戶，外面下著淅淅瀝瀝小雨。窗外陰雨濛濛，我抬頭一看，天上全是雲彩。路上的行人慢慢地行走著，我突然意識到，人本來就應該活成這樣。原來沒有高樓大廈，沒有手機、電燈的時候，人們的生活就是如此。什麼時候我們把自己變得如此焦慮呢？

我經常鼓勵我的朋友無論多忙，都要給自己放空一段時間。換個城市，換群身邊的人，換一個安靜的地方，哪怕只有幾天，關掉手機，不和外界聯繫。

是的，我們無法改變世界，也無法從不得不承擔的巨壓中擺脫。但是，透過這種短暫的放鬆可以讓我們得到片刻喘息，讓我們去思考自己到底要什麼，還有什麼是可以做的，什麼是可以放棄的。

有時候這種巨壓只有透過短暫的逃離才能看得更清楚。就像你看書一樣，如果你貼得太近，可能看不太清楚。可是你稍微放遠一

點，一切都清晰可見。

　　所以，適時放空自己吧。它能幫你逃離你以為的壓力，你以為的恐懼。你會發現，有些問題不是問題，而是你自己放大了問題。

第56封信　對未來沒有信心了，怎麼辦？

松：我對現在的大環境沒有信心，我對自己也沒有信心了，我應該怎麼辦？

李尚龍回信：

　　松，你好。

　　現在大家對大環境好像都沒什麼信心。就拿我自己來說吧，不久之前，我給一個勾搭了很久的投資人打電話，這個人一直不接我電話，我原來以為是我的商業模式不好，或者是他不願意投我。可我們之前一直聊得很好，甚至雙方都已經簽了意向合約。也就是說，他確實要簽我，而且他要給我投錢，如果說他不給我投錢，他就違反合約了。可是，意向協議都簽了，對方就是不打錢。後來我給他發了好幾次訊息，他都沒回。

　　後來，有一天我又給他打電話，他突然就接了。我們聊著聊著，他跟我說了一句話。他說：「尚龍這樣，你也別跟我聊業務了，也不用告訴我你這事有多可靠。我已經被我所在的機構優化了。」在互聯網大廠待過的人都知道，優化就是被開除了。你看，地主家也沒餘糧了。過去一年，我見了很多投資人，整體的感覺就是他們對未來也沒有信心了。而且在可預見的未來裡，沒錢的企業基本上沒有什麼機會融到資了，只能自給自足。

　　上週，我還見了一個投資人，我本來想找他投資，他反而問我：

「你覺得你能不能幫我一個忙？」我說：「我幫你什麼？」他說：「你能幫我出本書嗎？」我都詫異了，說：「你這麼有錢，還要寫書啊？」他說：「我現在的目標就是謹防手欠。我不想投錢，也不想亂動自己的口袋，所以就想寫點東西度過寒冬。」你知道這樣的投資人，這樣的投資機構真的不在少數。大多數的人，包括大多數的 PE（私募股權投資）、VC（風險投資），就算很有錢，他們在投資的過程中也非常謹慎，可能也不會投資了。還有一些機構因為他的 LP（有限合夥人）施壓，不躺平可能也破產了，或者不破產也不會再投了。

　　講這麼多好像跟你沒什麼關係，其實關係可大了。投資行業的萎靡意味著人們對未來看不清楚，再直白一點說，就是對未來已經沒有任何信心了。投資人沒有信心，那企業家呢？答案同樣是沒有。很多企業家已經陷入絕望，尤其是前幾年拿到投資的那批人。前段時間，我見到一個做鋼琴教育的朋友，我們下午喝了杯咖啡，他在四月份的時候現金流就已經斷了。不知道哪裡來的勇氣，這哥們竟然抵押了一間房子，就是為了給公司七十多人發薪水。但是，很可惜，他依舊沒有把自己的商業模式跑正，他的錢很快又燒完了。前些時間做公司最後清算的時候，他的公司從原來的七十多人裁員到只剩四個人，幾乎是完全躺平了，他自己還欠了一屁股債。好幾個員工還在起訴他，讓他去賠償「N+1」。

　　那天我們一起喝下午茶，我們先是聊業務，聊了一會兒，我問他：「你現在過得這麼慘啊，那你結婚了嗎？」我以為他說沒結，結果就那一瞬間，我們一滴酒也沒喝，他的眼淚「唰」就流下來了。他說：「我對不起我的老婆跟孩子。」我才知道他的老婆在外面教書，現在正在幫他還債。他老婆是個化學老師，每個月月薪也就一萬元出頭，而孩子剛剛三個月，還需要奶粉錢。他的眼睛一下濕潤了，

我趕緊站起來拍一拍他的肩膀。

因為大多數企業跟之前的融資規劃背道而馳，現在只能自給自足，現有的業務如果不能靠未來去講故事，那就只能靠現在。而現在現金流突然出現問題了，發不起員工的薪水，只能被迫裁員。這樣的企業太多了，數不勝數。也正因為如此，我當時在網上寫了一篇關於國慶後失業潮的文章，竟然達到了「十萬＋」的閱讀量。說實話，我為那個數據感到悲哀，感到難過。

換句話說，員工和普通人有信心嗎？答案依舊是沒有。失業意味著消費降級，還不起車貸、房貸，買不起孩子的奶粉錢，自然也就沒了信心。員工的失業率高，意味著依靠消費拉動經濟開始變得困難。消費市場如果遇到萎縮，就意味著失業率更加飆升，一個商店可能用不起一到兩個人。你想想看，人們該怎麼去找工作呢？所以市場上的職位數量開始下降，大學生的失業潮就開始蜂擁而至了。

據相關數據統計，二〇二二年大學生的失業率竟然高達百分之九十九・九，這意味著什麼呢？市面上的職位數量開始下降大家自然就不太好找工作了。總的來說，愈來愈多的人，無論是上層、中層還是下層，都開始沒了自信，這確實不是一個好消息。

前段時間我走在路上，突然發現很多外賣騎士是女性。路邊上的流浪貓、流浪狗開始變多。還有很多東西是我們不知道的。所以，我沒有什麼好的建議，作為普通人，我們至少可以做到以下幾點，請你做好筆記，一定要用到生活裡。

第一，厚積薄發。我經常跟我的朋友講，什麼叫厚積薄發？就是人生處在低潮的時候，要多積累。你只有厚厚的積累，才能在很薄的時候發出去，有機會的時候衝到一線去拚。所以，如果暫時沒有機會，就去讀書，去學習，去積累。總之，保證自己在這段寒冬

裡有所提升，接觸到新鮮的知識。

第二，**記錄每一天**。記錄這段日子每天做了什麼，什麼心情，什麼思想，一一寫下來。記錄是對抗衰落最好的良藥。

第三，**和人保持交流**。居家期間也要和人保持交流。哪怕是閒聊，也要和那些有能量的人多接觸。就算見不到面，也不要斷聯。人有個特點，一旦斷了交流就容易消失在人海中，保持跟能量高的人去交流。

第四，**開源節流**。降低消費，尋找副業。只要能靠自己雙手賺錢的事，別管別人怎麼說，你先活下來。

第五，**保持健康**。多活動，勤鍛鍊，爭取迎接下一步的戰鬥。

共勉！

<table>
<tr><td>第
57
封信</td><td>壓力太大怎麼辦？</td></tr>
</table>

杉杉：龍哥，我壓力太大怎麼辦？

李尚龍回信：

　　杉杉，你好。

　　在這個時代，好像每個人每天都會有兩次壓力，一次在白天，一次在夜晚，白天持續十二個小時，夜晚也持續十二個小時。

　　壓力分成五種：財務壓力，沒錢了；健康壓力，身體不好了；人際關係壓力，和人的關係出現了問題；生活壓力，生活狀態很糟糕；我們所愛的人給我們的壓力，好像誰都沒辦法避免。

　　跟大家分享一個很重要的清單。這個清單，可以轉發給身邊的好朋友，告訴他們一定要學會規避壓力，和壓力成為朋友。

　　第一，自我監控。這個方法很重要。什麼叫自我監控？就是每天早上、中午、晚上分別在你的筆記本上記錄三次測量數據，根據你的感覺填寫一個從 0 到 10 的數字。10 代表著壓力非常大，你已經快崩潰了，而 0 代表你很舒服，感覺自己已經快睡著了。接下來的一週記錄你的狀態，看看哪些事情會讓你的壓力值飆升，哪些事情會讓你的壓力值下降。見什麼樣的人會讓你的壓力值上升，見什麼樣的人會讓你的壓力值下降。長期的自我監控能夠讓你感覺到壓力瞬間降低，如果你能堅持一週，你會發現自己的狀態愈來愈好。

　　第二，大腦分離。人的大腦會分泌很多荷爾蒙，比方說壓力來

的時候會分泌大量的皮質醇，讓你的壓力倍增，你會感覺自己受不了。但記住，皮質醇的作用最多也就二十分鐘。所以請保持冷靜，當一件大事發生的時候，二十分鐘之內你肯定能恢復到正常水準。想辦法讓大腦跟身體分離，時刻提醒自己目前感知的並不是真實的。其實，我們的大腦每天都會產生八萬個想法，絕大多數都是消極的。所以請你一定要提醒自己，我們大腦出現想法只是我們感知上的，並不是真實的。你以為天塌下來的許多壓力，壓根就不存在。

第三，正念練習。這個練習在很多中產以及創業者群體非常火，因為當人有了一定的財富積累的時候，有可能遇到心態的崩潰。我也練習過很多次，每一次練習都能變得很好，壓力減輕很多。比如，你可以在洗澡、吃飯、散步，或者休息的時候拿出十分鐘去練習它，狀態就會特別好。簡單來說，就是以下五步：第一步，選擇一個意識對象。比方說音樂、呼吸、食物等比較容易集中精力的事情。第二步，把全部的注意力集中在這個意識對象上。第三步，如果走神也沒關係，不要抱怨，不要指責，不要批評自己，也不要評判自己沒有集中注意力。第四，繼續關注手頭上的事情。第五步，不斷重複第三步和第四步，直到你的壓力開始減輕，你的狀態開始愈來愈好。

第四，腹式呼吸。這種呼吸方式特別的關鍵，一個處於放鬆狀態的成年人每分鐘呼吸十二到二十次。但是壓力下的人的呼吸頻率顯著加快，大多數人都是用胸部呼吸。嘗試讓自己把呼吸到的空氣吸到腹腔裡，然後加長呼吸的時間。請你記住，一旦你遇到事情，就將所有的事情順著這些呼吸吸進小腹，然後一口氣呼出去，壓力一下就會小很多。

第五，停止過分擔憂。仔細分析一下你的擔憂，基本上都是對

未來不確定的迷茫導致了你的焦慮。我有一個方法給你推薦一下，就是準備一根橡皮筋套在手上，作為一個視覺和身體的提醒，然後密切關注自己的壓力。一旦你開始過分擔憂，就彈自己一下，提醒自己快停下來，一定要停下來。

第六，感恩練習。我的一個朋友叫劉軒，劉墉的兒子，也是大作家。劉軒每天帶著孩子做感恩練習。一開始我沒太懂，後來看見他的孩子一直開開心心，茁壯成長。我突然明白了，感恩不僅能讓別人開心，更能讓自己幸福。所以，一個練習的方法跟你分享一下：第一個，每天花幾分鐘日常感恩。比方說感恩這頓飯，感恩這個床，感恩這個小房間，感恩你見到的人，感恩今天的天氣。第二，寫一封信。可以給對你生活產生重大影響的人寫信，對你生命重要的人寫信。第三，說聲謝謝。要認真表達感謝，不要敷衍。或者可以閉上眼睛勾勒出那個人的樣子，然後默默地對他說一聲「謝謝」。第四，寫感恩日記。每天哪怕花五分鐘時間寫一篇感恩日記，你的長期幸福度都能增加百分之十。

第七，提醒自己「叫生活不只有工作」。現在，你就可以停下來對自己說：「生活不只有工作。」你會發現壓力瞬間減輕了很多。你可以問自己兩個問題：第一個問題，你長時間這麼拚命工作，是因為你熱愛這份工作，還是因為你一不工作就害怕、焦慮呢？第二個問題，你的靈魂到底是想成為別人，還是想成為更好的自己？試試從今天開始這樣問問自己。

第八，數位排毒。我前段時間我帶著團隊去露營，親近一下大自然。一開始我焦慮萬分，把手機關了嘛。過了一個小時，我的狀態就好了很多。後來，我感覺我那一天的狀態非常美好。有這樣一個數據，說我們當中重度依賴電子產品的人每天看手機的次數高達

一百五十次，每天觸摸、打字的次數能超過二千五百次。結果就是每天匆匆忙忙卻失去了專注這樣一件事情。當一個人失去專注力，生活就處於被動，壓力開始增大。所以，每週你要有自己專屬的時間去隔絕電子設備，哪怕只有幾個小時也好。我們這裡有個建議，不要把手機當鬧鈴。一旦你把手機當鬧鈴，早上起來碰到的第一個東西就是它。

第九，飲食、睡覺和鍛鍊。這三個我就不多說了，推薦三本書給大家，分別叫《輕斷食》、《脫髮自救指南》、《史丹福高效睡眠法》。

第十，積極溝通。如果你的人際關係一塌糊塗，壓力就會很大。所以千萬記住，讓自己積極起來。比方說你要把消極陳述變成積極陳述，非暴力溝通。假設你想跟你的伴侶講：「你最近都沒時間陪我。」你可以改成：「我最近都見不到你，我十分想念和你在一起的時光。」

重塑語言就是重塑思維，重塑思維本身也是重塑壓力。

第58封信　找工作的祕訣

小銘：龍哥好。一直以來我都在跟隨你，想跟你分享一下我的現狀。我畢業後一直在上海工作，已經三年了，就在上個月，我被優化了（被開除）。我比較自信，原以為憑我在互聯網大廠積累的運營經驗，工作應該很好找。但是，我投出去的履歷都石沉大海，稍微大一點的公司都沒有水花，只剩下特別小的，看起來沒什麼前景的公司我也不想去。我現在很迷茫，不知道該怎麼辦，也沒跟爸媽說我的事。想請龍哥提供建議。

李尚龍回信：

　　Hello，小銘，我先給你講一個找工作的祕訣。找工作最好的方式不是海投履歷，而是先從一個小圈子開始尋找弱關係，看能不能找到合適的。接著再去尋找一個圈子的朋友，看能不能幫忙推薦，到最後才是海投履歷。因為工作的發布邏輯是這樣子的，假如我的公司有一份工作，這份工作的薪水不錯，待遇也不錯，我第一時間一定不是發到人力銀行網站上，而是看能不能進行內部推薦。如果內部的人沒辦法推動，第二步就是看看我的朋友圈有沒有可靠的人能夠推薦。等到這兩個途徑都沒了，我才會想到第三個辦法，就是發到網上讓別人海投。

　　所以，你光靠投履歷找不到工作很正常，因為這並不符合找工作的邏輯。我們找工作一定是先從內部圈子消化，然後再放到其他

圈子去。更何況，現在每年畢業這麼多學生，大家的經濟壓力都這麼大，有工作的不會輕易辭職，沒工作的拚命想找工作，所以工作怎麼可能好找呢？我們都沒有辦法打敗時代的趨勢，我們只能戰勝自己。

現在，大廠在裁員，小廠不招人，大城市不好留，小城市不好待。所以，你不妨考慮一下降級生活，就是租的房子小一點，條件差一點，不是非必要的東西盡量不買。還有需要考慮的是，你真的要留在上海嗎？如果沒有必須留在上海工作的理由，要不要考慮去其他城市試試？特殊時間要有特殊手段，否則誰也活不下去。從這個角度來看，為什麼小公司就不適合呢？你的目的難道不是先活下來嗎？只要你願意，哪怕作為一個超級個體，你也能活下來。

我有個好姊妹，原來在互聯網大廠上班，一個月薪資有三萬五千元，相當高了。後來不知怎的，她突然被裁員了。然後她自己在網上找單位代繳社保，又找了幾個人，希望創業拿到融資，就這樣在北京空檔了兩個月。最後你猜怎麼著？她一分錢也沒融到，因為現在的互聯網行業跟當年已經不太一樣了，大家都沒什麼多餘的錢。後來我們一起吃飯，我跟她說了一句話，就是「期待降級」。

我覺得這四個字，可以送給每一個在這個時代的人。在大環境不好的狀態下，每一個人都應該學會這四個字。現在，這位姊姊去了一家小公司去做總裁助理，一個月一萬五千元，降了一大半。但新工作有不用待在辦公室的權限，也有一年三十天的年假。我問她怎麼跟老闆談的，她說沒怎麼談，反正就先這樣待著吧。我當然知道她這麼一個能力很強的人去了那家小公司，可不得被人供著啊。或許她也覺得委屈，但她也認認真真去上班了。人啊，一定要順勢而為，當大事不順的時候，最好是躲在一個地方別動，或者讓自己

就這麼待在舒適區裡算了。但當時代開始熱鬧的時候，趕緊折騰起來，這是普通人要做的。

當然，對於那些天才來說，我的建議是隨心而走。這些人是時代的寵兒，他們不用擔心時代是好是壞，他們無論在多麼糟糕的環境裡，都能找到屬於自己的春天。但這樣的人確實不多。如果你是這種人，你也不用管我說的時代、趨勢之類的話，你自己就是自己的時代跟趨勢。比方說羅永浩，他無論在哪裡都是趨勢。在融資極其不順的狀態下，他竟然從美團融到四個億的人民幣。他好像有使不完的力氣，我是真的羨慕他。

除了找工作，我還有一個建議，就是假設你有一天空閒的時間，就去讀書，去請教高人。假設你有一年或兩年的閒暇時間，你就去讀個 MBA 或是考個研究生都不會錯。投資任何人都有可能虧本，只有投資自己是穩賺不賠的。

愈到後面你愈會發現，生活的本質就是愈強的人選擇會愈多，愈弱的人在時代的變遷下選擇會愈少。簡而言之，站在高處的人總能看到光。就好比你是個老闆，你大不了關了公司，重新去找工作。你是個專才型的人，大不了換個地方繼續施展拳腳。但如果你什麼也不是，什麼技能也沒有，當大風過去，大浪襲來，你真的就要面對煎熬了。

我曾經給大家推薦過一本書叫《反脆弱》，書裡告訴我們要成為反脆弱的人。也就是說，在這個時代千萬不要一條腿走路，而要學會多條腿走路。如果你只有一條腿走路，一旦被砍掉，生活就會出現問題。

我的建議是，你至少要有三條路可以讓自己活下來，因為三腳架往往是最穩的。發展副業，磨礪愛好，保證主業的順利發展，是

這個時代超級個體最厲害的法寶。原來這個世界需要一種叫做「倒T型人才」，也就是要一專多能，一個專場，多項能力。可是現在這個時代發生了變化，如果你的專長跨進了人工智慧這個領域，你可能會遭遇重創。比方說你學的是播音主持專業，你可能很快就失業了，因為這個時代更需要的是 π 型人才。所以，你最好是多才多能，收入多樣化。

當大環境不好的時候，或者本職工作不好的時候，副業能夠幫你抵擋風險。我身邊好多朋友都是這樣，他們的副業發展得比主業還要好。後來副業成了主業，再去尋找新的副業，成為生活的高手。所以這也是我告訴你的，抵抗風險最好的方式就是擁抱風險，並提高自己反脆弱的能力。

加油啊，朋友。

<table>
<tr><td>第
59
封信</td><td>## 創業帶給我最大的啟發</td></tr>
</table>

路易莎：龍哥，作為一個創業者，這一年你有哪些成長，能不能和大家分享一下？

李尚龍回信：

路易莎，你好。我創業也快兩年了，最大的感受是創業真不是一般人能幹的，尤其是做一號位的時候。我剛好有幾點心得，分享出來，希望對你有用。

第一，用錯人，全都錯。什麼叫用錯人呢？就是這個人放在這個職位，公司沒賺錢。我們就用了這麼一個人，還用了一年多。這一年多裡，他不僅什麼都沒做，還把公司上下的人際關係攪合得很緊張。一會兒打聽公司上下誰的薪水高，誰的薪水低，一會兒利用訊息差給自己謀私利。這個人前前後後找了我好幾次，說要調薪，我也是心裡軟，一次性給他調到一個月一萬五千元。後來，準備開除他的時候，他還在嚷嚷著要公司賠他「N+1」，我當然還是賠了，懶得再跟他糾纏。我之所以難受，是因為我感覺自己用錯了人。這並不是第一次用錯人，所以就更為難受。上一次是公司招了一個新媒體的主編，業務能力也是不行，但因為跟我關係還好，聊天聊得很爽，所以我也不好說什麼，但他的部門業績每況愈下，讓我也是憂心不已。後來我明白一個道理：職場上沒有真正的朋友。一個人用對只有一種情況，就是這個人放到這個職位給公司賺到錢了。如

果這個人不能給公司賺錢，無論他跟你關係多好，喝多少酒都是錯的，盡早把他開除掉。這是血淋淋的教訓。

第二，「**勢能**」很重要。我這段時間為什麼頻繁出來直播呢？答案很簡單，因為已經臨近雙十一了。雙十一就是「勢」，電商行業造的「勢」已經造了好幾年了，人們因為電商行業的興起，會潛移默化地在這段時間去買東西，而且已經養成了消費習慣。所以這段日子有了所謂的「勢能」。假設現在是六一兒童節，我直播的時候無論有多努力，可能也賣不出去幾單。這就是「勢能」的力量。

當你是個人時，你可以是一個很厲害的人，一個超級個體，甚至可以逆風飛翔。但是，做公司時，你必須帶領團隊順風前行。當大勢不好的時候，該躺平就躺平；當大環境變好時，趕緊投入環境，做最好的自己。

第三，**關注優勢，找別人給你彌補劣勢**。什麼樣的公司是最容易死呢？答案並不是小公司，而是大公司。現在很多公司都是胖死的，尤其是那些拿了錢的公司。早年很多教培公司都是因為拿了大公司的錢和流量，資本讓他們變現，他們只能做一堆自己都不懂的課和內容，擴張自己的邊界。人招得太多，業務開展得太大，最後自己把自己胖死了。而真正聰明的公司，就兩三個業務，幾十個人，一年掙個千萬元綽綽有餘。這樣的公司通常只關注自己的優勢，至於劣勢，找人彌補就好。真的，沒有必要面面俱到，什麼業務都擴張。

第四，**充分利用互聯網**。招聘過這麼多人，我發現一個問題，就是在北京、上海、深圳這樣的地方，人力成本很高。於是，我跟朋友請教，他們說可以試試在外地的工作夥伴，可以讓他們線上辦公，不貴，還不用上五險一金。我試了試，效率和效果是真的好，

而且能力也不差。最重要的是可以聯合線上辦公。真的，員工不用待在辦公室，老闆不用盯著，只要業務數據還在往上走，錢還在賺，其他什麼形式都無所謂。 多說一句，現在這個時代，很多公司並不需要建立高大全的上市公司的模式，小而精悍反而能賺大錢。幾個人一年盯幾個業務，能做到一兩個，就能讓這幾個人做得很好，也能過得很好。

　　第五，在利益面前不要過高估計人性。前段時間，我的一個哥們的公司裁掉一整個部門。通知裁員那天，公司怕有些人鬧著不走，直接找了四個律師跟六個保全人員。那個部門每一個人一上班，第一時間先讓律師發函，然後讓保全人員架走，電腦收走。聽說最後還是鬧得雞飛狗跳，一群人亂哄哄的。有一個女孩，平時特別斯文，臨走前竟然在門口大叫：「我昨天加班四十二元的餐補，難道你們不打算報銷了嗎？」你請他一頓飯，他會感謝你。你請他一年的飯，他會問你：「唉，你週末為什麼不請我啊？」這就是人性。不要高估人性，也不要貶低人性，跟著利益走，你能看懂人性。

　　第六，專注業務，其他都不重要。雖然經歷了這麼多不順，但我始終堅信有一種人可以成功，就是牢牢盯著目標的人。愈是經濟下行，愈要緊盯目標。不要盯著對手，賺錢才是王道。

跟主管提加薪應該怎麼提？

小莉：龍哥，有個問題困擾了我好久。因為從小不善於跟老師交流，我的學習愈來愈差；因為不會和父母交流，我跟父母的關係也不好。現在進入了職場三年，總是不能很融洽地融入團隊，最終被團隊拋棄。跟上級主管的關係也處不好，兩次提出加薪都沒有透過。我現在在職場裡進退兩難，處在辭職的邊緣。我應該怎麼去溝通呢？

李尚龍回信：

小莉，你好。這看似是一個怎麼跟主管提加薪的問題，但其實是溝通的問題。如果你不會溝通，我建議你先去看我的《一小時就懂的溝通課》。那本書裡，我把所有關於「術」方面的溝通都分享了。至於「道」方面的東西，你可能需要再花時間去領悟。

我希望你明白，跟主管提加薪絕對不是靠口才。如果他肯跟你調薪，就說明你值那麼多；如果他降你的薪，就說明你不值那麼多。當傑克‧威爾許的助理被問及「你有什麼價值」的時候，他只說了一句話，他說「這十五年的時間，我大概幫傑克‧威爾許節省了二萬個小時，這相當於每週給他多省一天的時間。」一個每週能給頂級 CEO 多省一天的助理，你願意為他支付多少錢呢？這是一個非常有想像力的價值投資。接下來這個錦囊你拿好了，十點撇步分享給你。

第一，公司賺錢的時候提加薪。每年的第三季度或是第四季度，

公司賺沒賺到錢已經很清楚了。如果公司賺錢了，可以找主管談。但不管你是跟主管談心，還是很務虛的聊天的時候，你都要給主管透露一個訊息「我很窮」。一般主管會給你打打氣，說：「哎呀，年輕的時候都是這樣，我原來也很窮。」然後在某一個節骨眼上，他該給你漲就給你漲了，不給你漲也沒辦法。

第二，**弄清楚兩種邏輯**。員工的邏輯是希望公司為過去付費，公司的邏輯是願意為未來激勵和付費。站在公司的立場，加薪是希望你可以產生更多的收益。所以，當你了解清楚公司的付費邏輯，你就應該明白談薪水的時候不要說：「你不給我多少薪水，我就去其他公司。」你要說：「我有一個方案能給公司賺到更多的錢，請公司用錢來激勵我吧。」這樣的話術通向未來，只要你有能力做好，加薪指日可待。

第三，**合適的時機**。如果你想好了就是想加薪，我的建議是提前半個季度或一個季度。不要在調薪日去問，因為這個時候已經來不及了。最好是在第三季度剛開始的時候，或是年中總結的時候，或者一個項目剛剛收尾，並且尾收得很好的時候。千萬不要在項目發展的重要關頭談加薪，容易讓主管覺得你在威脅他。

第四，**加薪不一定是加錢**。有時候你加的薪水愈多，繳的稅也就愈多。所以相比較而言，聰明的辦法是選擇和公司共同進步。比方說請求公司給一些培訓，參加公司組織的旅遊度假，或者附上本人和家人的健康保險。有時候這可能比拿了現金再去購買這類服務划算得多。尤其是年輕人，不要總是要錢，可以考慮要點其他東西，只要適合自己成長的一切獎勵都可以。

第五，**最好能在週三、週四跟老闆開口**。首先，週一不是個好時間。因為週一早上大家特別忙，可能會忙一天，各種例會呀，

PPT 呀。其次，週五也不是好時間。因為週五晚上老闆可能要去應酬，沒時間聽你的要求。所以你要找一個好的時間去問他，最好能在他狀態很好的時候，想要說話的時候。建議是下午四點左右。很多老闆下午四點三十分才剛緩過來，不要問我怎麼知道的。我認識的老闆大多都是四點三十分才晃晃悠悠到公司看一下公司的員工。所以這個時候是好時間。

第六，一次只談論一件事。這點很重要。你不要問老闆一些閒話，直接問他加薪的事。因為如果你什麼都說，最後來一句：「老闆，能漲點薪水嗎？」第一，不正式。第二，老闆容易不以為然。

第七，正式一點。這要求你穿著正式、談吐正式，如果能有一個書面的申請更好。千萬別頭一天吃了火鍋，一身佐料味就過去了。別講著講著突然發現牙齒上有根韭菜。記住，正式一點，再正式一點。

第八，不要談及別人的薪水。在職場裡，知道別人的薪水是大忌，在主管面前說別人的薪水是大忌中的大忌。你要是跟主管說了這句話，就是你該走的日子了。我之前有個員工，每次跟我聊天的時候都說誰誰賺了多少錢，還跟我說我對他不好。這句話本身就很奇怪，我是你的老闆，不是你的老公，除了按時支付你的薪水之外，我還需要怎麼對你好呢？所以你要弄明白，在職場談加薪只有一種可能性，就是你值那麼多錢。

第九，排練，再排練。重大的動作和決定往往涉及大量的排練。如果你想跟別人溝通並且取得成就，最重要的就是排練，這是最笨也是最有效的方法。多去演練幾遍，甚至可以讓朋友、姊妹們、哥們冒充主管，讓他挑戰你的要求。永遠記住，不打無準備的仗。細節想得愈周到愈容易成功，所以跟老闆談加薪之前把所有的細節想

明白，想清楚，想清晰一點就好了。

　　第十，了解公司。如果是小公司，跟主管直接談。如果是大公司，了解這家公司談加薪跟誰談。比方說這家公司的加薪和政策是什麼，它的狀態是上升期還是下降期，了解得愈清楚愈容易要到你理想的薪水。

　　所以，小莉，有時候你不會溝通，並不是你不會，而是你沒有學啊。去看看那本書吧，了解一些溝通的核心法則，這才是最重要的。

你該不該去創業？

小白：龍哥，你覺得我該不該去創業？

李尚龍回信：

小白，你好。

創業這麼久了，也認識了很多人。最有意思的是很多人看了我的那本《你所謂的穩定，不過是在浪費生命》決定辭掉穩定的工作，也開始創業了。當他們創業失敗之後，跟我說：「李尚龍，就是因為看了你的書，我才失去了一份穩定的工作。」我還是那句話，我不背這個鍋，或許有些人根本沒看明白我在說什麼。

我向來主張無論你做什麼，一要考慮自己的實際情況，二要考慮到時代的洪流奔向何方。如果你作為一個個體，沒有存款，沒有資源，你幹麼要去創業？在你眼裡，創業真的這麼簡單嗎？不要輕易辭職，不要總覺得只有創業才能闖出一片天。創業不是不好，而是並不適合每一個人。

關於創業，我有六個錦囊要分享給你。

第一，盡量不要放棄一切去創業。

根據相關數據統計發現，那種一邊做著自己的工作一邊去創業的人反而更容易成功。因為這種人的壓力不大，看的方向更精準一些。樊登老師把這個稱為低風險創業。我個人覺得騎驢找馬的創業是最容易成功的。因為當你做另一件事的時候，你有自己的主業支

撐，有相應的薪水可拿，你的創造力是有安全感的。所以，如果你現在有一份工作，可以先做著，讓自己先活下來，然後用間隙的時間去創業。如果你已經開始創業了，試著找一個其他工作做著，總之別餓死。

對我來說，就是一邊創業，一邊寫小說，目的是讓自己先活下來，多幾條腿走路。如果你也是這樣，要記得反脆弱是創業者能夠保持安全感最好的創新手段。

第二，盡量不要租房，不要雇員，不要投資。我的投資人曾經跟我說：「如果我現在能有三年前那個狀態，別說給你一千萬，給你二千萬都行。但是現在不行，現在的形勢和大環境太讓人沒安全感了。」所以，如果要創業，記得最低成本。形勢很好的時候，你當然可以雇員，可以租房，只要你有足夠的現金流。如果現金流斷了，一切都得從零開始。所以，能不花費的，盡量不要花費。你拿著公章去咖啡廳談事不丟人。你沒有助理，親力親為就做點事，沒什麼可害臊的。總之，活下來才是最重要的。

第三，不要總是想著開公司、創業。你就是在做生意。前幾年創業，你可能還能融資 A 輪、B 輪，這兩年別想了，你就當自己在做買賣就好。看著自己手上的項目有幾個是賺錢的，有幾個是不賺錢的，能賺點就賺點，不賺錢的該砍掉就砍掉。別去想幾個月、幾年之後公司能融多少資、賺多少錢，不存在的。你現在賺不了錢，以後賺錢的機率也不大。不要總是想著未來有什麼規劃呀，融多少錢呀，企業怎麼樣上市啊，等等。那些都太遙遠了，先顧好眼前吧。

第四，千萬不要停止聚會。我的建議是不要把自己封閉起來，不然你會離錢愈來愈遠。因為訊息流動的地方就是注意力流動的地方，注意力流動的地方就是金錢流動的地方。「眾人拾柴火焰高」

的前提有兩個字，就是眾人。眾人不在一起，你一個人怎麼拾柴呢？所以，不要悶頭造車，這樣容易讓自己陷入孤立無援的境地。

每週至少拿出幾個晚上的時間跟人聚會，邀幾個下午茶，鞏固一下自己的弱關係。訊息一旦閉塞，你的機會就少了。所有賺錢的訊息都是聚會中人和人的大腦不停地碰撞，擦出來的火花。你要知道，當你跟別人聊天，所有的需求都是你賺錢的機會，所有的抱怨都是你的商機。你要換一個角度看這個世界。雙十一別人都在買東西，你有沒有考慮過這也是你賣東西的好時機？所以不要停止聚會，只有這樣你才能看到不一樣的世界。

第五，接觸一線的業務。最近，無論是史玉柱、B站創始人陳睿，還是陌陌創辦人唐岩，都走到一線接觸業務。我自己也開始接觸一線，開始直播了，二〇二二年雙十一播了六個小時。現在不要再想去打什麼戰略仗了，創收是第一位的。無論你是獨立創辦人還是聯創，都請去接觸一線業務。手把手帶兵打仗，才能鞏固軍心。如果可以的話，我建議每個創始人都做好個人IP，原因顯而易見，如果別人連你都不知道，誰又能知道你的業務跟產品模式呢？

第六，回歸賺錢的本質。這句話很重要，你只考慮賺錢，其他的不要瞎考慮。要先度過生存期，再去談夢想。個人是，企業亦然。

<table>
<tr><td>第
62
封信</td><td>## 讀MBA有沒有意義？</td></tr>
</table>

聰聰：請問龍哥，讀MBA最大的收穫是什麼？獲得一個MBA花費幾十萬，太貴了，不知道是否值得？

李尚龍回信：

聰聰，你好。

如果學習某種知識的學費是幾十萬或者幾萬元，依然不斷地有人報，那一定是值得的。至於你自己要不要報，首先要看你究竟想要什麼。如果你希望確認東西，我說一句得罪MBA群體的話，可能性不大。你想想你的大學生活，無論多好的學校，好像都是什麼實用的知識也沒學會，更何況MBA了。但是，換句話說，就算別人什麼都沒學會，依然有人學會了一些東西，畢竟個體不是分母，或者個體不是集體。所以要問值不值得，完全要看你怎麼度過這些年。我自己也花了好幾十萬去讀MBA，值得不值得不多說，說說我的收穫吧。

第一，同學資源。這是我讀MBA最大的收穫。一個能和你一樣交幾十萬去讀書的人，很大機率跟你是一個階層的。同一個階層的人往往可以更好地相互學習和交流。就像王八盯著綠豆，奔馳和寶馬總能交上好朋友。為什麼說很大機率？如果你看過我寫的《朝前》就知道很多人來讀MBA的目的並不純粹。有人來這裡是融資的，有人來這裡是找合夥人的，有人來這裡是找男朋友的。於是，

你會發現很多人來這裡讀書的錢是借的，貸款來的。所以我的理解是，你還是要讓自己變得更強才能吸引更厲害的人，要不然你的身邊也只能是一些小魚小蝦。

當然對我來說，我有一個先天的優勢，就是我是個作家，就算遇到一些不可靠的人我也能接受，這畢竟是我的創作源泉。但對你來說，你最好提前問一下招生班老師，你的同學大致是什麼樣的？商學院的特點往往是這樣，中歐比較重視學術，在那裡讀書的人往往都在做作業；北大比較在乎教師資源，徐紹峰他們都是北大的；清華五道口在乎的是實踐；長江做的是資源。所以對於你來說，你要想明白自己要什麼。

第二，商業思維。當你身邊的同學都在思考怎麼賺錢的時候，你可能也會想：「他們是怎麼賺到錢的，我將來該怎麼賺錢？」說實話，這種商業思維對我們這種普通家庭出身的人來說非常可貴。因為除非你家裡有人從商，要不然你很難理解什麼才是商業邏輯。我也是讀完商學院之後才開始慢慢明白商業的本質，並逐漸意識到商業之美。但這裡也多說一句，一定要小心你所謂的同學。在 MBA 的圈子裡，同學坑同學太正常了。常見的套路是有人帶頭弄個基金，大家來募資，然後你的錢就不知道跑哪裡去了。其實商業的本質是利潤差，用低價買下來，用高價賣出去。商業無罪，有罪的是奸詐狡猾的人。要具備商業價值，同時要理解商人是怎麼想的，要有商業思維，這一點非常重要。

第三，提高學歷。如果你想要提高學歷，記得去考試，MBA 跟碩士的學歷可真的不一樣。

第四，鍛鍊身體。我在商學院學會並且堅持得最好的事情就是鍛鍊。他們開玩笑說去商學院就是去體育學院，我覺得還真是這樣。

商學院的每年組織一場戈壁挑戰賽，全國各地的商學院的學生都會去那裡。我去的那一年長江還拿了冠軍，所以你至少會有一次機會參加同學組織的跑步活動。請記住，一定要抓緊時間加入跑步活動，我就是在商學院參加了戈壁挑戰賽、馬拉松、斯巴達，愛上了鍛鍊。我有一個微軟的同學，剛開始讀書的時候，體重九十公斤，現在體重還不到六十公斤，每天可以跑三十公里。他的朋友圈除了運動打卡就是運動打卡，有機會一定要讓他跟大家分享一下他是怎麼瘦下來的。我不知道他發的什麼大願，但他在四十歲的年紀，人生真的好像得到了重生，這種重生是從內到外的。我的另一個朋友是教培行業的，失業之後一直沒有找工作。後來讀了商學院後天天跑步，也從七十五公斤瘦到了六十公斤，還進了戈壁挑戰隊的 A 隊。結果他在 A 隊找到了自己的合夥人，跑完戈壁之後創業去了，我覺得很有意思。

第五，它能給你換一種思路。MBA 有一件非常好玩的事就是你能接觸到各行各業的人，這些行業你可能之前都沒聽過。比方說智慧硬體，我根本沒聽過。但是只要我聽到我不知道的領域的人去創業，或者他們的工作，我會做兩件事：一是請他喝咖啡、喝酒，讓他給我講他這個行業的特點和有趣的事；二是去他公司做企業參訪，了解他們公司的底層商業邏輯。這個對我自己的寫作以及創業都有非常大的幫助。

因為長期在文化和內容行業是有自己的侷限性的，而很多行業但凡閉門造車就容易被替代。比如底片行業，造著造著就被替代了。所以要去其他行業看一看。比方說前些時間我們同學組織大家去瀘州老窖酒廠參觀，我從頭到尾地了解了酒廠的商業模型，給了我特別大的啟發。還有同學是做直播的，我特意去杭州向他學習，了解

他的商業模式，才有了我敢開直播寫東西的先例。人最怕的就是不去打破自己的圈子，在自己熟悉的領域裡生根一輩子。現在，互聯網時代來了，一切皆有可能。

第六，**主動找老師溝通**。這是我的經驗，MBA 的老師往往不能算老師，充其量算一些很好的朋友。所以不要太害怕和他們拉近距離，該加微信的加微信，該請吃飯的請吃飯。老師擁有的資源是你無法想像的，他們甚至可能成為你的合作夥伴。我們有一個老師，後來從長江商學院辭職了，去給一個同學當基金的普通合夥人，因為資源廣，所以他融資速度很快。他的有限合夥人幾乎都是同學，現在基金規模有幾百個億了，還幫很多同學賺到了錢。

第七，**相信自己，一切皆有可能**。我們班一個女同學，深圳班的，每天都跟他們班的一個大哥混。後來這個女同學就去大哥的公司就職了，一個月好幾萬。

以上是我能給你的建議，希望對你有幫助。

第63封信

我的能力配不上老闆給的薪水怎麼辦？

肖木：龍哥，你好。我從之前的公司跳到客戶方，跳之前我是做私域操盤的，來這邊也是做這一塊。現在項目處於初期，還沒到私域的量級，更多在做品牌策劃、營銷策劃，這不是我所擅長的，但也在學。現在的困惑是，目前我做的感覺不大能匹配得上老闆給我開的薪水（比之前高了百分之五十），我要怎麼去看待這個事情，求助。

李尚龍回信：

肖木，你好。

如果一個老闆給你開的薪水高於你的能力，不用多說，你要拚命進步了。要不然，當老闆緩過勁來，第一時間就是拿下你。

其實，無論你是做私域操盤還是公域操盤，但凡是操盤，說明老闆是很相信你的。怎麼對得起老闆的信任呢？答案只有一個，多為老闆賺點錢。老闆給你一萬元，是希望你能給他賺到十萬元，要不然，老闆一想明白算個帳你就要走了。不要覺得老闆對你的好是理所當然的。

他們只不過是還沒到看數字和數據的階段。如果他們開始看數據，倒霉的就是你自己了。

我曾經有個助理，一個月給她開一萬五千元萬元，還有好多福利和獎金。就這樣她跟了我一年多，結果我開始盤算成本的時候驚

奇地發現，過去一年她沒有給公司賺到一分錢。這就嚇人了。於是，我就跟她聊，說她的薪水是不是可以降低一點。結果她一會兒說自己不容易，一會兒說自己繳不起房租。但沒辦法，職場就是職場，你沒辦法提供任何貢獻和價值的時候，就是你要走的時候。於是，我給她賠付了「N+1」，讓她走了，走之前她還在抱怨說我對她不好，開始我心裡也挺內疚，後來一想，我沒有什麼對不起她的。半個月後，她因為找不到合適的工作，回了老家。

其實，這就是職場的殘酷。你必須配得上你的薪水，才能安全穩定，你必須讓自己變強，才能對得起上司的信任。其實你不必覺得這樣殘忍，如果你的能力勝於你的薪水的時候，你也會毫不猶豫地跳槽，不是嗎？

在職場你能賺到多少錢，答案只有一個：你值這麼多。既然老闆覺得你值這麼多，就一定不要辜負他。既然現在私域做不了，就想辦法在品牌策劃、營銷策劃上好好做文章。想想公司品牌如何擴大影響力，什麼樣的營銷方案可以幫助公司更好地賣出產品？

在網上找找相應的課去聽一下，在書店裡找找類似的書看看，尋求牛人問一問品牌如何賦能，要去想辦法知道自己不懂的事情。

總之，還是那句話，你賺不到認知以外的錢。

在職場就是這樣，乾一杯吧。

第64封信 工作應該選擇大城市還是小城市？

匿名：龍哥好，請問我是回家考公務員還是留在大城市繼續發展？

李尚龍回信：

這位朋友，你好。

有句古話是這麼說的，叫「父母在，不遠遊」。這句話的意思是說，父母在的時候不要跑太遠。但很多人對這句話有誤解，因為這句話後面還有一句話，叫「遊必有方」，就是說你要去遠方，告訴他們去哪裡就好，根本就沒有說你哪裡都不要去，就在家好好待著。

我經常會有這樣的感想，尤其當父母生病的時候，我會覺得：幹麼呀？為什麼我要出去啊？我不應該在自己的城市裡面待著嗎？說實話，我父親剛檢查出癌症的時候，我特別難過，甚至難過得不知道該怎麼去選擇。但沒辦法，有時候我們必須跟隨父母的腳步，甚至包含父母的未來。你的設計必須是包含親人未來的一種設計，這是我們的責任，也是我們的義務。所以，當時我就做了一件事，把父母接到身邊來，停掉手上所有的工作，然後找醫師陪父母看病。好在最後他的病被控制住了。

我講這件事是要告訴你，每個人都會遇到這樣的選擇。不管你是去大城市還是去小城市，都要把父母的未來放在你的選擇裡。雖然會很累，但誰不是背了一大堆的責任走到了今天呢？

回到你的問題，剛剛進入職場，到底應該選擇大城市還是小城市？

我來跟你分析一下。大城市肯定意味著更多機會，但也意味著更多困難，所以你的擔心是有必要的。比方說你會遇到高房價、高競爭力、快節奏生活和高生活成本，但同時你也能享受最好的社會資源、更高的薪水和更高大上的人脈圈子。而中國的未來，城市化是必然趨勢，大城市是資源聚集處，所以你在大城市會有很多機會接觸到最好的資源。但是，在小城市，你可能需要找到很多人才能接觸到核心資源。

根據中國一家招聘平臺的統計，二〇二一年北京跟上海的月平均工資是一萬三千多元。但你往東北去，長春跟瀋陽的平均工資只有七千元。你不管是做醫師、教師、工程師還是服務員，大城市的薪水就是比小城市要高。現在的趨勢也是一樣的。有趣的是，根據這些年的一些統計數據顯示，很多小城市的消費能力一點也不比大城市低。在美國也是這樣，一個在舊金山工作的電腦專家，他的年薪是十三萬美元，比在波士頓、紐約或者華盛頓要高出百分之二十到百分之四十。我們舉一個例子，在舊金山工作的理髮師比在底特律的同行多掙百分之四十。

所以，我的建議是人年輕的時候應該出去轉一轉，無論父母是不是病了。一旦你在大城市上了軌道，說不定你的生活會更容易。因為人愈往上爬，確實生活愈容易。但如果你只想過一個普通人的生活，不想接受那麼多的挑戰，也不想奮鬥。沒關係，那就去小城市，結婚，生孩子，找一份可靠的工作都沒問題。因為大多數人都是這樣生活的。問題是，為什麼你不能成為那個少數人呢？為什麼不試試看呢？

　　另外一個有趣的數據是，曾經口口聲聲喊著要逃離北上廣的人，很多又回來了。因為當你適應大城市的節奏、生活和規則的時候，你很難在小城市繼續生活下去。所以，人生至少要有一次機會去一趟大城市，哪怕最後失敗了，回來了，至少不後悔。你至少帶來了遠見和智慧，看到了不一樣的生活，哪怕最後又回到了小城市，你也是以一個更新的狀態回到了自己的家鄉。

　　小城市跟大城市還有一個非常重要的東西不一樣，叫「事業上的時差」。什麼叫事業上的時差？在北上廣深創業特別火的項目要下沉到二、三線城市，可能需要一到兩年，再往下沉可能需要更長時間。這或許是你的機會，你這個時候回家已經不再是帶著過去的自己回家，而是帶著一個嶄新的自己回家。所以還是建議你先去大城市。因為去了大城市，你見世面多了，長見識了，然後去中小城市能找到機會，這是一條特別好的路。何況萬一你留在大城市了呢？

　　對於那些從小就生長在大城市的同學來說，你不妨嘗試一下去小城市、農村生活一段時間。身在一線城市，你可能並不了解真實的中國。如果你未來的舞臺是全中國甚至全世界，你一定要明白小城市的生活是什麼，小鎮的生活是什麼。只有這樣，你才能明白最基層的中國、最真實的中國。很多人驚訝地說：「李尚龍，你寫文章好共情啊，看完之後覺得完全就是我自己啊。」因為我去農村教過書，做過公益，當過兵，去過最邊遠的山區，去過最基層的部隊，見過最苦的人。所以，很多人說我的文章共情能力特別強，是因為我真的經歷過這些，才能寫出大家喜歡的東西。

　　我在北京待一段時間，就會去別的城市待上幾天。比方說二〇二二年的國慶，我去西安待兩天，見到了很多我本來不會見到或者是見不到的人。這段經歷幫助我創作，幫助我了解基層的需求，也

幫助我更好地去從事其他行業。

二〇二二年直播行業非常火，在二、三線城市可能馬上會迎來一批機會。比方說我的一個好朋友，行動派的創始人，他剛離開待了很久的深圳，一個人來到了貴州。然後，當地政府給他批了一塊地，他天天直播賣農產品。他直播了半年，賣了好幾百萬元。我聽完都嚇壞了，說：「怎麼會賣這麼多？」他說：「你在哪裡賣不是賣，還不如退了深圳的房子，去偏遠的山區給大家賣東西。」

在可預見的未來裡，你能看到三、四線城市，甚至是更偏僻的地方，有很多人不用付高額的房租，不用雇用更多的人，就可以把直播做起來，未來這可能是一個方向。但我不太確定這個風口還能持續多久，扯遠了，只希望對你有啟發。

<table>
<tr><td>第
65
封信</td><td>**怎麼做才能不熬夜？**</td></tr>
</table>

雨然同學：龍哥好。我今年二十六歲了，熬夜十幾年，總覺得不熬夜，晚上的時間就浪費了。現在經常半夜一兩點睡，即使第二天七點就要起床，精神恍惚，晚上依然熬夜玩手機。有時太睏，後悔沒有早睡。但週末補完一覺又開始熬夜，休息日會熬得更晚，然後睡到中午。我知道熬夜對身體不好，就強迫自己早睡，但沒堅持下來，反而逼迫自己愈熬愈晚。實在不知道該如何才能不成為一個夜貓子了。

李尚龍回信：

雨然同學，你好。我的建議來自一本我們讀書會經常推薦的書，叫《史丹福高效睡眠法》。我給你列個清單，希望對你有用。

第一，不要管睡多久，要關注第一個睡眠週期。睡眠品質是由睡眠初期的九十分鐘決定的，而不是取決於快動眼睡眠、非快動眼睡眠的週期。只要最初九十分鐘的睡眠品質得到了保證，剩餘時間的睡眠品質也會相應地變得更好。相反，如果在最初的睡眠階段就不順利，無論睡多久，自律神經都會失調。而支持白天活動的荷爾蒙分泌也會變得極其混亂。可以說，即使你忙到沒有時間，哪怕你熬夜或者你要加班、站夜崗，只要你能在最初的九十分鐘裡有一個良好的深度的睡眠，就能實現最佳的睡眠。

第二，最好能有七個小時。二〇〇二年在美國癌症協會的協

助下，聖地亞哥大學的一個教授進行了一項一百萬人的規模調查。結果顯示，美國人的平均睡眠時間是七個半小時，六年之後又對這一百萬人進行了追蹤。結果顯示，睡眠時間接近平均七個小時的人，其死亡率是最低的。以他們的睡眠時間為基礎，比這個時間短或者長的人，其死亡率都要高出 1.3 倍。

第三，用鼻子呼吸。明明睡了覺，但又很睏，我不知道你是不是這樣的人？如果你是這樣的人，最好在起床時有意識地用鼻子呼氣、吸氣，白天也要有意識地用鼻子呼氣、吸氣，也就是用腹式呼吸。在此基礎上，每天睡前透過深呼吸讓交感神經趨於平靜，同時讓副交感神經占據主導位置。當你習慣了腹式呼吸，睡眠過程就不再習慣用嘴巴呼吸，還可能解決你打呼嚕的問題。

第四，入睡前九十分鐘沐浴。最好在睡覺前洗個熱水澡。假設你在夜裡十二點整睡覺，你可以仿照下面這個流程來做。比方說你在晚上十點沐浴，在大浴場裡或者澡盆裡泡上十五分鐘，體表的溫度和體內的溫度都會升高。然後晚上十點半沐浴完畢，這個時候體表溫度可能上升 0.8～1.2℃，而體內的溫度上升了 0.5℃。這個時候開始透過出汗的方式釋放熱量。到了夜裡十二點的時候，透過熱量的釋放讓體內溫度恢復到之前的水準，甚至開始進一步的降低。此時就應當上床睡覺了。而在凌晨十二點十分進入睡眠狀態。為什麼會這樣？因為當你體表的溫度和體內的溫度差距縮小到 2℃ 左右，你是非常容易入睡的。

第五，足浴也有著驚人的散熱能力。我們前面提過，如果沒有時間，你可以放棄泡澡，選擇淋浴。當然比淋浴更快的方法就是足浴，洗個腳就能讓你很好地入睡。

第六，強化體溫效果的室溫調節。什麼叫體溫效果的室溫調

節？現在很多房子是恆溫的，這個非常有助於睡眠，你甚至可以用蕎麥殼的枕頭，能夠鎮靜安神，效果也很好。這裡順便對枕頭的高度進行一個說明，考慮到呼吸道通暢的問題，最好選矮一點的枕頭，不要睡很高的枕頭，容易對頸椎產生損害。

第七，單調法則。大家發現沒有，在高速公路開車的時候特別容易犯睏，而原因之一就是你眼前的風景一成不變。比起那種很想讓人知道這個殺人犯是誰的推理小說，你最好看一些無聊的書，比方說你看不懂的《百年孤寂》、《湖濱散記》等等。建議睡前不要刷短影音，因為有些短影音著實令人著迷。

第八，數羊的方法。很多人覺得數羊是一種古老的催眠方法。但無論是中文還是日語，數羊都是錯的。因為一隻羊、兩隻羊，這個羊來自英文中的「sheep」。「sheep」這個詞跟「sleep」是一樣的，所以很多人讀「sheep」的時候就感覺像聽「sleep」。「sleep」就暗示你，該睡覺。但這個時候你會發現，你用中文數羊好像不太能夠睡得著。有些人愈數愈亂，數到最後根本不知道自己數到多少隻了。如果你真的要數羊，英語又不是太好，我的建議是你乾脆用「一滴水、兩滴水……」的方式數起來，因為「水」跟「睡」是諧音，可以幫助你更好地入睡。

第九，很多人以為不吃晚飯更容易睡著。恰恰相反，很多人減肥，不吃晚飯是錯的。一定要吃晚飯，因為很多人不吃晚飯，到深夜餓得睡不著的時候又爬起來吃宵夜，那比吃晚飯還可怕。為了讓晚上睡得很舒服，晚飯的時候你可以吃一些降低體內溫度的食品，像冰鎮番茄、冰鎮西瓜就很好。比方說，當你吃了一些寒性的冰鎮番茄、冰鎮西瓜，你體內的溫度一下降低，產生了溫差，身體自然就會把你調成一種睡眠狀態。

第十，適量飲酒。這條大家可以嘗試著用，不一定適合每個人。飲酒也有助於黃金睡眠。為了實現優質的睡眠，建議飲酒量一定要少。因為酒和安眠藥其實是一樣的成分，只需要少量的飲用就可以讓自己入睡，而且也能確保睡眠的品質。

　　這裡說的少量是指酒精的度數。雖然量的多少由體重來決定，但折合成日本清酒，一般也就是 100 ml 到 150 ml。睡前一百分鐘喝 100 ml 的酒有助於睡眠，而且也不會妨礙到第二天的狀態。我個人建議，有條件的可以在睡前二至三個小時喝上一杯紅酒，效果特別好。

　　以上十點希望對你有幫助，也可以幫助你少熬夜，早入睡。

<table>
<tr><td>第
66
封信</td><td>**職場裡，一無是處怎麼辦？**</td></tr>
</table>

問號：龍哥，你好。我是護理專業研三的學生，目前沒有什麼好的科研成果。感情也不順利，男朋友劈腿了，七年的感情就這麼說毀就毀了。馬上面臨找工作，去學校吧，沒有競爭力，覺得自己太差了；去醫院吧，不喜歡那樣的環境，而且當初考研就是為了能夠擺脫醫院的環境。這三年，一遍一遍地質疑自己，很迷茫，也很無助，不知道何去何從。現在快要畢業了，您能給我一些建議嗎？

李尚龍回信：

問號，你好。我曾經跟你一樣，也覺得自己一無是處，甚至覺得自己廢了，也經常在北京的深夜掉眼淚。我之所以掉眼淚，除了對未來迷茫，還有對自己的痛恨。為什麼那個有錢的人不是我啊？為什麼那個有成就的人不是我啊？為什麼女朋友這麼對我啊？為什麼這個世界上所有不順的經歷都發生在我身上？哎，不能再想了，再想我都要抑鬱了。

人有個特點，愈想什麼事，愈來什麼事，這也是很多人說的吸引力法則。如果你看過《當下的啟蒙》那本書，你就知道人還有一個特點：喜歡總結並且蒐集壞訊息的習慣。比方說今天捧了一跤，你就會把今天看到的某則新聞，過去某件相似的事放到一起來證明：「你看，我確實很倒霉吧。」其實現實生活並不像你想得那麼糟糕，它還有一些非常好的特點，看看我給你列的清單吧。

第一，**拆開自己的情緒**。發生在身上的這麼多不好的事，是一起來的，還是一件接著一件來的。比如你的問題裡，男朋友劈腿和對未來迷茫應該是兩件事。男朋友劈腿可能是因為兩個人在一起七年了，感情淡了。當感情淡的時候，我們應該有感情淡的處理方式。對未來迷茫，是因為你在學校待太久，訊息閉塞，加上大環境不好，你不太好找工作。當你把不好的事情拆開以後，是不是不好的情緒也可以拆開了？就事論事地看問題，這樣就不會有宿命論的感覺了。

第二，**每天做記錄、復盤**。你回想一下自己是怎麼走到今天的，然後從現在開始記錄自己每天做了什麼，哪些動作是完全沒必要的，哪些行為是浪費時間的，哪些事情是可以第二天繼續的，哪些事情是可以精進的。愈是迷茫的日子，愈不要讓自己像無頭蒼蠅一樣亂竄，要計畫每一天。你怎麼計畫一天，就怎麼計畫自己的一生。

第三，**你要有目的性的學習**。我不認為有目的性的學習很可恥，反而覺得有目的的學習可以提高效率。比方說你從二〇二〇年就開始跟我的讀書會，但還是覺得自己什麼也不會，你有沒有想過你跟讀書會的目的是什麼？如果沒有，說明你跟讀書會只是為了消遣時光。從現在開始，你試著確定一個目的，比方說也開一個帳號，無論是影片、音頻，還是文字的形式，你都可以把這些聽到的書輸出出去。自己做一個帳號，做一個知識博主，把自己學到的東西結合自己的想法講給其他的朋友聽。長期堅持下去，這些東西也能變現。變現之後，你的動力是不是就多了很多？

第四，**停止思考一切負面的想法**。一旦你感覺自己的情緒糟糕，感覺自己一無是處，請趕緊停止這種思考，讓自己積極起來。你可以試試多聽兩遍我們這個專欄，因為它真的帶有能量。或是去跑個步，讓自己的多巴胺分泌起來。有時候你特別不順的時候，並不是

你做得不好，而是你想得不積極。史丹福大學曾經做過一個很有趣的實驗，他們在快餓死的猴子腦袋裡植入一個能讓牠分泌多巴胺的電擊裝置。猴子竟然高興了起來，你要知道牠可是快要餓死了。從這個角度來說，人類跟猴子沒有太大的區別。你有時候真得學會做一個阿Q，因為無論你高興還是難過都是一天。而一個高興的人做事效率就是高，運氣也會隨之而來。

第五，別覺得自己對不起誰，你的奮鬥只和自己有關。你知道烏龜為什麼走得慢嗎？因為牠背上馱著一個巨大的殼。你知道有的人為什麼走得慢嗎？因為他背後馱著一個巨大的責任。有些人馱的是父母，有些人馱的是自己負的債，有些人馱的是巨大的責任感。《約翰‧克利斯多夫》這本書裡講，每個人都馱著自己的耶穌。據我長期觀察，那些背負太多的人往往在這個世界上跑不起來，因為壓力太大，所以走得慢，而且容易讓自己崩潰。所以對你來說，不要覺得自己對不起誰，你無論是成功還是失敗，都是自己和自己的約定。如果賺到了錢，帶父母吃點好的，出去旅個遊；如果沒賺到錢，多回去看看他們，也能讓他們高興點。父母也是成年人，也有自己的生活方式，也能自己照顧自己，這一點誰也不欠誰的。

第六，不要為了任何人去做自己終身的決定。這一點送給每個女孩子，記得不要為了任何人（尤其是男人）做決定，尤其不要為了一個男人去換一個城市生活。除非你在那座城市能有自己的工作和社交圈，要不然你就是在考驗那個男人的道德底線。如果你什麼都沒有，只是一腔熱血到了他的城市，就意味著他怎麼對你都可以。記住，你做的一切決定只能和自己有關，你才是生活的主宰者啊！

女生面對職場歧視怎麼辦？

超越：龍哥好。女生面對職場歧視該怎麼辦？很多公司不招二十六歲左右的女生，即使那些女生很優秀，也很難找到工作。因為這個年齡層的女生可能要結婚生子，公司擔心會面臨損失。這種情況怎麼辦呢？難道她們只有考編制、結婚或不婚這幾條路嗎？

李尚龍回信：

　　超越，你好。從歷史的長河來看，女性一直都在遇到不同的歧視。直到二十世紀中葉，偉大的思想家波娃寫下不朽的名篇《第二性》，女性才逐漸意識到不公平，才意識到原來還有第一性，所以才有第二性。與此同時，在遙遠的東方也誕生了這樣一首歌，叫〈誰說女子不如男〉。從性別歧視方面來說，女性確實應該憤怒，因為從工作能力來看，很多女性表現得並不比男性差，從某些方面來說，女性甚至比男性更強。

　　在互聯網行業，許多運營職位，女孩子做得就是比男孩子好。不要問我為什麼，我們恨不得這個職位只招女孩子。說到職場公平，我們確實需要法律層面的平等。一九九六年，美國同酬委員會將每年四月的某一天作為「同工同酬日」。之所以要定這個日子，是因為女性在職場裡確實遇到了太大的麻煩。

　　在此之前，男性工作一年能賺到的薪水，女性需要不斷工作到第二年的某一天，薪水才能跟男性持平。為了讓這樣的歧視不再繼

續，美國把這一天定為「同工同酬日」。根據二〇一四年的一項薪資調查，臺灣的女性至少須多工作五十五天才能賺到和男同事一樣的薪水。中東國家的情況就更糟糕了，比方說以色列，很多大學裡的女性比例是遠遠超過男性的，但在很多公眾領域，比方說像宗教、科學這樣的領域，女性的平均工資就是低於男性。我們現在沒有這樣的數據，但我們現在看到的很多領域，尤其是賺錢的領域，女性確實比較少。比方說程序員、企業家、投資人、金融從業者等高薪行業，女性比男性少太多了。

好了，千萬不要憤怒，我們冷靜地看一看這到底是什麼原因。難道每一個這樣的老闆在招聘的時候都會寫「我是厭女症，所有女的來，我都給一半的薪水」嗎？如果是這樣子，假設這個女的能力特別強，那她一定會去他們的競爭對手那邊工作，這樣一來，損失的錢不就更多嗎？我們要去理解背後的邏輯。這個專欄更新到今天，我們已經更新了一大半了。你應該知道，我們不要總是以道德評判，要去思考行為背後的邏輯，所有看不慣的事情背後一定有自己的邏輯。還是那句話，這個時代的生存法則就是六個字：看不慣、想得通。

我們講過一個法則，當一個問題沒辦法想明白，最好從經濟學的角度去看一看。假設你是個企業家，你會不會問這樣的問題：「你接下來要不要結婚？要不要生孩子啊？」我想你也會問。因為就算再優秀的女孩子也要考慮這個問題，生孩子的過程會讓女孩子感覺到巨大的不適，而且還有好幾個月是沒辦法工作的。如果從企業的角度來看，這些是成本。

按照中國《勞動法》規定，企業必須給女性放產假。公司一邊要付薪水，一邊還要承擔國家要求的五險一金。這些都是由公司承擔的，所以人力資源就開始核算成本了。所以很多公司不招二十六

歲左右的適婚女性，是有原因的。

但是，也有例外，就是你的個人能力特別強。我就見過一個這樣的女孩子，二十六歲，沒有任何人問她這個問題，因為她是中科院的博士。二十六歲博士畢業，你就說誰不搶著要吧。你愛結婚不結婚，你愛生孩子就生孩子，我要你來公司發光發熱，我要保護你到天荒地老。誰叫你是人才呢？二十一世紀最缺的是什麼？人才啊！

其實，你也別太難過，一個男的過了四十歲也不會很好，也要被問東問西。你要明白一個道理，群體和環境無論遇到什麼固化，個體永遠是自由的。也請你記住一件事：無論環境怎麼變化，永遠不要做分母，要做分子。所以我總是跟一些特別願意強調女性群體的人說，你們不要總是說這個女人怎麼樣怎麼樣，你首先是個人，其次才是個女人。你先是個個體，才能融入群體。

我身邊有好多女性，比方說我姊，她兩個孩子，也在北京一家大公司拿著豐厚的年薪。她們也在平衡家庭和工作的關係，她們也在忍受職場的不公平，但她們就能做得很好。她們雖然理解職場的不公平，但她們盡自己努力做到最好。請記住，每個人都可以做得不同，可以表現得不同，也可以和主管談得不同。

你試想一下，假設你所會的技能是獨一無二的，你有的資源是獨一無二的，你把自己活成了獨一無二。你有一技之長，就不可替代。在職場的談判桌上，你談判的籌碼就會愈來愈大。人最終還是要自己厲害，才能在這個時代擁有更多的選擇權。多說一句，女性應該更主動地去談判薪酬，更主動地去爭取加薪。既然知道職場容易出現性別的薪資歧視，女性再不主動一點，激進一點，就很容易吃虧。

找工作其實是一個談判的過程，公司確實有章程，但你也要有自己的籌碼，你的籌碼就是你的強項和你的不可替代性。

　　最後問你自己：你掌握了不可替代的技能了嗎？

怎麼利用空閒時間？

Worship：龍哥，您好。我是一個步入社會六年的打工人，在空閒的時間會去閱讀您的書。從中知道了很多關於如何改變自己的方法，但是下班後的時間我始終不能堅持學習一項技能，因為我還是達不到理想中的自律。每天也會反思自己到三十歲的時候，是不是還是現在的處境。您說過，下班後的生活決定了一個人未來生活的高度。我嘗試著逼迫自己做點什麼，但還是沒有思路。

李尚龍回信：

　　Worship，你好。我們這一代人可能沒有辦法像我們的父輩那樣告別手機或者告別電子社交軟體了。聰明的人有一個特點，他們知道自己無法離開社交軟體，就控制自己使用社交軟體的時間。

　　對我來說，每天要處理大量的工作，手機裡訊息非常多，但是我不會讓手機控制我。我會在固定時間處理海量訊息，其餘的時間我不會去碰它。比方說我在看書，我在寫作的時候，我絕對不會花很多的時間去看手機。直到今天，有很多人給我打電話基本上沒打通過，因為我會在合適的時間統一回覆他們。這樣一來，我的效率會很高，他們也會養成尊重我的作息的好習慣。你所有的朋友、家人其實都需要培養，你要告訴他們：我的電話可能打不通，你需要在我舒服的一個時間跟我溝通。

　　所謂自律，就是這件事並不需要太多的意志力，因為一旦你牽

扯了太多的意志力，就很容易堅持不下去。比方說你今天聽了一場熱血沸騰的演講，你決定學六個小時的英文。但如果第二天這個勁下去了，你就不想學了，你的意志力並不能陪你走得更遠。你還不如用一套方法去避免誘惑，養成習慣。比方說你回到家確實很累，這個時候你特別想看個綜藝節目，特別想吃一頓大餐。你可以嘗試在你剛進門的時候貼一張紙條，上面寫著你今天要完成什麼任務，把今天的任務放在最明顯的地方。再比方說你一進門，鞋櫃旁可以放一個小兜，提醒自己把手機放進去，然後告訴自己，工作完成之後才能拿出來看一看。比方說你在最顯眼在床頭櫃上放上一週的學習計畫，完成之後獎勵自己看看自己喜歡的球賽、電視劇。你會發現，正向反饋特別好。

人這一生看似在跟無數的誘惑對抗，比方說玩具、遊戲、社交軟體，其實最後都是跟自己對抗。如果一個人從來不看綜藝，不玩耍，也沒有任何娛樂活動，那他一定活得很孤獨，也很無聊。所以，面對那些分散你精力的誘惑，你要做的不是抵制它們，而是強大到可以控制住自己才行。比方說我經常刷短影音，經常是一刷一個小時沒了，半天也突然沒了，那種感覺真的是非常糟糕。為什麼會覺得糟糕呢？因為時間就這樣不知不覺地流走了，它去哪裡了呢？於是，我很快找到一些方法來對抗自己的懶惰。比方說我在刷短影音之前給自己定個鬧鈴，一旦鬧鈴響了，馬上放下手機。然後，我會提醒自己是時候該做點事了。

每個人都有每個人的活法，我不覺得自己的這種自律比其他人高尚多少，但這是我喜歡的。我和你一樣，二十多歲的時候希望三十歲的時候能過上不一樣的生活。不用每天都像二十多歲的某一個節骨眼一樣沒有進步，無限循環。感覺就是在窮忙著，好像並沒

有去思考自己該往什麼地方走，該往什麼方向奔，該往什麼高度爬。所以，我選擇了在下班之後自律。

我堅持打磨了一技之長，我用間隙的時間去學好英語，後來成為一名英語老師。我講課講得還不錯，至少維持了溫飽。我用下班的時間去練習寫作，然後現在每年至少可以出一本書，有一點不錯的稿費。我用空閒的時間去上了 MBA，去做自己的企業，飛馳也養了將近一百號人，他們也可以靠自己去生活。

人這一生的軌跡，其實都有因果關係。你堅持了一件事，就會有好的回報。你放棄了昇華，生活就會給你平庸。當然，我並不是覺得平庸不好，而是我相信平庸並不是你們所選擇的。

放棄了就別抱怨，堅持了就勇往直前。生活就是如此，希望你在三十歲那年成為自己想成為的樣子，就像我非常期待我四十歲的時候，也可以活成自己想成為的模樣。

<table>
<tr><td>第
69
封信</td><td>職場裡好的思維模式是什麼？</td></tr>
</table>

flora：龍哥好。我明白行為和思維會互相影響，有想法就會去做；同樣地，怎樣做也會影響思維模式，比如說話的方式、走路的姿勢、臉部表情等等。那麼，該怎麼訓練自己的思維和行為呢？

李尚龍回信：

flora，你好。

踏入職場多年，我明白了一件很重要的事，就是你什麼都可以不信，但絕對不能不信因果。你認真準備考試，你的考試成績就會有所提升。你認真去追尋一個夢想，那個理想就會離你愈來愈近。你深愛過一個人，你就會更加明白愛的意義。請注意，這並不是那種簡單的「善有善報，惡有惡報」的因果論。而是你的思維真的決定你的行為，你的行為真的決定你的習慣，你的習慣真的會改變你的命運。這一切存在於你的思維裡。源於思維，終於思維。所以，你不必在意什麼走路的姿勢、臉部表情，它們不會影響你的思維和行為。

你的思維的每一個細節，其實都會體現在你的生活裡，無論是好的還是壞的。我經常跟我的學生講：「命好不如習慣好。」優秀是能養成習慣的，同時，不優秀也會變成習慣。

簡單來說，你正向面對生活，生活就會正向面對你。你整天負面情緒爆棚，充滿抱怨地面對生活，生活也一定會回覆你抱怨。我

們不能一味歌頌生活有多美好，但至少我們可以選擇樂觀地對待生活。比方說你今天遇到了一件特別難過去的事情，可能你都快窒息了、崩潰了，覺得自己的人生就要完蛋了，也請你一定要積極點。因為任何事情都有好的一面，任何慘痛也都有它的意義。老天能讓你經歷的事情都是你該經歷的，如果你真的扛不住，老天是絕對不會讓你有機會碰到這樣的事情。只是現階段你不清楚，等到有一天，故事結束了你就會知道，嘻，以前那些事算什麼呀。在時間的長河裡，除了生死都是小事。

人啊，特別容易悲觀，而且很容易把很多不好的事情做一系列的總結。有一段時間我的生活糟糕透了，覺得所有的壞事都發生在我身上，每天充滿負能量。我愈這麼想，每天愈沮喪，愈多的麻煩事接踵而至。我覺得怎麼沮喪成這樣，然後就變得更沮喪。那段時間我經常對著天抱怨：我為什麼工作、愛情、生活都這麼不如意呢？那時，我剛從新東方辭職，自己出來創業，幾個合夥人累到找不著方向。情緒低落不說，女朋友還把我甩了。沒過幾天我自己還大病一場，考駕照路考竟然還被當了。路考實在太讓我痛苦了。又過了幾天，我開始胡亂總結，我說連身體都欺負我，路考都欺負我，我還有什麼希望啊？可是，慢慢地我明白了，你只有努力讓自己變得更好，才能擁有更多的機會。

現在回想起來，那段日子根本不像我想的那麼黑暗，反而還有很多好事。比如第一家出版社出版了我的書《你只是看起來很努力》，我還遇到了一個非常不錯的女生。但當時被那種負面的情緒壓住了，所以好事就都淡忘了。人就是這樣，特別喜歡把災難的事情放大，然後把很多壞事放在一起做個總結，胡亂歸因。比方說，「今年是我的本命年，我運氣不好。」然後為了證明自己的命不好，

找到各種各樣奇奇怪怪的理由。比方說最近水逆，比方說我是什麼星座，這段時間就是不怎麼樣。可是這些理由並不客觀。

很多人說自己不成功，是因為時運不佳，其實不是。休謨曾經說過：「習慣是人生的最佳之道。」我曾經推薦過一本書，叫《富有的習慣》，書裡說習慣就是運氣的母親，一個好的習慣總能給人帶來好運氣。不要去羨慕那些說自己運氣很好的人，其實很有可能是他們有一些好習慣，只是他們自己還沒有察覺到而已。

二〇二二年，我的一個朋友的公司倒閉了。當年他們公司在業內可是數一數二的公司，很多優秀的影視劇都是他們拍的。但是，連續三部戲的投資沒有回本，公司就面臨清算了。破產前夕，員工的薪水已經四個月沒發了，催債的每天堵在門口等他。最後，他實在沒辦法，遣散員工的時候被迫成了老賴。我是親眼看著他的鬍子一天比一天長，鼻毛也好長時間沒有剪過，整個人頹廢極了。有時候我又在想，誰讓你選擇了創業？這確實是一件燒錢的事，但事情並不像我們想得那麼簡單。他接下來的官司一件接一件，他先是被員工起訴，然後被法院傳喚，還有幾個員工變賣了公司的電腦，抵扣了自己的薪水，電話響個不停。我在寫這篇文章的時候，他應該還沒有走出谷底，但這並不是我想說的。我想說的是，未來的某一天他一定還會東山再起。你知道為什麼嗎？因為那天我陪他到深夜，他說了一句話：「不會比現在更糟了，對嗎，尚龍？」我說：「是的。」他又說了一句話：「其實我很知足，我比大多數人過得都要好，至少我現在能呼吸到新鮮空氣，對嗎？」那一刻，我有一種說不出的感覺。我真切希望他能走出來，相信他也一定能走出來。

我在寫這篇文章的時候給他發了個訊息，他正在往外走，因為有這種心態的人不會不成事。希望你也是這樣的人。

<table>
<tr><td>第
70
封信</td><td>**人在低潮期，應該怎麼辦？**</td></tr>
</table>

晶晶：龍哥，我正在低潮期，您有什麼建議嗎？

李尚龍回信：

你好，晶晶。我有這麼幾個啟發送給每一個正在低潮期的你。

第一，請你相信一切都會停下來。

前些時間我發燒了，這是我發燒之前沒有想過的。我以為自己的健康是慣例的，是正常的，是理所當然的。所以當天晚上我還安排了好幾個局，誰想到一下子就叫停了。我記得當時我看了一部電影，裡面的主人公剛有一點夢想，突然就死了。就像《被嫌棄的松子的一生》，松子的生活剛剛有了起色，人就被迫走了。後來我慢慢明白，生活比夢想更殘酷。有時候你想做點什麼的時候，身體突然廢了，好像老天根本不想你開這個口。你永遠不知道明天跟意外哪個先來。所以一定要記住，沒有什麼是一成不變的，要擁抱變化，要承認這個世界的不可控。你現在在低潮，以後一定會迎來高峰。

發燒當天晚上我還覺得自己能夠繼續聚會，因為當天晚上有一個很好的朋友從上海特意飛過來跟我見面，我們約了好久。我想能不能堅持一會兒，跟他聊一聊。但是，最終還是沒有扛住。我突然意識到一切都會停下來，其中包括生命。這麼一想，我更加珍惜現在的生活。

第二，你不是萬能的，要接受變化。

這次生病我想過原因，一是累倒了，二是我過度地保護自己。你可能覺得很奇怪，什麼叫過度地保護自己？我兩年多沒病是因為每天都在跑步，而這次生病卻是跑步跑出來的。那天我看了一下行程，突然發現當天根本沒有時間跑步。可是，多年養成的習慣，每天不跑步就覺得身體不舒服，於是我決定從家跑到公司。我算了一下時間，然後跑了起來。跑的時候還覺得很開心，一去公司渾身都是汗，馬上被追著開了一個小時的會，冷氣一吹，發燒了。

我是個很自信的人。我認為自己完全有能力控制自己的一切。病了之後才發現，我一個字也寫不出來，一本書也讀不下去，最重要的是我連走路都覺得費勁，睡也睡不著，扛到大半夜又睏又累還是睡不著。我才知道我不是萬能的，還是要尊重身體的規律。因為身體是靈魂的載體，沒有身體，一切都是白搭。重要的是，我也不是萬能的。有時候，你要允許那些不確定的事情發生在你的身上，接受那些變化，同時控制可以控制的，並不斷去調整。

第三，你要學會適當地遠離手機。

我的建議是，愈是低潮期愈不要去刷朋友圈。因為透過刷別人的朋友圈，會給你帶來更多的焦慮。在此之前，我已經很久沒有睡到早上十一點了，生病之後，手機壓根就不看，關了，然後一覺睡到早上十一點。我已經很久沒關過手機了，因為自從有了手機，時時刻刻都有業務。我恨不得多買幾支手機，多弄幾個微信去工作。後來發現，長時間盯著手機真的會讓自己愈來愈累。我睡到十一點之後起來做了頓飯，喝了杯水。然後接下來，我繼續睡了。

連著三天的休息給了我很多反思的機會，讓我明白，很多忙碌是無效的，沒有意義的。三天沒拿手機，公司也沒垮，世界還在轉。我們總需要一些時間讓自己徹底遠離手機，走出城市的高樓大廈和

燈紅酒綠，回到內心深處的安寧和大自然接觸，這才是休息的真正意義。有時候因為人太忙了，反而沒辦法站在更高的角度去思考。你要去中斷一下忙得要死的節奏，多思考，多想世界會是怎樣的。

第四，我認為這點最重要，就是在低潮期反思要徹底。

我生病的時候發了條朋友圈，我說我病了，我的意思是讓大家別給我發訊息了。然而，有些兄弟跟我說：「尚龍，你要多鍛鍊啊。」我當時就服了，我說：「我天天鍛鍊，還用你們這些人說啊。」每個人看到一個人病了的時候，第一反應就是勸對方多鍛鍊，可是我確實在鍛鍊。當然，我想到另外一件事，就是這種反思都是相對的，從來不徹底。我跟一個朋友講，我說我跑步之後感冒，然後朋友就笑了一下，說那你別跑步了。然後我又服了。你看我們有多少人都喜歡用籠統的方式去復盤一個複雜的錯誤。做個題你問他為什麼錯了，他說他粗心。他生活得一塌糊塗，他說是自己命不好。你問他為什麼工作失敗，他說老闆針對他。你看，你從來沒有把一件事情徹底復盤。反思不徹底，下次還要繼續倒霉。我的反思就是不僅要跑步，還要繼續堅持跑，但下次跑完步要帶身衣服，就這麼一個小小的細節，就是徹底的反思。

第五，低潮期請相信未來會愈來愈好。

這次生病，我康復得很快，也沒怎麼吃藥，最主要的原因，一是我在生病的時候堅持吃飯、喝水，二是在低潮期堅持運動、讀書。你別小看這一項，因為發燒的時候真的什麼也不想吃，覺得算了，毀滅吧。為了病好得快點，我無論多痛苦都要從床上走下來，提醒自己「你要吃一口飯，你要喝一口水」。在低潮期保持對生活的熱忱，就是從吃好一頓飯開始。後來我也明白了，我的底層邏輯從來沒有變過，就是堅信未來會愈來愈好。你就算傻傻地相信，也要明

白未來真的會愈來愈好。所有正在低潮期的人，一旦放棄了對這件事情的執念，接下來將會遇到很大的麻煩。

說實話，這樣的想法在高光時刻沒什麼，因為在高光時刻，你覺得全世界都是你的，你做什麼都是對的，你有無限的能量。但在低潮期，一個人的能力格外難得。對我來說，我在發燒攝氏39度的時候都告訴自己，無論如何我先吃好睡好，病一定會好的，總能過去。我覺得這也是一種難得。對你來說，無論生活遇到什麼，堅持讀書，堅持創作、寫作，堅持記錄，堅持運動，總會過去的。

未來會更好，永遠都是這樣。

無論多難，都要記得微笑

ZZ：龍哥好。你遇到過難事嗎？你怎麼解決的？

李尚龍回信：

ZZ，你好。

我當然遇到過難事，但無論遇到什麼，都要記住四個字——「厚積薄發」。愈是讓自己痛苦的事情，愈是能讓自己成長的階梯。跨過它，你就能看到更廣闊的世界。要相信，老天讓你經歷的所有事情都是你可以扛住的，要不然老天不會讓你遇到。

這些年我總是會安排一些線上交流，每次連線的第一位從來沒變過。前些日子連線的第一位還是我的老朋友、我的合作夥伴——石雷鵬老師。我們約在晚上八點，結果這個傢伙突然告訴我，他還有一節課沒有上，九點才能下線。我當時就瘋了，因為我已經開播了。我只好自己一個人尬聊了一個小時，等到九點十二分的時候，石雷鵬才姍姍來遲，進入我的直播間。

說實話，我已經很久沒看到他了，所以我們一連上線，我就看到他所剩不多的秀髮了，他也真的是好累呀。我們分道揚鑣後，他去了橙啦，我創立了飛馳，加上很久沒見，我們就聊起來了。兩個人一聊起來，好像忘了是在直播，還有好多人在圍觀，真是什麼都說，誰也沒想到這個時候 Allen 也在直播間。就這樣，我們三個人發起了線上聊天，接著我發現趙捷老師也沒走，還在橙啦加班，我把

她也拉了進來。然後是 Vivian 聽到自己老公沒睡，也走進了鏡頭裡。就這樣，「考蟲」幾個大將因為一本叫《朝前》的書又聚集在了一起。那天我們直播到晚上快十一點，如果不是因為最近狀態不太好，我能聊到半夜十二點。到了晚上十點半左右，我已經不想說話了，因為大家說的每一句話我都有一些淚目，那都是回不去的青春了。

有些事情、有些人其實就是回不去了。說實話，每次刷到石雷鵬老師的英語直播，我都有點嫉妒，因為我開始懷念在講臺上的時光。那些在講臺上揮斥方遒的日子，曾經是我的整個青春。好在還能回得去，我已經開始著手準備這一年的年度英文課了。我在這裡官宣一下，二〇二三年無論多麼艱難，我都會陪大家讀完至少三本原著，陪大家背下來八千到一萬個單字。

那天的線上聊天我深有感觸的原因是，大家經歷了這麼多還能在一起談笑，聊到過去的事情，總能想起那時懵懂的青春，真不容易。這一年我見了很多人，無論是什麼階層的人，無論他們賺了多少錢，有多大的權力跟影響力，我還是懷念那些腳踏實地的人。他們到頭來可能沒有賺到很多錢，沒有改變或者破壞世界的能力，但他們是踏踏實實地過著每一天的人。這些人才是平凡的英雄。我已經三十好幾了，但我感覺自己依舊是個孩子。我討厭一切浮誇的人，討厭那些一開口就是幾個億項目的人，討厭那些說自己多麼多麼有錢、多麼多麼財富自由的人。他們一開口我就想罵人，因為我知道很多人的第一桶金都不能拿到檯面上，很多人獲得的一切無非是時代賦予的，靠的是投機，並沒有什麼真本事。

我團隊的小人每次都勸我，不要總是喝完酒跟人吵架，不要喝兩杯就在桌上嗆聲。但是，我做不到，我忘不了自己是從什麼地方一步步走到今天的，也討厭那些從小含著金湯匙然後不知天高地厚

的人，因為他們的生活也沒有多麼多姿多彩。

我可能花了十年才來到羅馬，但你出生就在羅馬。但我這一路的風景就是我的青春，誰也買不走。我可能沒你有錢，但我肯定比你富有。最近見了很多有錢有勢的大哥大姊們，他們因為喜歡讀我的書，跟我處成了朋友。總的來說，人愈往上愈發現，其實三頓飯，一張床，一個小家就是生活的全部。再好的酒，再高的樓，再大的別墅和再豐盛的宴席，到頭來都是虛無。因為到最後，你只能記住那些溫暖的瞬間，比方說我們在寫字的樣子。

幸福就是三句話：有事期待，有人愛你，並忙碌著自己喜歡的事情。還是那句話，人活到最後，都是自己跟自己生活。哪怕你身邊每天都是人，你也不可能讓每個人都理解你，就算你高朋滿座，兒女滿堂，到頭來你還是孤獨一人。所以，在這個時代裡，你更要學會獨處，要學會面對很多人，要學會當眾孤獨。

我曾採訪過一個老人，已經八十六歲了，說的話都是方言，我基本聽不懂，但他有句話我這輩子都記得。他說：「你到頭來就是一個人，只剩你的記憶在陪你。」好殘忍的一句話。回到第一個章節，思考一下我分享給你的那些話。你今年過得可能真的很不好，但打不垮你的，只會讓你變得更強。老天讓你經歷的事情，也許到了八十五歲，你回頭看，竟然是能陪伴你的故事。因為只有記憶能陪你到最後，這記憶或許不算精彩，也可能讓你痛不欲生過，讓你無法自拔過，但重要的是，過去了就是另一片天。那時你只會對自己笑一笑，然後感謝那些經歷和人。這些可都是你的青春。

寫到這裡，生命中一些失去的人在我腦海中不停地浮現。但生命本就如此，你和有些人的緣分原本就是擦肩而過。到頭來，依舊是當眾孤獨。但又能如何呢？至少，你能享受那些和人攀談的瞬間，

過程雖然短暫，但至少擁有過，這不就夠了嗎？

最後，講一個朋友的故事。我的這位朋友前段時間去了趟潭柘寺，在我的印象裡，他一直家庭幸福，事業順利，也不知道他為什麼突然想去，還非要拉著我。在路上我才知道，他竟然離婚了，公司也破產了。我陪他去的路上基本沒說什麼話，只想起一句話：人在順利的時候誰也不信這些鬼鬼神神，都是在生活遇到麻煩的時候才突然想起這些事，然後胡亂拜一通。這麼想著想著就到了潭柘寺，放眼望去，人山人海。我的媽呀，這世界上不順的人原來這麼多。站在人海裡，我也開始迷茫。我們看似孤獨的人生，原來並不孤獨。原來每個人都過得不順，每個人都曾到過崩潰的邊緣，只是每個人的不順不盡相同。日子給每個人的都是微笑後的一個巴掌，然後告訴你：「恭喜你啊，你長大了。」

所以，無論如何你都要保持微笑，並努力生活。無論遇到什麼，走到最後，你都會發現，能來這世界一遭，你我都是幸運的。加油啊！

Part 4

懂得讓自己不陷入迷茫、困惑、
焦慮，就是個幸福的人

<table>
<tr><td>第
72
封信</td><td>## 身邊的人特別悲觀怎麼辦？</td></tr>
</table>

卡伽同學：龍哥好。身邊的一位親人是悲觀主義者，怎麼讓他樂觀地生活呢？

李尚龍回信：

　　卡伽，你好。想讓一個悲觀主義者突然樂觀起來，這是一件非常難的事，因為你已經定義他是一個悲觀主義者了，只能忍著他了。如果他只是偶爾悲觀，你還是可以影響他的。我見過的很多悲觀主義者，但他們依舊可以樂觀地活著。我就是一個悲觀主義者。什麼叫悲觀主義者？就是他認定活著沒什麼意義。當我開始意識到一切都會結束的時候，萬物的規律就是熱力學第一定律——「熵增」的時候，我覺得活著真沒什麼意思。但我明白，人就是在追求意義的過程中產生了意義。就好比我不停地更新我的專欄，有什麼偉大的意義嗎？好像並沒有。但是，有時候，我就天真地以為萬一我的某一句話、某一篇文章、某一個日課能夠改變一個人呢？每次這麼想的時候，我就覺得一定要做好這件事，好像做這件事也有意義了。於是，我開始樂觀了，但我依舊是一個悲觀主義者。

　　怎麼幫助一個悲觀主義者，讓他樂觀呢？我的建議是，千萬別幫人瞎樂觀。他想樂觀，自己是能樂觀的。他想悲觀，一定有他自己的原因。他不願意告訴你，你也別亂改變別人。這世界上大多的悲劇和不高興的事，都是從有人胡亂改變別人開始的。人要有界限

感，所謂界限感就是尊重別人的生活，哪怕別人的生活態度是悲觀的。作為過來人，我可以告訴你，人的態度可能很難改變，但心情和思維是可以被改變的。就好比你最近過得很不順，對未來充滿悲觀，但你可以換個思路：這是不是老天在給我機會，讓我變得更好更強？你這麼想，思路就會發生變化。

同理，你也可以讓自己開心起來。比如說，心情不好的時候，你可以跑跑步，運動可以分泌多巴胺。你還可以吃點甜食，分泌一下苯乙胺。這些都能讓自己很快地幸福起來。

悲觀是刻在人類基因裡的東西，要不然尼采也不會寫出不朽的名篇——《悲劇的誕生》。但是，樂觀這種態度也是難得的，不是每一個人都可以笑嘻嘻地看待這個世界。在所有人都有悲觀情緒的前提下，機會和資源更傾向於樂觀者。因為誰也不願意把自己的錢和資源放在一個悲觀主義者身上，那樣太沒安全感了。你看這麼多投資人，誰願意去投一個悲觀者呢？他們都會投一個看起來很厲害，有很強很強的動力，對未來充滿信心，能做出點什麼成績的人。

所以，你要怎麼影響他呢？我的建議是從思維上影響他。你要告訴他，雖然你依舊可以悲觀，但你可以換個方式去思考問題。所有打不死你的，只會讓你變得更強。所有讓你痛不欲生的事情，早晚都會過去。老天爺讓你經歷的事，總能有答案，沒有到不了的明天。週期是永恆的規律，低潮期之後，你總能看到高峰。還有一點更重要，叫「言傳不如身教」。如果他不聽，你就做給他看。你天天開開心心，每天都很樂觀，總能潛移默化地影響到他。你對未來充滿希望，他至少能看懂你的樂觀。

最後多說一句，無論是樂觀還是悲觀，都是會感染的。要麼你感染他，要麼他感染你，就看誰的能量強，誰的能量弱了。

<table>
<tr><td>第
73
封信</td><td>如果你身邊也有得憂鬱症的人</td></tr>
</table>

小龍：龍哥，我身邊愈來愈多的人得了憂鬱症，有什麼辦法幫助他們嗎？

李尚龍回信：

小龍，你好。

關於憂鬱症，我之前跟清華大學心理學教授吳菲老師進行過一次對談，他說了一個特別嚇人的數據，就是在中國大約每二十個人當中就有一個憂鬱症患者。而公眾對這種病的認知率一點也不高。很多人甚至覺得，這病不就是矯情嗎？有百分之六十以上的憂鬱症患者甚至不知道自己有病，他們覺得自己只是精神狀態不好，想求死是很正常的事。只有百分之十的患者接受過系統的治療，也就是吃過藥。我自己也曾經得過雙向情緒障礙，到現在至少不用吃藥了。

還有一個數據，如果你得了憂鬱症，不吃藥，死亡率是很高的。所以請你一定要重視，如果身邊有人得了憂鬱症，並且在醫院被確診了，你要特別小心，千萬要保護好他。怎麼判斷一個人是不是得了憂鬱症呢？如果以下八種情況你中了四種，並且持續兩週以上，你就很有可能得憂鬱症了。

第一，對日常生活的興趣開始下降。你開始沒有愛好了，對什麼事情都無所謂，提不起勁。

第二，精力明顯衰退。沒有明顯原因的持續疲乏，完全不知道

自己要做什麼，也什麼都不想幹。

第三，**自我評價過低**。自責，內疚，覺得自己什麼也不是，什麼也做不好。

第四，**思維困難**。就是說，你的思考能力明顯下降了。

第五，**反覆出現死亡念頭，甚至想過該怎麼自殺**。如果一個人不停地搜索該怎麼死亡或者對死亡的話題特別感興趣，他很可能就是重度憂鬱症了。

第六，**失眠，早醒或者睡眠過多**。

第七，**食欲不振，感覺什麼都不想吃**。

第八，**性欲降低**。

如果這幾種你都有，或者中了其中四種，一定要重視起來，趕緊去看醫師。

以上這段話摘自我最近讀的一本書，叫《醫生與您細聊抑鬱症》。作者也是我的好朋友、我的老師，清華大學醫學院精神科副主任醫師吳菲。我曾經跟她線上聊過憂鬱症，這是一個隱藏很深對人傷害性很大的病症，想要幫助憂鬱症患者走出陰霾不是一件容易的事。

原來，我們好像沒聽說過誰身邊有人得了憂鬱症自殺了，但是現在好像誰身邊都有一兩個患憂鬱症的朋友。換句話說，你不用太擔心，這個病已經被人類了解了。有憂鬱情緒或是有憂鬱症的人有些是遺傳原因，有些是遇到了難事，遭受到接連不斷的打擊。除了推薦大家去看吳菲老師的《醫生與您細聊抑鬱症》，我今天給你列一個書單，都是我讀過的非常不錯的關於憂鬱症的書籍。

第一本書叫《邱吉爾的黑狗》。作者是安東尼・斯托爾。如果你對英國歷史，對丘吉爾，對憂鬱症感興趣，你不妨看一看。你會

發現憂鬱症可能是個天才病，尤其像雙向情緒障礙。好像牛頓也得過，梵谷也得過。

第二本書叫《中年的意義》。作者是英國的一個作家，叫大衛·班布里基。這本書寫得非常好。中年時期也是得憂鬱症的高峰期，希望你在任何年紀，都能打過這段不堪的歲月。

第三本書叫《憂鬱與發炎的大腦》。作者是英國的愛德華·布摩爾。書中說，憂鬱症就是大腦的感冒和發炎。雖然如此，但不能不把它當回事。你可以選擇正念、冥想來學習壓力管理方法，從而走出憂鬱情緒。同時，這本書還告訴我們，吃藥真的很重要，當你被確診之後，一定要學會吃藥。

第四本書叫做《我們為何無聊》。作者是加拿大的詹姆斯·丹克特。這本書把無聊和憂鬱症分解開來，有空的同學可以看看。

無論如何，以下三條請你一定要記住。

第一，保持良好的生活方式，去鍛鍊，去讀書，戒菸少酒，營養均衡。

第二，保持適當和諧的人際交往，多和樂觀積極的人交朋友。就算你的肉體被封閉了，也要經常跟優秀的人打電話去交流。

第三，培養幸福的能力。無論順境還是逆境，都要珍惜快樂，心懷感激。

怎麼避免預支消費？

喬露：你好，龍哥。我有一個朋友最近因為預支消費借貸，現在還不上款了，非常焦慮，決定多做幾份工作來還上這個窟窿。預支消費確實能給人帶來物質上的滿足，現在很多年輕人都有這種消費習慣，如果後期支出遠高於收入，沒有辦法及時還款，也挺令人苦惱的。我們該怎樣養成一種合理的消費習慣呢？

李尚龍回信：

喬露，你好。這些年我見過很多負債累累的年輕人，他們都叫「負翁」，負債的負。在我看來，預支消費是一件非常糟糕的事情。有一個故事，流傳甚廣。有一位美國老太太一生都以貸款預支消費，臨死前剛好把貸款還清。而一位中國老太太，天天省吃儉用，存錢準備以後享用，結果等她存到足夠的錢的時候，她得病去世了。

有人說美國老太太活得太瀟灑了，中國老太太活得太辛苦了，一個生前實現了「財務自由」，一個一輩子都在為以後做打算。其實，兩個人都沒有實現真正的「財務自由」。美國老太太雖然看起來滿足了自己的物質欲望，但她每預支消費一次，背後總閃現著貸款的影子。而中國老太太雖然沒有貸款消費，但因為過於擔心以後的生活而不敢消費，一輩子都活得很辛苦。

中國老太太活得謹小慎微雖不值得提倡，但美國老太太的預支消費就合理嗎？

其實仔細想想，不管是預支消費還是有錢了再消費，最終這筆錢都需要你自己買單。有人說，哎呀，我也不想預支消費啊，但我一看見自己喜歡的東西就想買。還有人說，我也不知道自己的錢都花到哪裡了，我就是存不下，好像錢永遠不夠花。

其實，解決預支消費最好的方式只有一個，就是存錢。至於存多少，我的建議是你的總收入的百分之十。這個數目並不算多。俗話說，手中有糧，心中不慌。有空閒才能做出相對清晰和清醒的選擇。一個長期處於匱乏狀態的人是容易廢掉的，而且是從內到外的廢掉。

森迪爾・穆蘭納珊所著的《匱乏經濟學》裡講了一個故事，人在經濟匱乏狀態下，大腦也容易跟著陷入稀缺的狀態。比方說那些一直欠錢的人，實驗組給了他們一筆錢，讓他們先把錢還上，這樣就沒有壓力了。可是誰也沒想到，沒過幾天這些人又欠了錢。原因很簡單，因為他們已經習慣預支消費了。比方說為了面子，今天腦子一熱，請大家吃一頓飯。比方說覺得自己前段時間很勞累，該享受一下犒勞自己了，非要去旅個遊。沒錢怎麼辦呢？腦子一熱，不是可以借嗎？那就去借吧。於是，利滾利的貸款生活開始了。這就是稀缺久了的人遇到的最大麻煩，原來只是外面沒錢，現在變成腦子裡也沒「錢」了。所以一定要想辦法，遏制這種稀缺狀態，不管是經濟方面，還是腦袋裡面。

我給你分享一個管理財務的清單，請好好體悟。

第一，要有餘閒。無論是時間還是金錢，都不要把自己變得稀缺，要給時間於自己思考人生，要給金錢於自己去做選擇。

第二，設計制度。如果你實在扛不住，就是要花錢，你就不要挑戰人性，可以用制度去限制人性。比方說發了薪水，自動扣除百

分之十，存定期。現在銀行有這個業務，可以限額定存，很方便。比方說每天晚上八點到九點，不要安排工作，把手機扔到一旁，去思考，去看書，去聽我們的《乾一杯，龍哥》。

第三，一定要算帳。命好不如習慣好，養成算帳復盤的習慣，不要因為自己現在還沒多少錢就不去算帳，算帳很重要。做生意和做人的本質一樣──「想透、做絕、會算帳」。養成好習慣，看看自己能賺多少錢，要花多少錢，有沒有一些錢的支出是沒必要的。算帳的本質還有一個，就是歸納總結自己的人生。

第四，制定一個小目標。比方說，今年你要存多少錢？這個月你要有多少正向的收入？要還多少錢？要擋住多少超前消費？購物節的時候怎麼避免掉入消費陷阱？看一看，一年之後有沒有完成自己的小目標。

第五，復盤朋友。很多時候你花錢都是因為你有一群貶值且負債的朋友。你去盤算一下最近的幾次交往中，你們的相處，你是賺錢還是虧錢。請注意，我並不是讓你很功利，和朋友在一起要斤斤計較，只是讓你一些沒必要的聚會就不要參加了。每次聚會都嚷嚷著讓你請客的朋友，還是少來往比較好。那些一開始跟你稱兄道弟，說儘管放開了玩，一切他來安排，臨到結束讓你AA的人，一定不要去第二次。很多人變窮都是從交了不好的朋友開始的，他拉著你投資，千萬要謹慎，大多數情況坑你的都是你身邊的熟人。因為我們對陌生人保有警惕心，而對熟悉的人放鬆很多。其實大錯特錯，愈是你信任的人愈有機會騙到你。

第六，減少電子支付的習慣。你愈越喜歡電子支付，你的錢包會愈扁。商家為了讓你花更多的錢，從輸入密碼到指紋解鎖，再到刷臉支付，無一不是為了從你口袋裡掏更多的錢出來。如果你回到

線下，每次消費都要打開錢包，一張張去支付，你會發現很多衝動消費都沒了，你能省下很多錢。

第七，**戒掉不良嗜好**。抽菸、喝酒都需要錢，就連玩遊戲很多也需要錢。在我看來，所有讓你上癮並讓你持續消費的嗜好，都要想盡一切辦法杜絕。很多女孩子可能沒有抽菸、喝酒的習慣，但對那些名牌包、衣服、化妝品沒什麼抵抗力。其實認真想想，你真的需要那麼多嗎？

第八，**關閉所有能讓你預支消費的管道**。什麼花唄、借唄，統統關掉。你有多少錢就花多少錢，不要總是想著那些不屬你消費能力內的東西，也別讓自己過著每天早上起來都要想著還債的生活。不要相信網上那些可以借錢給你的APP，那些 APP 一借上就利滾利了，想還清是難上加難。

第九，**清醒的認知**。在消費之前先問問自己：這件東西是我必須擁有的嗎？認真想一想，很多東西只是欲望，真正必需的東西其實不多。

第十，**卸載沒有必要的購物軟體**。如果你還是控制不住自己想要花錢的手，這一招送給你。

感情平淡了怎麼辦？

傲嬌小巨人：龍哥好。我有個朋友和他對象相處三年了，她明顯感覺到他們之間只剩下習慣，沒有最初那種小鹿亂撞的心動了，但是兩個人誰也沒提過分手。你說這種狀態下，他們還能考慮結婚的事嗎？

李尚龍回信：

　　傲嬌小巨人，你好。

　　我覺得你說的這種情況，兩個人可以考慮結婚。前段時間我遇到一個醫師，這個醫師正在跟他的老婆鬧離婚。說實話，我完全沒想到他會經歷這種事，因為我對他非常佩服，醫術高超，學歷頂尖，家庭幸福，還有兩個孩子。他的生活是我十分羨慕的那種類型。但就是這麼一個在我看來十分優秀的人，兩口子怎麼就走到要離婚的地步了呢？後來我們見面，喝了好幾次酒，他不主動說這個話題，我也不好意思問，只是陪著喝。有一次，我喝得有點多，就直接問他：「到底什麼原因啊？」他只說了三個字，我終生難忘。他說：「平淡了。」這是多少中年夫妻的感情寫照。這種情況，真的是無解的嗎？讓我慢慢講給你聽。

　　你的朋友和她男朋友戀愛三年，感情就淡了，有點快，但可以理解。愛情本就是璀璨的一時激情，很難長久不彌散。這世上再轟轟烈烈的愛情，也不可能保持一輩子的乾柴烈火，如膠似漆，最終

都要回歸生活的平淡。所以，很多在一起多年的戀人或是夫妻會有「七年之癢」，開始對這段愛情產生否定或懷疑，尋找新的「刺激」。可能你會想說，這世上就沒有一生一世的愛情嗎？不好意思，或許有，但不多。就好像我們看童話故事，王子和灰姑娘在一起之後就結束了。沒有作者寫過他們婚後的生活，沒有人對他們漫長的一生做過詳細的描述。因為真實的人性很殘忍。古今中外多少偉大的小說，竟然都根基於三角戀、婚外戀和第三者。為什麼兩個人的愛情總會有第三者出現呢？因為「三」代表著一種複雜的人際關係，它甚至代表著刺激、有趣、隱瞞和心跳。你看，這是不是愛情一開始的樣子？

你以為我要去批判婚姻制度嗎？不是。我是要告訴你，你其實並不孤單，兩個人在一起時間長了，感情淡了並不是感情沒了。就像你說的，感情淡了可能只是轉化成親情而已。你可以問問你的父母，他們多半不會說愛對方的，說得多的就是：「唉，就這樣吧，還能怎麼辦呢？」這其實也是一種愛，一種習慣一般的依賴。就像很多人說，兩口子在一起久了，就像左手摸右手，沒什麼感覺，但如果把你其中一隻手砍掉，你會沒感覺嗎？所以我認為，你的朋友和她男朋友還是有愛的，只是不再乾柴烈火罷了。

換句話說，誰的愛情可以一直乾柴烈火燒了三年呢？一般三個月可能就燒完了。那種平淡且穩定的感情不一定是壞事，可能是好事。就好比我這位醫師朋友，他最終也沒離婚，而是和他老婆達成了共識：每週四晚上是「Dating day」，也就是約會日。這天晚上，兩個人不能以任何工作的藉口拒絕約會的時間，也不讓孩子擾亂他們的情調。於是，他們約定每週四晚上兩個人一起出去吃飯，並互送禮物。漸漸地，他們的感情升溫了，好像回到了兩個人剛開始戀

愛的時候。聽說最近，他們準備生三胎了。

　　我曾經在《我們總是孤獨成長》這本書中說過，愛情是會消失的，我們終將孤獨成長。如果愛情消失了，怎麼辦呢？要麼放手，要麼去愛。請注意，「愛」是一個動詞，你要去做一點什麼。至於這位朋友要不要和她男朋友結婚，我覺得重要的不是去想、去等，而是要去做一點什麼。你可以讓你的朋友主動去問一問她男朋友的結婚意願。當然，還是那句話，結婚的確是這個時代需要巨大勇氣的事情。根據我長期觀察，很多時候結婚就是兩個人腦子一熱就去領證了，離婚也是，兩口子拌個嘴就感覺跟這個人過不下去了。但是，現在離婚有個冷靜期，兩個人正式離婚最少需要一個月。所以，如果不是愛得上頭，誰願意把自己綁死在一棵樹上呢。愛情只要兩個人相愛就可以，婚姻卻是兩個家庭的事。如果你真的想結婚，一定要想明白，它不是小孩子扮家家酒，而是一種責任，一種共生的關係。

　　還沒有步入婚姻，兩個人的感情就像老夫老妻一樣平淡了，怎麼辦呢？那就想辦法升溫，就像我那個醫師朋友一樣，製造生活裡的小確幸跟小驚喜，重新回歸兩個人剛談戀愛的時候的相處方式。

　　最後，也跟你說一個數據。據說兩個人在一起三年或者三年以上的時候，就不太容易分開了，但同時也容易停滯不前，不想結婚了。這時候兩個人通常已經過了磨合期，關係融洽，相處不累，為什麼還要結婚呢？尤其是一起同居的戀人，沒有婚姻關係，卻享有婚姻的實際利益，哪裡還想著用婚姻打破這種幸福的和諧？但兩個人就這樣拖著不結婚，對女生實在不友好。雖然「男女平等」的口號喊得很響亮，但婚戀市場上的大齡女性面對的挑戰還是比年輕女性多。現實是殘酷的，感情跟世界上所有東西一樣，要麼進，要麼

退，要麼昇華到受到法律保護，要麼冒著隨時有第三者加入的風險一直只戀愛不結婚。但這就是人類感情發展的真實寫照。這好像是人類希望你珍惜當下，展望未來，過好每一天。

應該怎麼做正念練習？

Milu：龍哥好。您在公眾號上提到了正念生活，我對正念非常感興趣，覺得多練習正念會對壓力大的人有一定的幫助。龍哥可以多聊一聊正念嗎？

李尚龍回信：

你好，Milu。隨著中產階層的興起，人們愈來愈焦慮，愈來愈找不到自己的定位。對比著別人，讓自己焦慮。這個時候，你一定要學會正念和冥想。

「正念」這個詞最先來自印度，後來在美國風行，英文叫「mindfulness」，這個詞在矽谷、互聯網圈、創業圈非常火。所謂正念練習，就是如何使用和安放注意力的一種方法。

所以，這篇文章會很長，你一定要仔細看，並且要學會使用。

正念的四個基礎，就是對身、受、心、法的正念。

身就是對身體的覺察，體察呼吸給身體帶來的感覺，或身體姿勢。

受就是對感受的正念，對各種感受加以覺察，感覺自己是開心還是不開心，還是沒感覺。

心就是對念頭和情緒加以覺察。

法是對規律事物的真相的正念，也是對各種現象的本質的覺察。

其他本質就是從身體入手，培育對身體的敏感度和親密感，從

而更好地了解我們的身體。

　　凱利‧麥格尼格爾在《自控力2》裡講的練習的本質是呼吸練習和身體掃描。別小看呼吸，雖然我們每時每刻都在呼吸，但從來不會留意到呼吸。我們的呼吸會受情緒、念頭和身體的影響，比如你跑步的時候或是心情煩躁的時候，呼吸就會加快。

　　身體掃描更是如此，我們的靈魂和意識都基於身體的健康，但我們除了去醫院用CT，從來沒有掃描過身體的每一個部位，聽聽它的感受。在愛麗絲‧米勒的《身體不說謊》一書中，詳細描述了身體是最誠實的機器，它能準確地告訴我們，我們的心態在什麼地方出了問題。比如前些時間我做正念練習時，覺得自己的背特別疼，我突然意識到，原來是我最近背負的壓力太大。於是，我趕緊裁員，雖然裁員的過程非常痛苦，但第二天，我背疼的症狀真的好多了。

　　所以，我建議每一個人都嘗試一下正念和冥想。其實「正念」這個詞是從「冥想」而來的，只是「冥想」總容易讓人聯想到宗教，後來人們就用「正念」取代了這個詞。關於如何練習正念，在開始之前，我想讓你回歸到一種狀態：打破期待，關照練習本身。

　　換句話說，正念練習更是一種體驗式的學習，需要你全身心投入這個過程。這裡強烈推薦卡巴金的《多舛的生命》，書中介紹了七種態度性的因素，能決定你的正念基礎：非評判、耐心、初心、信任、無爭、接納和放下。這些都是佛教體系裡最基礎的，也是生活裡最基礎的需求。

　　接下來，我給大家分享六種練習方法：

1. 正念呼吸

　　你可以找到一個安靜、溫度適宜的空間，關鍵是找到一段不被打擾的時間。可能只有短短五分鐘，沒關係，足夠了。找一個舒適

的姿勢，坐下或者站起來。總之，要讓自己放鬆。你的眼睛可以閉上，也可以柔和地看向地面。然後，一邊放鬆，一邊看看呼吸在你身體哪個部位是最明顯的。可能是胸部，可能是腹部，可能是其他部位。

當你確定是某一個部位的時候，請去覺察呼吸給這個身體部位帶來的感覺。呼吸的時候，你就知道自己在呼吸，然後慢慢感受，此時沒過多久，你的心就會慢慢安穩下來。如果你開始開小差，沒關係，你覺察後，只要重新關注呼吸就好。別怕開小差。如果再次開小差，就再次拉回來，不要責備自己，呼吸在當下。去感受你的生命，就在一呼一吸中展開。

2. 掃描身體

同樣，你找到一個安靜不被打擾的空間和時間，站著或者躺著，開始呼吸。這個過程如果你感到想睡覺，可以試著睜開眼睛。

呼吸的時候，把注意力放在自己的腹部，你能感覺腹部開始膨脹，然後開始回縮，一波接一波。接下來，把注意力帶到頭頂的地方，感覺你的意識是一道光束，從頭開始慢慢向下移動，從頭頂到額頭、眉毛、眼睛、太陽穴、耳朵、鼻子、嘴、下巴。不要做任何事，只是單純感覺自己的身體。

然後，開始到脖子、喉嚨，感覺一下喉嚨是什麼感覺，你是否愉快？是否舒服？繼續放鬆，感受到你的肩膀，你的胸部、腹部、背部、每一塊皮膚、骨骼、肌肉。

接下來，感受你的雙臂，從上臂、腋窩、肘部、前臂、手腕、手掌和手背，然後到十根手指。再接下來，繼續掃描到你的骨盆、臀部、尾骨，然後感受你的腿和腳，從外側的髖骨，到內側的腹股溝，到大腿的肌肉，膝蓋、小腿肚到腳踝、腳指頭和腳底板。身體

掃描過程中，除了感受身體的感覺外，別無目標。

3. 關注你的念頭

我們每天都會有六萬多個念頭。正是這些念頭，傷害了我們的內心，因為這些念頭太虛無縹緲了。關鍵是，這些念頭負面偏多，百分之九十以上都和昨天一樣，沒有意義。這就是你持續焦慮的原因。你依舊要找到一個沒人打擾的空間和時間，此時，你不要試圖停止思考，而是要培育和念頭之間的明智關係。

這個時候，關心你的念頭，去命名它。比如這個念頭叫「擔心」，那個念頭叫「幻想」；這個念頭叫「焦慮」，那個念頭叫「害怕」。念頭一旦被命名，往往就不那麼堅硬了，很快也就消失了。當你有一些負面想法的時候，覺察這一點特別關鍵，因為一覺察就意味著正視它了，了解想法的虛妄，回到當下的鮮活之中，感受念頭的升起和消融。

4. 關注你的情緒

和你的念頭一樣，你的情緒也是複雜的，並不斷變化著。你依舊要找到一個沒人打擾的空間和時間，關注你的情緒，不要評判它們，把它們當成訪客。當它們讓你覺得不舒服，命名它們為「恐懼」、「不安」、「憤怒」、「羞恥」等等。情緒也是一樣，一旦被命名，就鬆動了，可能就消失了。

5. 如果你忙碌到不行：三分鐘呼吸練習

如果你沒辦法拿出整塊的時間進行練習，我們可以嘗試三分鐘呼吸練習。它需要的只是你在一整天的忙碌生活和工作中，抽出三五分鐘就好。

第一步，自覺感知當下。無論你是站著還是坐著，請先讓自己覺知當下，進入呼吸空間，然後輕聲問自己：你體驗到的是什

麼？你腦子裡有什麼念頭？你有什麼情緒？你身體如何？你可以很快用注意力從頭掃描到腳。給自己五秒鐘時間安靜下來。

第二步，**集中所有覺知**。把注意力放在腹部，放在呼吸給腹部帶來的感受上。感覺腹部在呼吸的時候的起伏，讓呼吸幫助你活在當下。給自己半分鐘時間安靜下來。

第三步，**將你對呼吸的覺知拓展開來**。除了感受呼吸在腹部帶來的感覺外，也感受你的整個身體。如果你開始覺察到身體有任何不舒服或者緊繃感，試著在每次呼吸的時候，溫柔地將氣息帶到那裡，從那些部位呼吸。每次呼吸，對自己說：「讓我感覺它吧。」接著，盡可能地把這份寬廣、接納帶到你今天的每一個時刻。

6. 感恩練習

關於感恩練習的重要性，我講的多半是感謝別人，能讓自己幸福，但也要加一句：除了感謝別人，也要感謝自己。

感謝雙手雙臂，能幫我完成各種工作；

感謝眼睛，能讓我看見世界；

感謝嘴巴、咽喉，能讓我說出「我愛你」；

感謝軀幹，感謝心臟、肺、肝，感謝腿、腳……

感謝這身皮囊，才能讓我走到今天。

這個方法一定要用。

<table>
<tr><td>第
77
封信</td><td>孩子從小偷錢怎麼辦？</td></tr>
</table>

馮鵬同學：龍哥好。我有個朋友在農村做農機生意，平時除了吃飯之外也沒什麼時間陪孩子。最近，他發現孩子在家裡放錢的櫃子裡偷偷拿錢，而且數額還不算小，一次就拿幾百到上千塊。孩子現在八歲了，朋友發現之後狠狠地揍過他，也心平氣和地跟他講過道理，但好像沒什麼用。請問龍哥，這種事應該怎麼正確引導呢？

李尚龍回信：

　　馮鵬，你好。關於這個問題，我和朋友們也曾經熱烈討論過這個事，就是如果孩子偷錢了，我們到底怎麼做會好一些？突然，有個朋友問了一個非常扎心的問題，他說：「你們小時候有沒有偷偷拿過家裡的錢呢？」大家一下子炸了，大部分人都坦誠地說拿過，有拿五毛一塊的，有拿幾十上百的，拿了多少錢跟通貨膨脹有關。說實話，我也拿過，我還拿過爸媽的百元大鈔。換句話說，差不多每個人都經歷過這樣的事，哪怕自己不是當事人，至少也見過身邊的人拿過父母的錢。

　　我有一個朋友，他的孩子六歲的時候就知道從家裡拿錢，他知道後沒有上來就把孩子打一頓，而是思考深層次的原因，到底出了什麼問題，導致孩子要透過拿錢來滿足自己或是引起父母的注意？請一定要記住，孩子在犯錯的時候，去思考深層次的原因，而不是追逐懲罰。我跟你分享幾點很重要的撇步，全是這個朋友告訴我的。

第一，我們要知道孩子偷錢、藏錢的目的。通常來說，六歲的孩子用不著花錢，錢對他來說沒有任何意義，所以他一定是遇到了什麼事。後來，這個朋友發現，原來是幼兒園做了一個主題活動，孩子們可以用錢換東西回家，目的是讓孩子了解錢的用途。所以孩子並不是喜歡錢，而是他們意識到錢能換東西。而且孩子用錢換東西之後，還會得到老師和家長的表揚。所以他想用錢換更多的東西，讓家長開心，並且得到誇獎。

　　可是為什麼要用偷和藏呢？因為這是孩子目前能得到錢的唯一方法。這個年齡段的孩子不知道偷錢會讓父母傷心，他沒辦法把自己的行為和別人的情感聯繫起來。所以在孩子和家長產生矛盾，家長怪罪孩子撒謊之前，家長要先弄清楚孩子撒謊的動機。等孩子解釋之後再告訴他，撒謊對父母情感的直接影響是很糟糕的。要給孩子臺階下。別糾結孩子承不承認撒謊，重要的是讓他知道家長的感受是什麼。對於家長來說，你要想想看，你小時候是不是也撒過謊？

　　第二，別說撒謊的懲罰，要告訴他說實話的好處。這一點非常關鍵，說大一點，人類就是學會了撒謊，才戰勝了尼安德塔人成為地球的主人。我們把自己稱為「智人」。說謊不可怕，可怕的是故意不誠實。有時候，善意的謊言確實比實話更容易被人接受。所以，當你發現孩子開始撒謊的時候，不要體罰，不要懲罰，你要學會問他原因，同時告訴他為什麼說實話的人可以走得更遠。因為人們都喜歡跟誠實的人交朋友，難道你不想讓別人跟你交朋友嗎？

　　第三，不要輕易給孩子貼上「偷」的標籤。我記得我第一次拿了五塊錢被我媽發現的時候，我媽剛說：「哎，你這孩子怎麼偷東西啊？」我爸立刻站出來說：「這不是偷，這是我們自家的錢，自家的錢只能叫拿，不能叫偷。」這句話給了我非常大的安慰。雖然

後來我知道那個行為是不好的，但父親的話給我樹立了很重要的主人公意識。

孩子為什麼會這樣？仔細分析，有時候你會發現父母的教育方式往往是罪魁禍首。尤其是當你過多地拒絕孩子的渴望，孩子的要求不能得到合理的滿足的時候，孩子就會滋生出一系列莫名其妙的動作。比方說，其他孩子都有家長給自己買的變形金剛、芭比娃娃，你沒有給孩子買，孩子自然覺得沒面子。而從家裡拿錢那個階段是孩子唯一能夠想到解決財務問題的方法。你這麼想，很多問題也就迎刃而解了。

當然，隨著我們對這個問題的深入了解，我們會發現，得到滿足的孩子也可能會偷錢或者偷東西。有一個上小學四年級的女孩，她的媽媽對她的要求是適當滿足的，甚至還給她一些零用錢。但是，她還是會私自拿很多錢，買很多零食分給小朋友，讓小朋友們聽她的，她自己有一種做「大姊大」的感覺。後來我發現原來是這樣，父母平時對她非常嚴厲，幾乎沒有表揚，全是批評。這個孩子內心很壓抑，所以她想透過其他方式得到內心深處的滿足。一個內心得到充分滋養的孩子，這樣做的動機幾乎是不存在的。但是，如果一個孩子在家裡沒有安全感，沒有成就感，他一定會在外面尋找安全感，尋找成就感。這個女孩就是父母不給她自豪的感覺，她就透過請大家吃東西來樹立自信，來平衡自己在家裡的憋屈。

還有一個上小學一年級的男孩，媽媽給他買了不少文具，但他有好幾次從學校拿些小文具回來。每次一拿就是十幾枝筆。這些筆都不是他的。父母就問他說：「你幹麼拿這些筆回來，你這不是偷嗎？」他說：「這些小朋友也拿我的東西，所以我就拿他們的了。」也就是說，孩子有時候對你的和我的認知是模糊的，這需要我們去

引導。

　　第四點，物權意識需要明確。有些孩子年紀很小，他沒有明確的物權意識，沒有你的、我的、他的這種概念，他只是想當然地把自己喜歡的東西據為己有。三歲的孩子才慢慢形成這種你和我的概念。我們家飯團也是在三歲的時候突然意識到，你的東西，我的東西是分開的。人類也是在這兩個世紀有了版權跟界限的意識，換句話說，你的、我的概念也是剛剛形成。父母可以在孩子小的時候就給他樹立這種概念，比方說這是媽媽的東西，你不能亂動。在動孩子玩具的時候，也要詢問孩子的意見，讓他有做主人公的意識，從而讓孩子明白什麼東西是他的，他有自己支配的權利。什麼東西不是他的，他不能亂動。還要讓他清楚地明白，如果是別人的東西，沒有別人的允許，他直接動了，就是他的錯，很可能就是偷。

　　最後跟你分享一個故事，這個故事很感動我，希望對你能有啟發。

　　有一次，兒子偷錢被爸爸發現了，爸爸問他說：「你要錢幹麼？」

　　兒子說：「我想給喜歡的女孩子買一個禮物。」

　　爸爸問：「你買什麼呀？」

　　兒子問：「我想買一個髮夾。」

　　「那多少錢呢？」

　　「二百多元。」

　　然後，爸爸真的把兒子帶到商店，對兒子說：「你自己選吧，讓我看看你的眼光。」兒子挑好後，爸爸沒有提出任何異議，直接買下了髮夾。兒子很開心，可是爸爸開口了。爸爸說：「我問你，如果女孩子問你，買髮夾的錢是從哪裡來的，你怎麼回答？」兒子慌了。

「如果你說是你偷的，你猜她會怎麼想？」兒子沉默了。

「如果你說是你借的，她會怎麼想？」兒子臉紅了。

爸爸接著說：「如果你說是你掙的，她會怎麼想？」兒子突然間明白了爸爸的意思。

最後，爸爸說：「我並不是反對你買禮物，但是在錢這件事上，我們能選擇的方法有好多種。」我想這是最好的教育。

培根曾經說：「最近的捷徑通常是最壞的路。」單純的懲罰，只會讓孩子認為他不能偷錢，因為偷了錢就會挨打。而有效的引導會讓孩子認為什麼是好的，什麼是不好的。雖然兩者的結果是一樣的，但中間的因果關係是天差地別。想讓孩子有主動規避錯誤行為的意識，父母就要多多注重對孩子犯錯之後的引導方式。

希望以上的回答對你有幫助。

wonder：龍哥好。我有一個朋友，他以前在讀本科時被一名同班同學多次招惹和欺負，但他不想在學校惹麻煩，一直忍受這名同學的刁難。畢業之後，他準備讓這名同學失去工作，以此作為報復。他知道自己不應該沉緬於過去，但這名同學過去的所作所為確實噁心到了他，他認為自己此仇不報非君子。請問龍哥，我該如何勸這位朋友？

李尚龍回信：

　　wonder，你好。我來給你講一個故事。二十三歲那年，我走在街頭，突然看到一個身材碩大、肥胖不堪的人。他從我身邊走過，我看到他兩鬢的短髮，突然像是被雷擊中了一樣。我愣住了，但很快緩了過來。然後我跟到他後面，從地上撿起一塊板磚，直到走到他身邊。我舉起手剛準備砸下去，就在那一瞬間，我發現我認錯人了，他並不是我要拍的那個人。他回頭的時候，我趕緊扔掉了那個磚頭。從那以後，那個人像個幽魂一樣一直在我腦海中，從來沒有散去過。

　　我想打的人是我上學時的班主任，因為他在在全校同學面前動手打過我。我現在還記得，當時他大聲訓斥我：「你這輩子肯定沒有出息。」

　　後來，我退學了，心裡一直記恨他。那天如果不是我認錯了人，

而是真的看到了那個動手打我的班主任，我也許會毫不猶豫地動手。打完之後呢？我也不知道。我當時什麼都沒想，就想著我一定要報仇。有意思的是，五年之後，我真的在路邊遇到了他。他拿著一疊資料，好像在忙什麼事。我轉頭一看，看了好幾次，確定真的是他。我就問他：「好巧啊，您最近忙什麼呢？」他說：「你是誰呀？」我說：「我是李尚龍啊。」他看了半天也沒想起來，他肯定已經不記得我了。他肯定忘了當年打我的事了。但是我什麼也沒說，我就說：「那您好好忙啊。」說完開車就走了。

我想這是我這輩子最後一次見到他。他回到家或許能想起我是誰，或許想不起我是誰，但這都不重要了，因為這輩子我和他也不會有交集了。我很慶幸我們再也不會相見，也不想相見。我們本就不是一個世界的人，沒必要再做過多糾纏。人哪，你要往高處走，就要忍耐這個世界上很多人無法忍耐的傷痛、抱怨和指責。

我曾經在網上看到一個事件。有一個三十多歲的男人叫常某，他在路上，偶遇了自己二十年前的一個老師，立刻下車，一邊找人拍影片一邊狂搧老師二十多個耳光。他搧的時候還說：「哎！你記不記得我啊？你記不記得我？你當年怎麼削我的還記不記得？」……這個拍影片發到了網上，立刻在網路上受到瘋狂轉載和評論。大部分人小時候或多或少，或輕或重都被老師體罰過，但當時的我們無力反抗，也不敢反抗……成年後的我，雖然不可能像那個常某一樣朝曾經羞辱我的班主任甩巴掌，但他留給我的傷痛，我一輩子都忘不了。

後來，常某以尋釁滋事罪被判有期徒刑一年零六個月。一年零六個月，三十二歲到三十三歲，這一年半的青春誰來補償呢？這件事以後，他還能回到以前的生活嗎？

常某刑滿出獄。有家媒體採訪他：「你覺得以暴制暴是對的還是錯的？」他認真地回答：「是錯的。」如果他不是以暴制暴，過去一年半的時光他能陪在妻子跟家人的身邊。所以他說了一句話：「如果有人和他有類似的經歷，一定要學會釋懷。」

　　我想你應該明白怎麼勸你朋友了。勸人原諒他人本身就是不可靠的，因為你不是受傷害的人，你不知道他經歷過什麼，過去的經歷對他造成多麼嚴重的傷害，而且不是每個人都能釋懷。我一直給大家推薦《悉達多》這本書，書中告訴我們，你所經歷的乃是你的血肉，你所知道的只是你的衣缽。你可以去勸他，你可以告訴他這樣真的不對，你甚至可以把我這篇文章轉給他看。但是，他一定得自己經歷了才知道，只有拚命往上爬，那些垃圾才會離他愈來愈遠。

　　雖然我經常說很多經歷只有經歷了才有意義，但有些坑真的沒必要踩。與其把時間浪費在曾傷害過你的人身上，還不如緊盯自己的目標，做自己想做的事，讓自己變得更好才是王道。更何況，那些明明知道是錯的事情，為什麼還要去做呢？沒有必要。如果能讓自己變得更好，讓那些人這輩子只能遠遠地看著你，你高高在上，他在下面搆都搆不著，這難道不是一種漂亮的「報復」嗎？

　　要時刻謹記，成年人要為自己的一切行為買單。以暴制暴只能帶來更多的暴力，更多的傷害，更多的仇恨。僅此而已。

第 79 封信　怎麼跑步才不會傷膝蓋？

小沈：龍哥，我算是個自律的跑者，能跑十公里以上，但我發現自己不能堅持每天跑十公里。拋開外部原因，跑一兩次十公里還行，但長時間的跑，膝蓋會疼，腿肚子會疼，還會磨大腿，簡直疼得無法忍受。退而求其次，每天五公里還好，能天天堅持。龍哥，我知道你是一個超自律的跑者，能給同樣愛好跑步的人一些建議嗎？

李尚龍回信：

　　小沈，你好。我確實是一個特別愛跑步的人，這個習慣也是這兩三年才發展出來的。每當我心情不好的時候，我總會去跑步，就像我更新完這個專欄，我第一時間想的也是去跑步。真的，跑步是萬能的解藥，不信你們可以試試。有時候心情糟糕透了，好像整個世界都坍塌了。這時候戴上耳機開始奔跑，就覺得世界上所有的不快都沒了。尤其是跑到最後的時候，一切都顯得格外輕鬆。

　　我是從二○二○年開始跑步的，那一年我二十歲，我剛感到身體的機能一天不如一天，於是開始奔跑。一開始也是膝蓋特別疼，第一個五公里堅持下來之後，我恨不得捂著膝蓋在車上罵人。我還記得那是一個冬天，我跟肖央在朝陽公園剛跑完坐上了車。我說：「我不會從此就廢了吧。」他看著我的膝蓋說：「我給你介紹一個教練吧。」沒過幾天，我和他繼續跑了起來。就這樣一路堅持到現在，已經快三年了，我感覺自己的狀態一天比一天好。那個教練真的很

貴，但也很值得。

現在，我已經養成跑步的習慣，哪一天不跑，就覺得身體不舒服，總覺得少點什麼。在朝陽公園跑兩年多了，看著湖面結冰，看著樹上的葉子掉落，看著樹枝上的鳥兒飛走，看著樹葉上又慢慢長出了枝朵，湖面的水開始流動。魚兒游向水面，公園變回綠色，天氣開始變暖。我身上的贅肉也開始愈來愈少，精神狀態也愈來愈好。我喜歡這種生活狀態，我把它稱為奔跑。

如果你也熱愛讀書，希望變得更好，一定要記得，跑步是抵抗身體衰弱最好的方式之一。跑在路上的人，時間是溫暖的，狀態是青春的，歲月並不漫長。跑了這麼久，我也給大家送上幾點撇步。

第一，跑步確實容易損傷半月板。如果你跑步的時候膝蓋突然痛得厲害，做一個判斷，比如受傷部位還可以輕微運動，仔細摸一摸它周圍的部位。如果能找到明確的壓痛點，往往是肌腱跟韌帶損傷。如果找不到明顯的疼痛點，而是模糊一片，可能是軟骨損傷。記住一句話，只要開始痛了，就別跑了。要不然很容易傷害你的身體。

第二，跑步重要的不是速度，而是距離跟時間。很多時候都是因為你刷配速，為了曬一張圖，發一個朋友圈才把身體搞壞了。哪怕你快走，只要到一定的時間跟距離，也能有減重和提高心肺功能的作用。跑步重要的是堅持，而不是三分鐘的熱度。體重大的人進行跑步減肥，如果速度很快，對身體的傷害真的很大。不是速度快就能燃脂，主要是控制心率。有一個公式，用220減去你的年紀，就是你的最高心率。跑步的心率維持在你的最高心率的百分之六十至七十是特別舒服的。比方說我三十歲，我的最高心率是190，而跑步時心率維持在114～133是最好的。

第三，**先鍛鍊腿部肌肉和心肺功能**。一開始跑步的時候，不要想著一口吃一個胖子，先讓腿部有一些肌肉，尤其是膝蓋附近有肌肉，針對肱四頭肌進行訓練。比方說有個辦法叫直腿抬高訓練，網上有很多這種類似的練習，大家找來看一看。先不要想著跑多快，而要想著如何提高心肺功能，讓自己跑得舒服最重要。怎麼讓自己跑得舒服呢？我的標準是，你在跑步的時候還能跟別人講話，就是舒服的。

第四，**一個重要公式**。BMI（身體質量指數）＝體重（kg）÷[身高（m）× 身高（m）]，你可以測一下你的數值，如果你的BMI 在18.5-23.9之間，它是正常的，適合跑步。如果它大於28，可以跑，但是避免大量的跑步。如果 BMI 大於32，就不建議跑步。先透過飲食把體重調下來，如果你實在想跑，可以從慢走和快走開始。

第五，**穿一雙好鞋**。這一條太重要了，好的跑步鞋要一千多元，確實有點貴。但是好鞋有減壓作用，有緩衝作用，能保護你的腿和膝蓋免受傷害。相信我，你配得上一雙好鞋。

第六，**跑前跟跑後都要伸展，每次至少三至五分鐘**。避免一上來就跑，尤其是頭一天喝了酒之後，千萬不要一開始就跑。網上有很多 APP 自帶跑步操，開跑之前一定記得伸展一下，要不然下次受傷的可能就是你。

第七，**正確的跑步姿勢**。請注意跑的時候上身不要晃，尤其不要左右前後晃，容易把腰給晃壞。保持穩定、前傾，肩膀帶著手臂前後擺動，用臀部和大腿發力。落地時，身體重心輕微前傾，不要後仰，著地時間盡量短，這也是減少落地「剎車」與衝擊的關鍵。另外，膝關節在著地時保持輕微彎曲也非常必要。

第八，跑步時，一次不要超過一個小時。每週三到五次的慢跑是最好的，對身體有很大的好處。

　　第九，體重大的人除了慢走、快走，還可以選擇游泳。游泳真的是太減脂了。

　　最後，如果你真的要減肥，跑步的作用可能連百分之十都不到，而飲食減肥的作用占百分之九十以上。可以一邊調整食譜一邊跑步，飲食和運動聯合起來，雙管齊下，這樣減肥效果才能更快更好。

　　行動起來吧。加油！

<table>
<tr><td>第
80
封信</td><td>**你愈怕什麼，就會愈來什麼**</td></tr>
</table>

匆蝸：龍哥，你好。朋友總是生活得很小心，在短短二十年裡他似乎每天都在憂心忡忡中度過。他怕錯過某些機會，他怕傷害到身邊的任何人。事實是，他果然錯過了人生中最重要的轉折點，也總是傷害身邊對他最好的人。他像一個沒長大的寶寶，不成熟，不理性，還愛做夢。他該怎麼辦啊？

李尚龍回信：

　　匆蝸，你好。其實你的朋友一點也不孤單，一點兒也不特別，因為很多人和你朋友一樣，不成熟，不理性，愛做夢。這樣的人實在太多太多了。這種人因為不太清楚生活的殘忍性，沒有經歷太多的風浪，所以顯得像個孩子。他們得過且過，害怕自己說的某句話或是做的某件事無意間影響到別人，所以總是活得謹小慎微。請你相信，他真的不是故意的。他的本質就是不想經歷社會的複雜性，不想經歷生活的磨難。他待在自己的圈子裡非常舒服，完全不想出來。對這種人來說，他一輩子可能也做不成什麼大事，但也不會太痛苦。

　　這樣的人有個特點，就是害怕和恐懼。他們因為害怕，所以總是錯過。他們懼怕改變，於是錯過最好的時機。在害怕這個領域裡，有一個法則叫：你愈害怕什麼，就會愈來什麼。這其實就是心理學所說的「自證預言」。這種自證預言我們前面說過，就是自己證明

自己是對的，用實際行動來告訴別人自己有多不幸。

恐懼是一種刻在我們骨子裡的東西。原始社會的人看到野獸會分泌出大量的內啡肽和多巴胺，這種狀態一直保留到今天。人們在開心的時候，會停下來享受當下的生活。一旦心懷恐懼，馬上採取行動，避免危險。結果，因為恐懼做出的決定往往是錯的。之所以出現糟糕的結果，是人一旦恐懼，判斷力就會出問題。你沒有獨立且安靜的思考，你也沒想過這件事你到底是需要還是不需要。因為恐懼，你有了激發自己生命的力量的可能，但這未必是你想要的。

比如別人都在考研，你不考研好像就落伍了，於是你也開始考研。可是考來考去，你發現自己根本不適合考研，你更適合去工作，更適合出國留學，甚至更適合去創業。但是，你為考研所蹉跎的歲月，算是白費了。再比如你看別人都在創業，一刷短影音全是年薪百萬，全是富豪，全是創業成功的人。於是你也可以學著別人創業，然後有人告訴你，跟我學吧，只要交幾百塊或是幾千塊就可以拿到他的成功祕笈。結果你還沒成功呢，先被別人當作「韭菜」收割了。

其實，面對恐懼最好的方式就是直面它。你告訴自己你為什麼擔心，你害怕什麼發生。你要把這些訊息釋放出來，如把它寫下來，看到白紙上的黑字的時候，你自身的情緒得到了釋放，你能更好地找出焦慮背後的原因，最重要的是，你終於可以做點什麼了。

就我個人來說，每次我遇到不知道該如何抉擇的時候，我就找一個安靜的地方，拿一張 A4 紙在上面畫思維導圖、寫利弊。直到我弄清楚自己真的喜歡什麼為止，然後我再做決定。這樣，我既不容易焦慮，也不容易跟風。我更知道自己想要什麼，所以才能走得更遠。

然後，我們說說夢想。我一直是一個願意為愛和夢想付出一切

的人。但仔細想來，這個「一切」是不確定的，未知的。比方說，你願意付出的一切，包括父母對你的期待嗎？包括放棄你現在舒適的生活嗎？包括你對未來的期待嗎？人在年輕時總喜歡說一切，總想付出一切去贏得世界。但是，那個時候僅僅是因為你的一切太少了。當你的一切真的變成了一點點，或者變成了很多的時候，你就開始計算划得來，還是划不來了。

有個電影橋段，給觀眾展現了很有趣的心理狀態。

「你有五百萬，你捐嗎？」

「我捐啊。」

「你有三百萬，你捐嗎？」

「我捐啊。」

「你有一萬塊，你捐嗎？」

「我不捐。」

「為什麼？」

「因為我只有一萬塊。」

人都是在開始擁有了一些基礎財富的時候才會意識到所有的任性開始有了成本。那時候，你不會動不動就什麼都不在乎了，也不會動不動就在那裡拍胸脯大喊「我可以付出一切」。人都是在絕對放鬆的時候才會感受到有好事發生，因為你能更好地思考未來。

我經常跟學生講，保持青春並不代表不改變，不進步，而是時刻記住自己的初心。《小王子》的確讓人感覺到年輕，但如果你身邊真有這樣一個小王子，你多半會煩死他。因為他不停地讓你每天畫羊，你畫了之後，他告訴你這個不對，那個也不對。然後，你問他為什麼不對？他還不說，他讓你猜。這種感情你不煩嗎？那時你可能就要崩潰了。別說小王子是你的父母、孩子了，假設他是你的

丈夫或妻子，你肯定會非常崩潰地喊：「你說，你倒是說啊！你給我說明白呀！幹麼老讓我猜你那個羊到底是什麼羊？你想的是什麼樣的東西能不能說清楚？不要再讓我猜了。」而小王子只會淡淡地回你一句：「你根本就不懂我，怎麼跟我在一起啊？」你看，他果然遵循著青春的夢想，但他也不會進步了。

　　我所理解的長大最好的狀態，其實就是這麼一句話：你遵循成年人的社會規則，但同時記得回家的路。這才是真正的永保青春。

<table>
<tr><td>

第

81

封信

</td><td>

人性不應該用好與壞進行區分

</td></tr>
</table>

小文：龍哥，看了你寫的《刺》，總會好奇人性到底是善良的還是惡毒的？

李尚龍回信：

小文，你好。

我一個大哥有次進商場時掃健康寶，拿的是截圖，門口一個保全人員特別嚴格，沒好氣地說：「掃碼。」那個大哥特無奈地搖搖頭，掃完之後就往裡走。結果那個保全一手攔住他，把他拉回來說：「你讓我看啊，讓我看仔細。」我一看兩個人拉拉扯扯，我擔心打起來，就趕緊走過去，拉住保全說：「別動手。」那個保全特別地蠻橫，他說：「我沒看到你手機，你進去幹麼？」我定睛一看，原來大哥的手機有一個防偷窺膜，確實看不清楚。但這個保全的態度太差了，我剛準備發作，說：「小人得志，你得意什麼呀。」我這個大哥突然發話了，他說：「你想不想來我們公司做保全？」那個保全一頭霧水，完全不知道發生了什麼事。然後這個大哥就笑了一下，他說：「我們公司保全一個月八千元，交五險一金，還有假期，你感不感興趣？」當時我都傻了。因為這個保全的嘴角從咬緊牙關到微笑只用了一秒，真的只用了一秒鐘。我真的嚇壞了。

這個保全現在就在我這個大哥的公司入職。每次看到大哥進辦公大樓，他都是彎著腰、佝著背衝過去開門。有一次，我去看這個

大哥，看到這個保全。然後大哥就問我：「你還記得那哥們嗎？」
我說：「戴著口罩也看不清楚是誰。」然後大哥說：「就是上次咱倆
去商場他攔著我，然後拉我一把，非要看我健康寶的那個人。」我
當時還跟大哥逗趣，我說：「您真是言出必行，說把人招了就把人
招了。」

　　有時候你覺得別人對你不好，那是你沒有給別人提供你的高價
值。比方說你剛進一個群組，為什麼只有群主高呼著歡迎你的加入，
其他人不響應呢？很簡單，你沒有發紅包。我現在就這樣，一進群
組二話不說，先發一個紅包。別管大還是不大，先發一個，這個時
候群就開始熱鬧了。「龍哥好！」「謝謝龍哥！」「龍哥發大財！」
你會發現，很多事情你用經濟的角度看，一清二楚，明明白白。

　　過年的時候，我跟幾個親戚朋友在一起吃飯。我們每年都要聚
聚，在此之前我這幾個親戚從來不喝酒，從來都是吃一個小時，桌
上的菜沒了就散了。但是，那天大家吃到了晚上十點，依舊意猶未
盡，因為我從北京帶回來兩瓶茅台。所以非常詭異的事情發生了，
在這個局裡每個人都喝了兩杯，而且喝到了大半夜。後來，我慢慢
理解了，這就是人性。

　　這樣的事情很多。我剛開始創業組團的時候，我們團隊的人對
我客客氣氣的。尤其是我融到資之後，開會時大家很多話也是能不
講就不講，很尊重我。我不來，誰也不敢動筷子，吃個飯，大家扭
扭捏捏的。我出門有人給我開門，打車也有人幫我開車門，走到哪
裡都有人特別照顧我。後來，公司開始裁員，好幾個員工離職了。
原來大家叫我「龍哥」，現在直呼其名「尚龍」。當時讓他們辦離職
的時候，我還請大家吃了個飯，然後該賠付的也都賠付了。現在這
幾個人逢年過節誰也不給我發節日快樂。只有一個人一直給我發，

你知道為什麼嗎？因為他需要我給他寫一個前公司回訪的單子。他要入職下一份工作，那家公司需要找我們回訪。所以，想到這裡你就知道很多事情並不是人性的敗壞，而是你沒有明白金錢和利益在裡面起的作用。

沒有金錢瓜葛還能產生感情的，才是好朋友。這個社會，說實話，這樣的人太少了。你要能找到一兩個，就算你幸運。我也曾經高估過人性，不管見到誰都覺得只要我真心對別人，別人也能真心對我。經歷過很多事後才慢慢明白，這世界大多數人還是看你的價值。別人是否對你微笑，要看你能給別人分多少。

寫完《朝前》之後，我釋然了。在這個世界上，兩個人只要樹立共同的目標，把利益綁在一起，就一下子成為朋友。我們總是看到表面，卻沒辦法看到背後的邏輯。天下熙熙，皆為利來；天下攘攘，皆為利往。

所以，減少一些道德評判，增加一些利益判斷；減少一些情感傷害，多去思考一些底層邏輯，這才是聰明人在這個時代立足的焦點。

<table>
<tr><td>第
82
封信</td><td>**總是丟三落四怎麼辦？**</td></tr>
</table>

超越：龍哥好。我有個朋友做事很不可靠，她丟了身分證去新辦，後來找到舊的身分證兩年後才想起來新辦過。她還經常丟三落四，報名的考試費都繳了卻忘記去考試。在公園散步，她能掉進湖裡，跟朋友約好出去玩，她有時候也能忘記。她喜歡的人跟她表白說：「一年後的運動會如果我跑步拿一等獎，你就做我女朋友。」結果還沒等到承諾兌現，她就忘得一乾二淨。龍哥，這種情況她該怎麼辦？

李尚龍回信：

　　哈囉，超越。你的這位朋友真是一個可愛的人，腦子裡不裝事，也沒有太多朝前看的目標，得過且過，過一天算一天。這種人不管在哪裡可能都不容易被人討厭。但是，有一個問題，時間久了，這樣的人確實招人煩。

　　之所以這樣說，因為一個做事不可靠的人，第一不會被用在重要的職位上，第二她的不可靠可能會轉移到你身上，最終傷害到你。就好比她很想見一個你這樣的朋友，你好不容易把她約出來，她卻放你鴿子，你想是不是傷害你了呢？生活中這樣的人有很多。怎麼樣成為一個可靠的人呢？答案只有三個字：列清單。

　　我給大家推薦過《重塑思維的三十堂課》，裡面有一個非常好的工具叫清單思維。我剛上大一的時候跟你這位朋友一樣特別迷

茫，不知道何去何從。但我很幸運，那個時候我看了一部電影，名字叫《遺願清單》。看完那部電影之後，我坐在自習室點亮燈，在紙上寫下了大學四年我需要完成的任務清單。比方說要過英語四六級，比方說談一場戀愛，比方說看演唱會，比方說嘗試著參加一場英語演講比賽。

真的，清單思維特別特別重要。因為對於這個世界整體來說，只有兩件事，一件是複雜事情，一件是簡單事情。簡單事情就講究因果，有因必有果。但是，複雜事情，比方說像你朋友遇到的麻煩其實是複雜的事。有時候一件小事沒做好，可能全部計畫就砸了。所以要列清單，列清單能夠讓大腦瞬間地清醒起來。

在《清單革命》這本書裡，阿圖‧葛文德講了一個故事。在萬聖節的晚上，美國一家醫院接收了一個被刺傷的男人，這個男人在化裝舞會上跟別人發生了爭執。一開始男人很正常，感覺就是喝多了。醫師用剪刀把他的衣服剪開，結果發現這個胖子胸前的傷口長達五公分，像一個張開的魚嘴一樣。醫師就趕緊把他推進了手術室，確保他的內臟沒有受傷，然後將那個小傷口縫合住就行了。結果，誰也沒有想到，這個男人剛被縫合，不說話了，心跳加速，眼睛上翻，護士推他的時候一點反應都沒有，護士嚇壞了。這個時候病人的血壓都快沒了，醫師和護士開始為他輸氧，給他打點滴。但男人的血壓還是沒有上升。這時醫師打開他的腹部，打開腹部的一瞬間，大家驚呆了，大量的鮮血從腹腔內噴湧而出。醫師嚇了一跳，因為到處都是血。這可不是一般的刺傷，那把刀子扎進去足足三十公分深，一直扎到了主動脈。

好在醫師把他搶救回來了。後來醫師知道，在那天的化妝舞會上，行凶者扮演成一名士兵，槍上還裝了刺刀。直到今天，醫師一

提到這個事還是會搖頭。因為他不理解的是，當病人被送到急診室，醫護人員從頭檢查到腳，幾乎做了一切他們應該做的事，甚至測量了病人的血壓、心率以及頻率。可是，他們忘了一件最重要的事，就是詢問傷員到底是由什麼器械造成了創傷。

你看，這就是典型的清單的力量。在《清單革命》這本書裡，包括我們講的清單思維，有很多這樣的案例。還有一些女孩子、男孩子掉進冰水，然後被救活了。為什麼會被救活？不是醫師的醫術多麼高明，而是他們能夠在醫院裡有條不紊、成功實施這樣的清單非常不容易。很多醫師都總結了一個道理，每個病人平均需要一百七十八項護理，操作非常複雜，而人腦是很難記得住的。如果有清單，一切就能簡單很多。

所以，我的建議是所有複雜的事情，像你剛剛講的那個朋友的事情，比方說建造大樓、生孩子、養孩子、考試，甚至出門，你都需要清單。當你的腦子一頭霧水，像你那個朋友一樣，做什麼事都失敗，做什麼事都出問題。請你一定記住，找一個安靜的地方，列下屬於自己的清單。

俗話說，好記性不如爛筆頭，爛筆頭就是清單。當事情複雜起來，為了減少失誤，清單思維能夠帶你走得很遠。

下面我跟你分享幾點非常重要的撇步：

第一，每天晚上把第二天要做的事、見的人列一個清單。

第二，學習的時候給自己的計畫列一個清單。我們見過好多人，他們看起來在學習，實際上沒有效果。很簡單，你沒有列清單，也沒有一一核對自己的努力是否得到相應的結果，所有的事情就只是做做而已。

第三，工作的時候把每一件小事列個清單。早上起來寫一個

工作清單，晚上核對一下當天完成的事，然後寫一個第二天要做的清單。

第四，出門的時候列一個清單。 馬馬虎虎、丟三落四的人，出門前最好列一個清單，按照清單一一核對自己出門要帶的東西。

第五，做每一件重要的事情，把事情拆分到不能再拆，然後再列一個清單。

最後，每個人應該都有一個不大不小的清單，需要一生去完成。就像我上大學時列出的清單那樣，讓你的這位朋友也列一個清單吧，給自己定一個目標，然後一一完成。

高敏感的人總容易受傷怎麼辦？

吟吟：龍哥好。我是高敏感人群中的一員，每當與上司、家人傾訴，遇到一丁點事，眼淚就忍不住地流下來。我是淚點特別低的人，刷影片的時候一會兒哭，一會兒笑，身邊的朋友覺得我是個特別奇怪的人。想問龍哥，內心敏感、總是容易受傷的人該怎麼辦？

李尚龍回信：

吟吟，你好。不管你是不是個奇怪的人，你的問題都不奇怪。這個世界，高敏感的人太多了。總的來說，高敏感的人有這麼幾個特點：

第一，壓力大，產生絕望感。當事情接踵而至的時候，高敏感的人會瞬間壓力巨大，不知所措，很難完成任務，甚至覺得這世界要毀滅了，我該怎麼辦？

第二，自控力差，容易受到外界干擾。他們時常感覺到周圍嘈雜，尤其是在開放式辦公室、咖啡廳這樣的地方，他們很容易被周圍的目光、聲音甚至咳嗽聲打擾。當有人大聲喧譁的時候，他們會更不舒服，他們對噪聲承受的壓力感非常非常低。

第三，難以控制自己情緒。他們在飢餓、勞累的時候很容易生氣、憤怒，甚至暴怒。這個時候周圍的人就倒霉了。我相信你也是這樣的人，你可能不是暴怒，但你在壓力下可能會哭泣，可能會爆笑，所以愈親近的人愈要忍受這樣的壞脾氣。有趣的是，他們睡一

覺起來就像變了一個人，變得容光煥發。

第四，**他們多半喜歡獨處，但也會有例外**。當社交人數巨多、壓力巨大的時候，他們會感到極其不自在。

第五，**他們對藝術有很強的感知能力**。所有的藝術家其實都是高敏感群體，他們甚至能透過別人的幾句話就知道別人的情緒狀態。他們能從音樂中聽到和別人不一樣的表達，能從雕塑和繪畫中看到和感受到不一樣的情緒。這樣的人其實都是藝術界的天才。

聽到這裡，你是不是覺得好多人都跟上面這位人一模一樣呢？是不是覺得你也是其中之一呢？

所以，請你記住上面第一點，這一點非常重要，就是高敏感真的不是一種負面情緒，有時候想哭就哭，想笑就笑，根本就無傷大雅。你需要做的是接受這種敏感，同時增強自己的鈍感力。

「鈍感力」這個詞是近些年提出來的，也就是遇到事不要總覺得過不去，可以鈍一點。有時候時間到了，事情自然就解決了。我見過好多優秀的藝術家，他們告訴我，高敏感其實是一種天賦，是上天送給他們的禮物。我給大家推薦一本書，是伊麗絲·桑德的《高敏感是種天賦》。書裡講高敏感並不是一種病，而是一種人格，並且它在性別分布上沒有區別。男士跟女士都有可能是高敏感的人格。據相關數據顯示，每五個人當中就有一個是高敏感人格。

心理學家卡根和艾倫做過相關研究，跟桑德的研究一致，就是百分之十五到二十的人口是高敏感人格。所以，你並不孤獨，不要總是患得患失。心理學家艾倫還發現一個神奇的現象，高敏感度並不意味著內向。有近百分之三十的高敏感度人群在社交活動中非常活躍，也就是說，一個走在聚光燈下的人也可能是個高敏感者。

這到底是怎麼回事呢？接下來，我有兩則很重要的撇步跟你

分享。

第一，高敏感的人因為敏感常常會設身處地地為他人著想，這本身並不是一件壞事。但如果前提是沒有自我的本位，那麼他們遲早會被這些想法和價值觀不同的人折磨得疲憊不堪。

什麼叫本位？就是你確定自己是什麼樣的人，這就是本位。對於我來說，我在書寫的過程中，我愈來愈確定自己是個什麼樣的人，愈來愈知道自己要什麼。隨著我確定和知道，我的本位愈來愈清晰。無論對方怎麼說我，無論對方怎麼給我臉色看，無論對方怎麼進入到我的潛意識，我都不會受他的影響。也正因如此，高敏感的人活出自我的第一步就是要將注意力轉移到自己身上，要多問問自己：你是誰？你到底想要什麼？這樣你就不會總是為別人著想，慢慢走出失去自我的狀態。很多討好型人格的人都是從高敏感開始的，但你知道討好型人格的人過得幾乎都不幸福。

第二，活用敏感。一般來說，高敏感的人和別人交流時因為接觸的訊息太多，聽到的噪聲太大，很容易讓自己疲倦不堪。但是，一旦他擁有自我本位，善於洞察別人的情緒反而成為他們的優點，變成識人、知人的利器。他們中的很多人發現自己原來很適合從事需要和人交際的工作，從而變成在社交場上能言善道的人。

對別人的情緒敏感，也意味著更容易懂得別人的情緒。因此在工作上，這樣的人能夠提供對方所希望得到的服務，甚至還能成為創作的源泉。我自己就是，每次遇到讓我無法接受的情緒的時候，我第一反應是把它寫下來。當我真的寫下來的時候：我發現，第一，我對它們不再敏感了；第二，這些都成了我創作的素材。

人愈長大愈要學會一件非常重要的事，就是接納一個不完美的自己。很多看起來很討厭的特質，其實有可能正是你的優點。

<table>
<tr>
<td>第
84
封信</td>
<td># 生活一片混亂怎麼辦？</td>
</tr>
</table>

羅美慧：龍哥，你好。我想問一下關於工作的問題，現在公務人員的工作怎麼樣？我是做信用卡催收的，現在行情也不好，我的工作壓力很大。媽媽和舅舅讓我去考公務人員，我不知道要不要考，想聽聽龍哥的意見。還有一個問題是，如何與人溝通？我長期失眠，已經九年了，不知道該怎樣去改善。想到回家要面對媽媽的催婚，我都不敢回家，就算是中秋也想和男朋友一起過。感覺很多人的思想都比我成熟，我該怎麼去改善？我現在正在考駕照，練路考，腦袋裡亂哄哄的。插班大學也是，記不住東西，心裡很焦慮。文采不好，說得亂糟糟的，希望得到龍哥的指點。

李尚龍回信：

　　羅美慧，你好。其實，你的問題是很多人都會遇到的。因為不知道該怎麼問，所以不停地問。然後就問了好多問題，愈問愈亂，最後各種問題就愈來愈多。問題愈多，自己愈亂。但是，麻繩一定是有一根線頭的。遇到非常複雜的問題，一定要主動去尋找線頭。你提出了很多問題，看起來很複雜，其實就是一堆問題拼接在了一起，我把它總結成六點：

　　第一，要不要考編？第二，工作壓力大該怎麼辦？第三，失眠了該怎麼辦？第四，媽媽催婚了該怎麼辦？第五，插班大學不成功該怎麼辦？第六，考駕照路考過不了該怎麼辦？

這六個問題看似擰成了一條複雜的麻繩，但其實是有線頭的。

第一，**要不要考編**？我的建議是能考盡考。當你不確定要不要做這個事，也有大把時間的時候，為什麼不去試一試呢？萬一成功了呢？就算不成功，至少自己不會後悔。所以，要不要做任何事情，你先試試，做著做著，總會有屬於自己的答案。

第二，**工作壓力大該怎麼辦**？有兩個方法：一是直面壓力。就像我現在更新專欄，每天都很焦慮，但能怎麼辦呢？該更還是得更。只有直面壓力，壓力才會愈來愈小。二是試試其他賽道。如果你現在的工作壓力壓得你喘不過氣來，不妨換條跑道試試。比方說考編或者其他的路。

第三，**失眠了該怎麼辦**？大部分的失眠都是因為壓力太大，解決好壓力過大的問題，失眠自然迎刃而解。

第四，**被催婚了該怎麼辦**？很多人之所以著急忙慌地結婚或是生孩子，是因為他在考編，或者成長，或者找工作，或者在事業迭代的路上遇到了麻煩，所以他稍微停一下，先把生活經營好。我還是建議你先考編，考上了，你面臨的擇偶權也不一樣了。

第五，**插班大學不成功該怎麼辦**？考上編就不用擔心了。

第六，**路考過不了該怎麼辦**？路考確實不好考，但勤加練習總能考過的。

所以，你的當務之急是利用業餘時間不留餘力地考編。如果你還有一點時間跟精力，就在考編的間隙把路考通過了，駕照拿了。你會發現很多令你苦惱的問題，一下子都不存在了。

我在回覆大家的問題的時候，最大的感觸就是很多人竟然問不出一個清晰的問題。後來，我慢慢明白，很多人的生活之所以一塌糊塗，就是因為他的問題不夠清晰。他的腦子裡裝的事情太多太亂，

然後把自己弄得很焦慮，最後問題沒解決，自己還憂鬱了。

有時候一天遇到好多事，我的腦子也會亂。這時候怎麼辦呢？我給自己設置了一個讓腦子清晰的辦法，就是拿出一張空白的紙，找一個安靜不被打擾的地方，把自己腦子裡想的所有事情，不加批判，一次性地全部寫在紙上。寫得很多很亂沒關係，寫得很慢也沒關係，寫的時候不要帶任何情緒批判自己。

接下來，用一、二、三的方式把問題列出來，我們發現無論遇到多少麻煩，都可以把它們歸納到這些數字裡面。於是，問題開始簡化，我們的腦子開始逐漸清晰。

這時候，我們有兩個辦法，一是想辦法解決一、二、三的問題，二是弄明白一個特別清晰的問題，然後請教牛人。

其實很多時候，我們的問題也並不是非要得到一個確定的答案。就好像我們讀哲學，我們是想發現問題而並不是想得到答案。在思考問題的過程中，人是會無限成長的，有時候一個很好的問題比一個好答案更有意義。先把腦子弄清楚，接下來你會發現生活愈來愈清晰了。很多人的生活就是這樣愈來愈好的。

最後，我要聲明，我並不是鼓勵每個人都去考編，而是希望你用這樣的方式去思考，把你混亂的頭腦拉回到一個清晰的狀態。

只有清晰的頭腦，才會有漂亮的生活。

加油吧！

怎麼調整自己的優越感？

園園：龍哥，在我看來，你是「萬事通」，是「指路者」，是「明白人」。你的認知和境界已遠遠超越我們，達到一個高層次的水準。但是，你還能跟我們或者周邊的人像正常朋友一樣聊天和相處，我覺得非常難得。我想問，如何與低於自己認知水準的人相處？如何控制自己在這一過程中不會產生優越感，從而不打翻人際交往的天平？如何與跟自己不在一個頻道上的人相處？

李尚龍回信：

　　園園，你好。我曾經在讀書會上講過一本書，叫《自信向左，自卑向右》，是美國心理學博士克雷格·馬爾金寫的一本心理自助書。書中告訴我們，優越、自戀是保護我們自我的東西。所以，每個人的優越感都是存在的。而且它還有個特點，就是一旦優越感過頭，不僅傷害別人，還會傷害自己。所以二十多歲特別張狂的人，往往在三十多歲的時候會突然變得格外低調。不是因為我們長大了，而是我們張狂的時候都吃過虧。

　　我很慶幸自己在沒怎麼吃過虧的時候，就學會了做人不要那麼充滿優越感。記得那時候我恰好讀到《蘇東坡傳》，蘇東坡有句話寫得非常好，他說：「吾上可陪玉皇大帝，下可以陪卑田院乞兒，眼前見天下無一個不好人。」這句話給了我非常大的啟發，所以我現在交往的人三教九流，什麼人都有。如果我身上有一點是大家可

以學習的，就是至少我明白每個人身上都有可以學習的那一面。

其實，我也不像你想的那樣一直很低調，遇到特別愛裝的人，我也會擺架子。尤其是那些不停炫耀自己認識這個、認識那個的人，我裝起來比他還狠。有一次我參加一個飯局，一個主管的老婆剛創業，在飯局裡說認識這個、認識那個，說得所有人都不敢接話。那天真把我惹火了，我直接打電話把她認識的這個和認識的那個的電話全撥通了，然後她的謊言當場被戳穿了。真的，做人不要太張狂，牛皮吹得差不多就行了。那種不可一世，就我最厲害的嘴臉最讓人討厭。

原來我也挺高傲的，但隨著年齡的增長，我逐漸意識到高傲、優越感真不是什麼好事。因為優越感的本質是比較，是分別心，是看低別人，抬高自己。看低別人本來就不好，抬高自己更是如此，而且抬高自己會讓你看不清真實的世界到底是什麼樣子，你到底幾斤幾兩。

在佛教裡面，像分別心、是非心、得失心和執著心，都是我們的妄念和妄想，其中分別心是痛苦之源。比如，你拿你的孩子、父母，跟別人的孩子、父母比較的時候；你覺得這個人很厲害，那個人不行的時候，是不是都挺痛苦的。而且人有分別心還會讓你錯過一些東西。我曾經在麗江的一個酒吧和一個清潔阿姨聊了一晚上，她給我講了很多精彩的故事。如果我那時候有分別心，覺得她只是一個清潔阿姨，我何必跟她說那麼多，那我不是就錯過那些美好的故事了嗎？

另外，當你發現你的層次比別人高的時候，不要免費給人提供意見，因為牛人的時間都很寶貴。俗話說，時間就是金錢。這個世界有很多職業，諮詢問題都是要收費的。比如律師，比如心理醫師，

沒有人會免費給你建議。真正免費給你的，你多半也不會信。但如果收了你的費用，還收得很高，他們的建議你多半會採納。因為很多人都相信，貴有貴的道理。所以千萬記住，如果你比別人厲害，千萬不要免費給人意見，因為他會覺得你不值錢，你也會覺得自己挺沒意思。所以，能不說話就別說話，要不然別人不高興，自己也不愉快。

這是我作為過來人的經驗。我原來有段時間特別傻，好為人師，總覺得這個陌生人被我改變了，我好自豪。殊不知別人把你當傻子，他只是拿你開玩笑，根本不會認真聽你說，也不相信你的話對他有用。這也告訴我們一個道理，永遠不要跟不如自己的人辯論。因為他會把你拉到跟他相同的層次，然後用他的經驗打敗你。對於這種人，你要魔法打敗魔法，去培養他，讓他在自己的認知裡沉淪下去。

愈是無知的人愈執拗，他覺得自己什麼都懂，說什麼都對。反而是那些讀過很多書的人很謙卑，總覺得自己知道得不夠多，不夠廣，不夠深，還有很多需要學習的。實際上，愈是謙卑的人愈容易做成事，愈是張牙舞爪的人愈是花架子。

人有優越感是無可厚非的，但那是從內到自我的優越感。我們的外在一定要保持謙虛，這樣才能看到更大的世界。在生活裡，愈是自卑的人愈需要優越感，你把面子給他，你要裡子。只要把事情做成，讓他顯示一下優越感又何妨？圖口舌之快，只會有虛假的優越感。

我有一個搞好人際關係的心得跟你分享，就是自嘲「不行」，多誇別人「行」。也就是說，時刻保持謙卑，多去讚美他人。久而久之，你的人緣會愈來愈好。真正成功的人都很低調，他們喜怒不形於色，很難被人看出他是怎麼想的，因為他把所有的想法都藏在

了心裡，這樣的人反而更容易被人尊重。這麼多年，我一直堅持一個觀點，就是每個人身上都有值得學習的地方，無論他是哪個階層的人。所以，做人不要一葉障目，當井底之蛙，否則只會顯得你自大。

我也是經歷了很多事才明白，一個人一旦產生優越感，智商和情商會瞬間下降，做什麼可能都是錯的。你看那些習慣於站在道德制高點的人，他們的言談舉止無不透露著優越感，但他們永遠不知道背後有多少不為人知的細節。因為他們站得太高，光環閃耀，你看不清他們的表情，他們也看不到你的生命。

最後多說一句，就算一個人身上沒有任何值得你學習的地方也沒關係。他依然可以成為你故事裡的一分子。如果對方跟你不在一個頻道上，最好的方式就是保持微笑，然後跟他說：「你高興就好。」

要不要給聘金和嫁妝？

ZOE：龍哥好。我的好友要結婚了，但因為聘金的事跟父母鬧得很不開心。去年年底，我發小的父母和她男朋友的父母一起見面，約好聘金是三十六萬八千萬元。因為這筆錢不是一筆小數目，發小就跟她媽媽約定，結婚的時候返回百分之八十。過年的時候她男朋友提出想去發小家過年，她媽媽要求先給八萬八千元，直接打自己卡上，男朋友給了。今年她男朋友想早點把婚結了，發小媽媽讓把剩的聘金全部打卡上，發小就問她媽媽是會返還的吧。但是，媽媽說三年後再還，等她有孩子了直接給外孫，發小就很不開心。發小有個弟弟，馬上也要結婚了，肯定也要花錢，發小覺得她媽媽把錢留下是想補貼弟弟，覺得她媽媽是在賣女兒，況且她男朋友給的這個聘金其中一部分還是借來的，以後是要還的。她媽媽聽她這麼說，瞬間翻臉，罵她是白眼狼，把她養這麼大，她賺的薪水都應該是媽媽的，現在還沒嫁出去呢，就胳膊肘往外拐，她媽媽說著說著還氣哭了。請問龍哥，好友應該怎樣去跟媽媽溝通這個問題，如何跟這種根深柢固的思想抗衡？

李尚龍回信：

ZOE，你好。說實話，看了你的問題我大跌眼鏡，用網上的話說：「我雖然不懂，但我大為震撼。」沒想到現在的聘金還有這種操作方式。作為一個局外人，她媽媽的做法我也有點不理解，也感覺

有點像賣女兒，而且賣的價格還挺高。尤其是聘金三年後再返的說法，真讓人難以理解啊。

假如我生在這樣一個家庭，我也會很難過。我不想當「媽寶女」，也不想當「扶弟魔」，更不想讓男朋友為了跟我結婚債臺高築。從男方的角度來說，如果我愛上這樣一個女孩，我也會很痛苦。一方面，我真的想和她在一起；另一方面，我可能拿不出這麼多聘金。即便東拼西湊拿出了這筆錢，這婚一結，可能一切都回到了一貧如洗的境地。

從文化起源來說，在古代，聘金的確是要給女方父母的，是用來買斷對方女兒的錢，它的本質就是買賣婚姻。父母收下男方的錢，讓女兒嫁給誰，女兒就要嫁給誰。這就是「父母之命，媒妁之言」的本意。

有一本書叫《債》，書裡說古時候的聘金其實是承認「人情債」的一種方式。男方給出重金當聘金，表示他承認自己所要的東西如此珍貴，不可能以任何方式償還他。可是，現在已經是二〇二三年了，為什麼還有這樣迂腐的價值觀？難道女兒就是賠錢貨，要靠聘金來挽回自己的損失嗎？我沒有特別研究過聘金，但我身邊所有結了婚的人確實都給了聘金。我不反對兩個人結婚女方要聘金，甚至覺得一定得要，因為聘金在某種程度上確實可以提高男方在婚姻中的犯錯成本。這不是說兩個人的婚姻出現問題，一定是男方的錯，一定要男方來買單，只是說聘金能讓男方及其家人更珍視好不容易娶回來的人。通情達理的家長一般都是把聘金存到女兒卡上，當作女兒小家庭的啟動資金。

所以，聘金該要還得要，但最好是歸還到小兩口組成的新家。有些父母不知道是腦子糊塗還是怎麼回事，就覺得女兒是我生下來

的，辛辛苦苦養大的，平白無故就送給男方了，憑什麼還要女兒把錢帶回去，這對我們太不公平了。

我想說，羊毛出在羊身上。如果男方給的聘金真的是借來的，你女兒嫁過去也是要一起還的呀。就算女方不必承擔債務，家裡欠很多錢，她的生活品質也是要受影響的呀。作為父母，好不容易養大的女兒，你忍心讓她受苦嗎？

這位母親對待聘金的態度真的讓人難以理解。我們每個人都是獨立的個體，有自己的責任和義務，也有自己的尊嚴和底限。即便是父母，也不能控制孩子一生。什麼「我生了你，你的一切都應該是我的」、「你要聽我的話，把掙的錢交給我」之類的話，實在是讓人大為震撼。

所以，你的好友該怎麼跟她的媽媽溝通呢？我覺得她們之間已經不再是有商有量的溝通了，而是你強我弱的談判。因為母女兩個在聘金的歸屬權上產生了巨大的認知差別，更何況這筆錢也不是個小數目。那麼，談判就應該用談判的手段解決問題。請注意一句話：「但凡談判必有底牌。」我不知道你的好友在家裡地位怎麼樣，但她最好弄清楚她的底牌是什麼。這裡我告訴大家一個方法，所有和家人談判的孩子請記住，你的底牌有且只有一個：我成年了，大不了我換個城市生活，我換個圈子生活。

一個人只有自己為自己承擔了責任，有了自己的社交圈子，才能更好地和父母以及過去的原生家庭協商，和糟糕的傳統價值觀談判，以及和那些你看不慣的規矩說不。也就是，我自己的事情我自己負責，不用你對我指指點點。

這也是為什麼很多來到大城市的孩子，雖然常常覺得孤獨，但他們至少自由，至少幸福。因為他們終於可以擺脫混亂的人際關係，

自己的事自己做主。可能你會擔心自己態度太強硬，會傷害父母的心。我告訴你，你的擔心是真實的，固執己見的孩子確實會傷父母的心，但這種傷害是短暫的。從長遠來看，孩子總要長大，離開家，離開爸爸媽媽，獨自去覓食，獨自去生活，獨自去面對世界。孩子愈早獨立自主，羽翼愈豐滿，生活能力也就愈強。

請記住一句話：世界終歸是屬於年輕人的。

所以，讓你的好友勇敢地跟媽媽亮出底牌，為自己的未來爭取一下吧。

<table>
<tr>
<td>第
87
封信</td>
<td>什麼時候，你突然意識到自己
長大了？</td>
</tr>
</table>

一二三四五：龍哥好。請問您是什麼時候意識到自己長大了，能獨
當一面了？我現在是一名研二的醫學生，畢業之後是參加工作還是
繼續讀博士，我很迷茫，不知該如何抉擇。龍哥的書我都看過，裡
面的文字陪我度過很多艱難的時光。道理我都懂，但靜下心來又覺
得很無助，覺得自己孤孤單單的，成長得好辛苦啊。希望龍哥可以
給我一些建議。

李尚龍回信：

　　一二三四五，你好。每個人都有突然意識到自己長大的那一刻，
就我個人而言，我是在遇到事情，發現只能自己扛的時候。

　　人的一生總會經歷一些標誌性的事，當它發生的時候，你會熱
淚盈眶，讓你感嘆時光的流逝，讓你突然意識到自己好像長大了，
知道自己不再年輕了。我有一個朋友叫小虎，他是個動作演員。年
輕的時候他從來不怕做任何動作，導演讓他從什麼地方跳，他就從
什麼地方跳，為此還不小心摔跤骨折過，半個月沒能下床。他的大
膽在整個影視圈也是出了名的。直到有一天，導演讓他從一個爛尾
樓的二層往下跳，他站在窗戶上遲遲不敢跳。導演喊了好幾次開始，
又喊了好幾次卡，他都沒有跳。導演很詫異，把他叫到一旁問怎麼
回事。他跟導演說：「我不敢跳了。」導演問：「為什麼呀？」他突
然哭了。後來有一次我倆一起聊天，他說當時站在窗戶上往下看，

不知道為什麼，突然就不敢跳了。那一刻，他知道自己的青春結束了。

我們控制不了時間，控制不了衰老，但我們可以控制自己的心態跟心情。記得我以前給學生上課的時候，有學生對我說：「老師，你好像什麼都知道。」我說：「我才不是什麼都知道呢。」他說：「每次看你的樣子都很淡定，好像從來都不會焦慮。」我跟他們開玩笑，我說：「我上知天文，下知地理。」

那天晚上，我在日記本上寫了一句話：年輕的時候什麼都想知道，所以焦慮地讀了很多書，看了很多人，也走過很多地方。隨著時間的流逝，你突然發現自己開始不焦慮了。不焦慮並不是因為你什麼都知道，而是你釋然了，不著急了。曾經解不開的心結突然就解開了，放下了。

年輕時，我們是無所畏懼，覺得自己是生活的全部。我們放肆大膽，覺得擁有青春就擁有一切。後來，我們發現，一切悲歡離合只存在於我們主觀的情緒裡。當我們得到的訊息開始增多時，我們逐漸學會了計算得失，學會了衡量利弊，學會了用數字代替情感。也就是那一刻，我們知道自己長大了。

老實說，雖然我現在是三十多歲的年紀，青春早已逝去，但我還保留一點孩子氣。有時候喝多了一個人走在街頭，看見路緣石，還是會不由自主地伸開雙臂練習一下平衡感。但大多數時間，我找不回年少的純真了。很多事情我會看值不值得再做打算。我知道自己再也不會回到那個無所畏懼，打籃球把自己拋向空中，無論進不進的狀態了。現在的我，跳起來的時候會想一想：我這樣做，會不會踩到別人的腳？會不會弄傷自己？下週一還有例會要開，我受傷了怎麼辦呢？

我理解的長大就是從學會計算得失開始的。我們都喜歡《小王子》，我也對這本書愛不釋手，因為小王子永遠是少年。那些星球上的大人，和他對比之後，總感覺他們好像沒了生命力。但是，請大家一定要記住，小王子只適合生活在童話故事裡，因為他完全是一個沒有長大的孩子。比起《小王子》，我更推薦大家讀一讀馮·法蘭茲的《永恆少年》。馮·法蘭茲博士是公認的傑出的榮格繼承者，更是童話心理解讀權威性的代表人物。她在《永恆少年》中深度解讀了《小王子》，給我們一種全新的視角，讓我們審視個人成長的危機以及如何解決成長過程中的問題。她透過這本書告訴我們，小王子一直存在很嚴重的親密關係的危機，比如他無法跟玫瑰花說「我愛你」，他甚至不知道自己究竟想要什麼。他之所以否定作家畫的羊，不過是這些羊畫得太具體、太現實了，不符合他心中完美的羊的形象。在畫畫這個事情上，我們呈現出童真跟理想主義的傾向。

　　其實小王子就是作家安東尼·聖修伯里本人，也是永恆少年的人格化身，他們都遭遇到了永恆少年的危機。首先是個人成長的危機。一個人如果不成長，也就沒了下文。所以，永恆少年並不是好事。怎麼去解決這樣的問題呢？榮格給了一個答案，非常經典。他說：「去工作，去受苦，去把雙腳踩在地面上。」這也是我給你的建議。不要害怕長大，而是實實在在地去做事情，也不只是虛無縹緲地想事情。如果哪吒沒有鬧海屠龍、反抗父權，就不會成為今天的哪吒。悉達多沒有走出家門去經歷磨難，他永遠只是一個不知人間疾苦的富貴公子，他成不了覺悟者和佛教的創始人釋迦牟尼。

　　青春時，燦爛的少年感炫彩奪目，長大之後如果還是這樣，只會讓人覺得幼稚。長大了就要用長大了的方式處理問題。當你來到

成人世界，就要遵從成人的遊戲規則。

我創業之後，有幾個學生在知乎上罵我，說我開始賣課，忘了初心。我覺得他們的這個腔調特別奇怪，首先，賣課有問題嗎？其次，難道一切都要免費才是勿忘初心？一開始看到他們這麼說的時候，我特別氣憤，覺得自己很委屈。後來我也明白了，他們只是拿「勿忘初心」的幌子，來掩蓋自己不願意接受付費購買知識的現實。勿忘初心，並不等於一成不變，而是你要努力去改變，同時相信那些最底層的美好，比如善良、單純、美麗等等。你會發現有一天，這些詞彙的意義也會變化，這是勿忘初心。

長大意味著獨立，意味著承擔，也意味著改變。我經常跟大家講，孤獨是成長的必修課。我們每一個人都是孤零零地來，孤零零地走。所以堅強些，加油。

最後送你一句話：勿忘初心，不懼改變，才是這個時代每一個長大的年輕人應該做的事情。

怎麼實現知行合一？

小兮：龍哥好。我對自己的人生也有一些規劃，可是生活中的意外總是接踵而來，讓我無法沉浸下來努力。現在只是知，完全無法行，這樣的狀態讓我產生懷疑，覺得這樣是不是還不如沒有想法，渾渾噩噩地度過每一天好。請問如何實現知行合一？

李尚龍回信：

小兮，你好。其實，生活是你愈主動去控制它，你獲得的自由度就愈大。而當你獲得愈大的自由度時，你愈能自律地控制你的生活，這是一種正向循環。生活可以千瘡百孔，但你一定要有頭緒。只要你的腦子足夠活絡，你完全可以以自己最舒服的姿勢和方式生活。尤其是互聯網時代，大數據、機器、軟體都是為我們服務的，我們要學會使用高科技，從內到外研究並掌握它，成為它的主人，而不是要讓它來控制我們、束縛我們。

我給你講一個與意外有關的故事。有一隻很聰明的火雞，也是火雞中的科學家。自它出生以來已經安逸地生活了一千天，主人對它按時投餵，精心照料。經過這一千天的謹慎觀察，這隻火雞得出了一個毫無疑問的結論：被精心照料、被按時投餵，是一隻火雞享有的不可剝奪的生活權利。牠覺得自己整天就是被照料、被投餵，生活得太無趣了。然而牠不知道的是，明天是感恩節，牠馬上會成為餐桌上的美味。對牠來說，這將是今天的一個意外事件。可憐的

火雞就這樣被殺掉了，直到牠死也沒弄明白，為什麼前一千天的經驗都預測不出第一千零一天會發生什麼。實際上，一直以來，人類認知世界的方式跟火雞並沒有什麼區別，就好比突然發生的疫情，突如其來的金融危機。

所以，要糾正一個觀念，生活絕對不是一帆風順、一成不變的，更不是時時刻刻可以被預測的。生活裡總有意外，有時候你甚至不知道明天和意外哪個先來。所以我們一定要給自己留有面對意外的時間和精力。遇到意外不要怕，要接受它。我在社會摸爬滾打這麼多年之後，意識到一個永恆不變的真理：多變的世界是唯一不變的。要去接受那些變化，並用強大的能量去改變它。

真正能給你力量的，只有你自己。盡量不惹事，但事來了也不怕事。人要大於問題，才不會害怕，才能掌控自己的生活。你可以把自己的生活安排得很滿，但一定要給自己留個喘息的時間。千萬別把自己繃得太緊，否則意外一旦到來，你必然手忙腳亂，不知所措。

我有一個很好的習慣分享給你。比如我不會讓自己忙碌到完全沒時間思考，把自己的時間安排得滿滿的。我隔三岔五會去出個差，就是為了讓自己換個城市休息兩天。雖然這兩天不直播了，不寫作了，不賺錢了，但這兩天的腦子往往是最清晰的，因此我的很多戰略性的思考都是在這種情形下想出來的。

人要堅持按照自己的想法去活，要不然就容易按照自己的活法去想，到最後得不償失。所以，我們要主動控制自己的生活，給自己留出餘閒，薪水要存百分之十，精力要保留部分。以前，我只能控制自己生活的百分之十，在我多年的努力下，現在我能控制至少百分之五十了。雖然沒有做到百分之百，但至少我有了控制生活的

底氣。

不要讓自己太忙，人一旦過於忙碌就會沒有時間思考，繼而分不清輕重緩急。人應該駕馭事情，而不是被事情奴役，否則忙來忙去一場空，完全是瞎忙。這時候，你開始怨天尤人，心想自己的運氣怎麼這麼差，是不是命不好，是不是水逆。於是，你開始相信大師，相信星座，相信各種奇奇怪怪能戳中你內心的各種神祕力量。你開始沒辦法接受自己是生活的主宰，你開始疑神疑鬼，你開始完全擺爛，你開始躺平。長此以往，你就真的廢了。

所以，無論如何一定要學會規劃自己的生活，掌控自己的生活，哪怕只有一點點。久而久之，你會發現你能掌控的愈來愈多，你的生活愈來愈明朗，也愈來愈好。

有一本書叫《黑天鵝》，講的是意外。審視一下你周圍的環境，你會發現意外真的無處不在。回顧一下你出生以來周圍發生的重大事件、技術革命和發明，把它們和人們此前對於它們的預期相比較，看看有多少是在預料之中，又有多少是之前完全沒想到的。再看看你自己的生活，你的職業選擇，你和配偶的邂逅，你被迫離開故土，你面臨的背叛，你突然的致富和潦倒……有多少事是按照計畫發生的，又有多少事完全就是意外？甚至就連我們自身都是一個意外，因為我們的出生本就是其中一個精子打敗十幾億個對手促成的。它不是被指定的，而是隨機的，大家都在奮力往前衝，有的衝著衝著死在了路上，只有它一下子衝到了最前面，成為第一名。

所以，不要擔心意外的發生，意外本身就是正常的一部分。不管我們多麼喜歡凡事可控的生活，都要接受這個世界上很多事情就是沒辦法控制的事實。我們要做的，就是該吃吃，該睡睡，做一些力所能及的事情。另外，《黑天鵝》裡還有一個重要邏輯，你不知

道的事比你知道的事更有意義。因為許多「黑天鵝」事件，正是在不可預知的情況下發生和加劇的，所以當意外發生時，不一定是壞事，很可能更有意義。接受意外，接受黑天鵝，這就是我一直想跟你說的那句話——「盡人事，聽天命」。做到自己能做得最好的事情，然後相信老天的安排。改變能改變的，接受不能改變的，擁有智慧，分辨兩者的不同。

祝你能和意外好好相處。

如果生活裡只有數據，會幸福嗎？

老王：龍哥好。我的直播數據不是很好，所以很焦慮，都快要崩潰了。請問做得不好是自己的原因，還是這個行業唯一的反饋只有數據？

李尚龍回信：

老王，你好。如果一個行業的反饋標準只有數據，我不能說這個行業一定有問題，但這個行業一定是冰冷冷的。一個沒有熱情的行業和公司，我的建議只有兩個。

第一，**給的錢足以讓你消化自己的負面情緒，這樣你就不會那麼難過了。**

第二，**盡早離開，以免陷入更大的不幸。**

我先聲明，不是說數據不重要，而是我們不能成為「數據教會」的一分子。我喜歡把它定義為「數據教會」，因為現在這個時代數據顯得太重要了。我自己也做直播，直播完也會復盤。不能否認，數據的確可以幫助我們更好地找到賣得不好或是做得不好的原因，但是光參考數據定標準很可能背後的邏輯出現了問題。比方說前些時間我們的工作夥伴賣燕窩，他盯著 GMV（商品交易總額）看了半天，發現賣燕窩的時候數據起來了，沒想到竟然還有粉絲來龍哥的直播間買燕窩。這並不是說龍哥直播間的燕窩不好或是說粉絲人傻錢多，而是龍哥作為一個寫作人，同時也是一個圖書推廣人，大部

分粉絲可能更傾向於在龍哥這裡買書。於是，他開始瘋狂地講解，開始瘋狂地賣，然後被警告虛假功效。後來我們復盤的時候，他說：「我看到燕窩一掛出來，數據一下子起來了，我就多講了一會兒，我講嗨了，誰知道是虛假功效，我也不知道我怎麼講的，講到哪裡去了。」我也笑了，我說：「那幾個燕窩我看你講得特別辛苦，我就全買下來了。」是的，這是我自己下的單。

我後來意識到，數據其實是對過去發生的事情的總結，它不能代替未來，也不能代表未來。而我們用過去總結的經驗去對抗不可控的未來，本身就有問題。

我們原來講考研英語閱讀的時候，發現二〇〇二年到二〇一〇年，每一次選項裡只要有 may 的全部是答案。於是，我們總結了一個方法，選項裡有 may 的就是答案，這是數據的力量。但是，見了鬼的是二〇一一年兩個選項裡全是 may，但都不是答案。我的很多學生就在這裡中了招。

其實，現在直播行業就面臨這個問題。我聽過很多電商學院的課，他們都是總結過去的經驗，展望未來的期待，卻忽略了時代的發展會變，平臺的規則會變，就連主播的話術也在變。可惜主管的 KPI 考核沒有變，還是一味按照數據跟你定績效，定任務。你看著自己的努力，再看看糟糕的數據，當然會很痛苦。

我是一個內容創作者，輸出的內容基本都是關於現在、關於未來的。可是，每次我拿著我的小說和劇本，去和平臺，尤其是互聯網平臺交鋒的時候，他們總是拿些奇奇怪怪的數據告訴我，讓我跟著數據走。現在的數據主要集中在什麼地方呢？男的和女的要有一段甜寵劇情，這個故事才有人看；你要在前六分鐘裡面有人死掉；你要有幾條線；這條線是寫給小鎮青年的，那條線是寫給寶媽的；

這條線過不了長江以南⋯⋯每次開這樣的劇本會，我都覺得心累。累的原因只有一個，我們寫的東西是關於人的現在和未來，而那些數據不過是根據過去總結出來的一些規律。

我不是說過去一定沒有借鑑意義，而是說如果只用數據去決策未來，那未來跟過去有什麼區別呢？你要知道每個人都有在未來發展成不一樣狀態的可能。只要你想有變化，你希望有一點不一樣，你就可以做得不同。而大數據只喜歡探測一個人過去的行為習慣，並且按照這個習慣去固化你的偏見，從而讓你變成那個只有一面的人。

比方說你喜歡在短影音上看美女，你就會發現有很多很多的美女不停地被推送到你的短影音首頁上去。因為數據的邏輯是用你過去的經驗複製未來的你，如果你不主動尋求改變，它只會更加牢靠地固化你。所以，我經常鼓勵大家學習，鼓勵大家創新。學習的目的是讓你進步，讓未來的你超越過去的自己。這也是我們辦專欄的原因，你會發現我們每期輸出的內容都不一樣，我們希望有更多元的表達和思考。如此一來，一個人的未來可以是無限的，你也可以成為任何你想成為的人。

我很開心直到今天我都沒有被大數據左右。說真的，這麼多年，我從軍校退學，去新東方當英語老師，然後辭職創業，現在是飛馳成長 APP 的創始人。走到今天，我很確定一件事，這個經歷不同身分、擁有不同想法的人都是我的血肉，正是這些血肉讓我變得跟別人不一樣。為此，我有幾個很重要的原則跟你分享：

第一，**不能讓我進步的工作我不做**。不能讓我進步的工作沒有未來，到頭來消耗的是自己。

第二，**低水準重複的事情我不做**。低水準重複的工作，只是浪

費我的時間。浪費我的時間，就是浪費我的生命。生命是寶貴的，不應該浪費在無聊的事情上。就算我現在不能逃出這種不得不做的痛苦，我也立志有一天可以改變這種狀況。

第三，**不能豐富我生命體驗的事我不做**。不能豐富我生命體驗的，不會讓我覺得幸福。生活已經很苦了，我不想給自己添麻煩。

以上說了好多被數據控制的案例，好像數據十惡不赦。其實不是這樣，數據還是要看的，但數據不能成為決定因素，成為評判標準，成為行業標竿。我有一個數據分析師朋友，他跟我講，做直播，不僅要知道數據，更要知道數據背後的因果關係。他經常琢磨數據背後的邏輯，愈琢磨愈上癮，發現這個事很有意思。尤其是當他發現數據背後的原因，並找到讓數據變好的方法時，他知道自己找到了核心。我想，每個行業都有自己的樂趣，遺憾的是我沒有聽過他的樂趣是什麼。直到我開始研究我的直播間，研究我團隊的話術，我才意識到有些數據真的還滿重要的。比方說不管你是誰，講什麼，早上的流量就是比不過晚上。但是，我們能改變講的內容，講的方式，講的方向。

換句話說，大數據應該是為人服務的，而不是用來限制人的未來的。同理，你要去掌控你的工作，而不是讓工作掌控你。你要找到工作的主導權，成為工作的主人。

長期酗酒、精神不濟怎麼辦？

Sunny：我有個朋友患有嚴重的酒精依賴症，之前戒過很多次，但最近又復發了。憂鬱、失眠、心慌、手抖、健忘、暴躁，為此他的工作、生活、情感全都受到了嚴重影響。有什麼好的辦法可以讓他快點好起來嗎？他之前經歷過一至三個月全封閉式的戒酒治療，當時是中藥、西藥一起吃，各種心理輔導輪番上陣，這讓他覺得自己像是神經病，特別有反抗精神。原本是想幫他戒酒的，現在好像適得其反了，完全不知道該如何是好。

李尚龍回信：

　　Sunny，你好。我最好的朋友小西，曾經得了雙向情緒障礙，現在也是定期發作，反反覆覆。就在我回答你的問題的時候，他剛從精神病院出來，我跟他的太太一起接了他。我還記得診斷剛出來的時候，我跟他都不相信。他笑了笑，說自己絕不吃藥，我也說沒事，主要是心情，心情好了，一切都好了，沒必要吃藥。

　　直到我讀到一本書，名字叫《走出雙向情緒障礙》。不看不知道，一看嚇一跳。我這才知道，原來吃藥和接受治療都是渴望自己被救的訊號。你渴望被救，希望變得更好，而吃藥和接受治療就是能讓我們變得更好的方式。所以別抵抗自己，更別覺得自己是一個神經病。

　　很多人可能覺得愛喝點酒不是什麼大不了的事，沒必要小題大

做。愛喝點酒的確不是什麼大病，但酒精依賴絕對不是簡簡單單的愛喝點酒。酒精依賴是一件非常可怕的事，我見過這樣的病人，他們通常是從早上就開始喝，每天至少一斤白酒或是其他相應的酒，不喝就會手抖，喝完酒就失控，脾氣暴躁到不行，甚至有可能傷害自己和家人。而且酒精依賴還會帶來嚴重的人格改變，這種人通常性格極端，自私自利，沒有追求，不負責任，整天過得渾渾噩噩。所以千萬不要小看這個病，一旦產生酒精依賴，一定要接受治療。

這些年我對成癮的東西一直有一個看法，就是你不一定要完全戒斷它，但也千萬不要放任自流。最好是你能控制它，而不是被它控制。其實，很多心理疾病都來源於三個因素：一是遺傳；二是早期的家庭環境；三是個體對此的解釋。

原本我以為是遺傳或早期的家庭環境，給我們埋下了心理疾病的種子，我們對此無能為力。所以，每次有學生跟我說自己得了某種精神方面的疾病時，我都會嘆息一聲，然後鼓勵他，一切都會好的。可每次說完這句話，我會感到一種深深的無奈。直到二〇一九年前後，我自己也得了非常嚴重的雙向情緒障礙。那個時候，我每天都過得驚心動魄，一會兒亢奮，一會兒緊張，一會兒沮喪，而且長期睡不著覺。我覺得自己的身體裡有兩個我在撕裂，我無法掙脫，也醒不過來。醫師給我開了很多藥，我一顆也沒吃。後來大家都知道了，我最終還是好了。過了好久，我讀了阿德勒的書，才慢慢明白，其實個體對此的解釋才是最重要的，因為它是唯一我們能改變的。比方說一個人年輕的時候確實遭到了虐待，這些事情是他無法改變的，但他對這件事的看法更重要。

我也終於明白那句「打不死我的，只會讓我變得更強」的實際意義。想到這裡，我覺得自己堅強了很多，因為我確實無法改變過

去，我只能改變我對這件事情的看法。其實，我們經歷的每一件事情都有自己的意義，只不過是當下我們可能看不明白。很多事如果你拉到時間和生命的長河裡去看，你所經歷的大風大浪，不過是一兩滴水罷了。於是，我開始嘗試做一些改變，比如主動靠近那些優秀的人，學習他們的生活狀態和思維邏輯。比方說開始增強生活的掌控感，開始學習跑步，開始早起。比方說開始控制一些很小的事情，哪怕讀完一本書，少一次無效社交。慢慢地，我的精神狀態走了出來。

直到今天，我都是一個主動性非常強的人。我很少讓自己失控，哪怕走進一個完全陌生的環境，我也會至少準備幾件可控的事情，讓自己的腦子不糊塗。就算把自己放在酒局，有時候喝得特別嗨，都快失控了，我也時刻提醒自己：「尚龍，控制總量。」

還有一件事情救贖了我，是目標感。前段時間，我跟一個心理諮商師聊天，他知道我之前有很嚴重的雙向情緒障礙，這次看我好像完全康復了，於是問我：「欸，你最近怎麼樣？」我：「我已經完全好了。」他跟我聊了一會兒，然後看著我說：「其實你有沒有想過，你可能沒有完全好，你只是太忙了。」我對於他的前半句話，那種我「沒好」的設定不敢苟同，但是，我確實意識到我挺忙的。而當一個人忙起來，感覺全世界都是自己的，你的時間安排得很緊，自然不容易有胡思亂想的想法。心中有目標，腦海有規劃，生命有行動，這樣的人有事做，有人愛，有所期，而那些糟糕的精神狀態和胡思亂想自然被放到一邊了。我突然意識到，好像真的是這麼回事，因為每天忙碌，根本沒時間胡思亂想。

隨著人類文明、經濟的發展，人類的生命長度開始愈來愈長，但是，生命品質愈來愈糟糕。這背後的數據也令人擔憂，全球

三億五千萬人得了憂鬱症。你去看世界衛生組織的抽樣調查，現在每一百個十五歲以上的中國人就有一個患上酒精依賴症。你再看看身邊的人，大多數曾經遇到過相似的身心問題。所以，你不要擔心，你並不孤獨，你只需要戰勝它。我有幾點建議分享給你：

第一，**記錄**。記錄那些胡思亂想，這些往往是文學跟藝術萌芽的地方。

第二，**鍛鍊**。無論多忙，每天要拿出半小時到一小時去鍛鍊，堅信鍛鍊的力量。

第三，**遠離**。遠離那些愛喝酒的朋友，尤其是一想到他就想喝兩杯的那個朋友。

第四，**規避**。把酒從視線內拿開。

第五，**尋找**。找一個目標，堅定不移地完成它。

第六，**戰勝**。你可能不一定要戒酒，但你需要控制它。只要你控制住它，才是戰勝它。

第七，**掌控**。掌控生活，哪怕從早起開始，從讀一本書開始。

希望你早日度過難關。

什麼才是對待欲望最好的態度？

陸征南：龍哥好。身邊有個朋友因為受賄斷送了自己在公司的事業前途。當下物質條件如此豐富，作為普通人，我們想要不被世俗功利和欲念蒙蔽雙眼，堅定自己的內心，該如何去踐行呢？

李尚龍回信：

你好，陸征南。今天我想用兩本書的內容跟你聊聊欲望，這兩本書分別是蘭陵笑笑生寫的《金瓶梅》和日本作家大前研一寫的《低欲望社會》。

欲望很可怕，但你又不得不擁有它。很多時候，欲望只需要一瞬間就可以擊垮一個人。比如前兩年被披露的那些逃漏稅的明星、主播，他們真的是沒有控制住自己的欲望嗎？我想也不全是，我猜他們身邊一定有人說過類似的話：「你看那些錢已經進入你口袋了，我幫你留下來吧，我們有的是辦法。」這些明星、主播轉念一想：是啊，那些錢都已經轉到我的戶頭了，再讓我繳出去太痛苦了。算了，你來幫我操作吧。這一操作就完蛋了，這就是欲望的隱形作用。有時候，欲望看似沒有傷害到你，也沒有影響到你，但它傷害到了身邊的人，影響到了周邊的人，他們再反過來影響到你。

我在三十歲之後重讀了《金瓶梅》，當時為了講這本書，我非常深刻地理解了作者凝視的是主流文化之外，欲望沸騰的人間，裡面的飲食男女就是我們每一個老百姓。作者寫了男人的欲望、女人

的欲望、窮人的欲望以及富人的欲望。西門慶渴望金錢、權力和女人。潘金蓮渴望金錢、權力和男人。她既憤怒又性感，讓人又愛又恨。李瓶兒是個痴情人兒，她一心想要拉回像西門慶這樣的浪子，卻始終救贖不了自己。應伯爵頭腦靈活，貪錢好色，貪念驚人。龐春梅從一開始的一無所有，到後面的貪欲驚人，最後毀掉自己。如今，你在大街上、電梯間、商場裡，甚至在校園裡，我們依舊能看到各色人等的欲望和貪念。不過是道具變了，西門慶的馬變成了寶馬，李瓶兒的皮襖變成了愛馬仕的皮包。他們吃的五菜一湯變成了滿漢全席，他們喝的金華酒變成了三十年的茅台。

《金瓶梅》的作者把欲望看成萬惡之源，所以他筆下的人物幾乎都是縱欲過度而死。你看欲望有多可怕。可是，當你讀到後面，你會發現這個故事裡有個意外，這個人就是武松。《金瓶梅》裡的武松和《水滸傳》裡的武松雖然同名同姓，但角色形象完全不同。《金瓶梅》裡武松是這本書裡難得的一個正面人物，他是一個無欲望的英雄，但就是讓人喜歡不起來。從小說的邏輯來講，作者無情地安排了潘金蓮被武松虐殺的結局。那段描寫非常恐怖，而且武松身邊當時還有一個小女孩在哭泣，而武松顧她不得直奔梁山去了。從主旨上講，作者寫出這樣刻意無欲望的人跟不受控制的欲望一樣，都是毀滅的力量。貪欲走不通，禁欲依然走不通，這恰恰是《金瓶梅》讀得讓人絕望和崩潰的原因。

回到現實社會，我們看另外一本書《低欲望社會》，它的作者是「日本戰略之父」大前研一。在這本書裡，大前研一給出了一個警告，他指出，相比於經濟停滯、老齡化，日本現在最嚴重的問題是「低欲望」。年輕人沒錢也不想花，老年人有錢卻不敢花，這種「低欲望」是日本經濟萎靡不振的重要因素。如果不好好認識並且

解決低欲望的問題，日本的經濟問題、社會問題不僅現在解決不了，未來還會更嚴重。他的話不無道理。我們現在看日本，你會發現尤其是東京、京都這樣的大城市，再也看不見當年日本在戰後重建的那些浮誇、繁華的景象。無論衣食住行，現在的日本人都在講究斷捨離，都在講究極簡生活。這些極簡生活成為日本社會的新主題。你會發現，大牌旗艦店很少有人光顧，而uniqlo之類的平價品牌則是常年排隊。吃飯，如果不是重要的日子，東京的人均就餐寬度不足一米，就是大家在不足一米的寬度內隨便吃一口。作為高級動物的人，對吃、穿都這樣無欲無求，買車、買房更是大家的題外之話了。據相關數據報導，日本的住房自有率逐年走低，即使租房也是盡量小一點，所以日本火了一個詞，叫「收納學」。收納是什麼意思？就是不浪費面積，提高空間使用率。小汽車的銷量一年不如一年，年輕人對買車幾乎毫無興趣，甚至還出現了一種「五公里族」，就是說這些人的生活從來不走出方圓五公里的範圍。比這個更可怕的是日本入職員工的升職意願只有百分之十，已經沒有什麼士兵想要當將軍了，年輕人覺得有個工作，差不多能做就行。有人說這挺好的，大家不用活得這麼累。但這種極簡生活帶來一個極其可怕的結果，年輕人因為沒有欲望已經不想生孩子了。日本的戶籍統計，一個人獨居的戶數已經超過了全國總戶數的三分之一，連家庭都不想組建，更別提生小孩了。所以，日本的少子化導致年輕人不想生，不敢生。二〇一〇年日本的人口達到了一億三千萬人之後開始逐年下降。專家們預測，截至二〇四八年，日本人口總數可能不足一億。對國家和民族的發展來說，人口就是生產力。總人口走入負增長，老齡化和少子化日益嚴重，就意味著勞動人口開始減少。沒有勞動人口，或者勞動人口都無欲無求，怎麼可能創造社會財富。

屆時，人口結構也非常嚇人，因為六十五歲的老年人會超過百分之四十，這樣下去，不僅僅是經濟增長出現問題，日本很可能會遇到崩潰的風險。

光是日本有這種情況嗎？在我們周圍，北京、上海、深圳、廣州這樣的大城市已經遇到了一樣的麻煩。你想，如果一個人連基本的欲望都沒了，他怎麼進步呢？一個國家如此，一個民族也是如此。

有時我也很迷茫，有欲望也不對，沒有欲望也不對。對於欲望，我們應該遵循什麼樣的原則？對於欲望應該是個什麼態度呢？中國著名哲學家、翻譯家梁漱溟用一段對人生態度的分析給了我們啟示。

梁漱溟把人生態度分成了三種：

第一種叫逐求，就是追逐欲求。簡單來說，人是由欲望組成的，「逐求」人生觀就是承認這些欲望，滿足這些欲望，追求這些欲望。梁漱溟認為，低級的「逐求」人生觀就是滿足物欲，在深層次的演化中，逐漸形成高深複雜的西方哲學。「逐求」的人生觀當時的深層次的表現，就是美國哲學家杜威所代表的實用主義。

第二種叫厭離，討厭和分離。智慧的另外一個特點就是能夠反思。當人們開始冷靜地觀察自己的生活時，發現自己正被飲食男女的欲望所糾纏。放眼望去，社會上充斥著貪婪跟罪惡，生死別離的現象又時刻提醒著人們，人生是有限的，人生充滿著痛苦，人生毫無意義。梁漱溟說，這是人人都會出現的念頭，這是宗教的根源。

第三種叫鄭重。孩子的天真爛漫是一種自然的鄭重態度。兒童對當下的生活全心全意地接受，而成熟的「鄭重」人生觀是成人自覺接受生命的自然現象，力所能及地追求合理的生活。這種觀念對於外界的態度是全然以及全副精神投入當下，追求有所作為，而對內在的精神世界不斷進行內向和反思。

所以，我的建議是一樣的，我們需要了解我們的欲望，接受並控制它，這真的需要修行，需要一種「鄭重」的人生態度。你要見過錢才能控制錢，你要有過欲望才能控制欲望。對內探索反思，對外投入收斂。

<table>
<tr><td>第

92

封信</td><td>什麼才是愛自己？</td></tr>
</table>

李李同學：龍哥好。我們總說要先愛自己，再去愛別人，但有時候愛自己比愛別人難多了。比如那些自卑的人總是在否定自己，比如總有人說女孩子應該愛自己，然後就是各種買買買。我們到底應該怎樣去愛自己呢？

李尚龍回信：

李李，你好。

首先我要告訴你的是，自卑的人並不孤獨，再強大的人也有過自卑的時刻。心理學家馬斯洛提出了人的需求層次理論。他將人的需求分為生理需求、安全需求、社交需求、尊重需求和自我實現五個層次。而且人的需求就是按照這個順序從低向高排列的。其實，在自我實現之上還有自我超越的需求。在關愛自己方面，我們可以從這幾個需求層次分析，了解自己的生理和心理需求，提升愛自己的能力，增強生活的幸福感。

也就是說，你想要找到自己真正的感受和被愛的感受。第一，你按照這個理論來滿足生理需要，就要先讓自己吃飽喝足，有一份得體的工作，獲得一份可觀的收入。第二，你要有安全感，你要免於飢餓，免於恐懼。比方說你的小區是安全的，你周圍的環境是安全的。第三，你需要有好的和良性的社交，比方說好的愛人、好的閨密、好的兄弟。第四，你要獲得尊重，獲得身邊親人、朋友、家

人的尊重，你還要獲得社會的尊重。第五，接下來你才會有自我實現和愛自己的可能。我曾經也是一個不知道如何愛自己的人。直到有一天，我突然意識到我值得被愛。下面我來和你分享幾個特別重要的愛自己的方式：

第一，愛自己才不是買買買，而是有節制地滿足自己的需求。喜歡是放肆，愛是克制。遇見自己喜歡的東西你可以買，但不要無節制。所謂愛自己就是滿足自己的需求，自己的需求應該是從內到外自然萌發出來的，而不是被商業催化出來的。滿足自己的需求就是以自我為中心，需要什麼就買什麼，不需要的東西，堅決做斷捨離，再便宜也不要。有時候你會發現，學會斷捨離、學會極簡生活比買東西更能夠讓人幸福。商家的促銷廣告上永遠都在勾引你內心的欲望，不管是商品的陳列還是顏色、樣式的推陳出新，目的都是讓你買買買。但你真的需要嗎？不買這個東西，會影響你的日常生活嗎？我們經常聽到商家說：「你想幸福嗎？趕緊去買吧！人生一世，要趁著還年輕，好好享受生活啊！」於是，你也不管合適不合適，一股腦地買回一大堆可能永遠用不上的東西。衣櫃裡到處都是沒有拆過標籤的新衣服，包裡永遠裝著用不完的化妝品。

我給你看看商家的謊言：口香糖要吃兩粒；口紅要買十二支；玫瑰要買九十九朵；因為儀式感，所以你要買最貴的衣服和最好的面膜。擁有這些就是你愛自己的理由和證據嗎？並不是，這些需求是商家給你製造的，你只是被商家牽著鼻子走。所以說，與其買買買，不如花一天時間去山裡做冥想，用正念練習去了解自己、探尋自己。

第二，愛自己從小事做起。說句實話，有錢還是很好的，因為有錢的確可以做更好的自己。所以多賺錢肯定沒錯，因為那代表著

你可以更自由。如果你沒有錢，你依舊可以透過小事來愛自己。比如你不用去很貴的館子，你只需要認認真真地給自己做一頓飯，然後拍上一張很好的照片發朋友圈。比方說你不需要非得買頭等艙出國旅遊，你只需要去郊外爬次山，去貼近大自然和天地共呼吸。比如你不需要買很貴的化妝品，你只需要放下手機減少熬夜，就可以擁有很棒的皮膚。比如你可以不用去買昂貴的家具，你只需要做一次簡單的斷捨離，認真打掃一下屋子。好多愛自己的方式，跟有錢沒什麼關係，你只需要活在當下，關注「愛」本身就可以做得很好。

第三，**學會說「不」**。愛自己的基礎是不委屈自己做任何不喜歡的事情。但是這個時代說「不」需要能力和底氣。生活中時常會見到一些人礙於面子去委屈自己，他們在社交中根本不知道怎麼去拒絕別人，即使別人提出的要求會給自己帶來巨大的麻煩。比方說借錢，他們擔憂自己的拒絕會斷開和他人的聯繫，擔心他人生氣，即使自身財力不足也要借給他人。但是，你要明白一個非常深刻的道理，人不會因為他的低三下四而被人尊重。一個人被尊重所需要的條件只有一個，他值得被尊重，所以讓自己變強是說「不」的基礎。我有一個很簡單的方法，但凡我想說「不」，又怕得罪人的時候，就這樣說：「我真的很想答應，但我最近很忙，請你等等我。」也就是說，你可以先答應，然後無限期拖延。

《今日心理學》雜誌登載過朱迪斯·西爾斯博士寫的一篇論文，他告訴我們，如果我們覺得自己對某些事情不能說「不」，那麼我們就不是被愛，而是被控制。這篇論文裡分享了幾個非常重要的說「不」的祕訣：

不要誇大別人被自己拒絕之後的反應。其實大部分尋求幫助的人並沒有期待一個肯定的答覆，所以他們不太會因為拒絕而有太激

烈的反應。

劃定界限。說起來是個簡單的話術調整。比方說有人跟你借錢，你可以說：「不好意思，我從來不借錢給別人，這是我的原則。」當你把原則放到前面的時候，也就是說，我不是針對你，我只是針對我的原則。沒有例外，因為這叫劃定界限，我的原則是不能被改變的。態度要堅決。千萬不要給一個模稜兩可的回答，那只會讓對方的期望更高。最好的方式是直接拒絕：「不好意思，我就是做不到。」

模擬練習。如果你實在要去拒絕別人，又不好意思，可以透過模擬練習的方法。你可以在腦海裡反覆說「不」，等你真的要開口的時候就容易多了。你甚至可以找一個沒有人的角落不停地說：「不好意思，對不起，我做不到。」

第四，接納自我。所謂自我接納，其實是指一個人在多大程度上可以接受自己的所有特點，這些特點既包括優點，也包括缺點。一個自我接納的人會發自內心，從內到外地表現出來，他們接納自己的外表、身體。比如說我就接納了自己身高不是很高的現實，沒有覺得很難受，因為我並不是靠這個生活的。我承認自己是一個有學識的人，一個懂思考的人。我關注更擅長的領域，從而讓我走得更遠。還有就是在負面評價上要保護自己。面對他人的負面評價能夠客觀地吸收，但不因此陷入低落的情緒。一方面承認自己的缺點和不足，一方面不會苛求自己，責備自己。

最後，你要接受一件事，就是每天你都是一個全新的人，每天你都有變化，而且每天你都能變得更好。請你相信，你是值得被愛的人。

第
93
封信

相親時需要注意什麼？

龍騎兵：龍哥好。您如何看待現在的相親？感覺年紀愈大愈迷茫，不知道找什麼樣的對象合適。還有就是，相親時應該注意哪方面的問題？您有什麼好的建議嗎？謝謝。

李尚龍回信：

　　龍騎兵，你好。幾年前我也有過一次相親的經歷，坦白來說，那次相親簡直是災難。人家女孩子的媽媽一邊問我，我一邊吃飯，後來她媽把我問煩了，我甚至在桌上打了一個嗝。

　　後來我也反思了一下，大概能確定其實我是故意的。因為當她媽媽問到我有幾間房，有幾輛車，有沒有北京戶口的時候，我已經很不舒服了。因為我感覺自己就像天平兩端的食物正在被對比。後來她媽媽問我的公司有沒有營業執照，就是那一刻我開始炸了。但是，後來我也看明白了，相親嘛，就是要講究「門當戶對」，人自然就被放到了天平兩端。你等於我，我才可能跟你在一起。你大於我，我會稍微彎下腰。你小於我，我可能就要抬起頭了。所以我的意思是能自由戀愛，盡量別相親。因為一旦相親，兩個人的家庭就被上了稱，你的財富、地位就開始被攀比，她的美貌、身材就要被衡量。

　　另外，我要糾正你一下，並不是年紀愈大愈難相親，而是看自己的條件。就好像長得帥的中年男人被稱為大叔，長得醜的中年男

人被叫做油膩男一樣，很多三十多歲的男人身邊圍繞著的女孩子數不勝數。所以，年紀大不大不重要，重要的是自己是否足夠優秀。我的建議是，你可以多談幾次戀愛，就知道自己適合什麼類型，等到差不多了就可以定下來了。哪怕最後沒有和你喜歡的人結婚，至少你們相愛過。所以相親可以，別總是衝著結婚去，多參加一些線下活動，多認識一些志同道合的人，說不定你就找到合適的了。至於你說的追女生的成功率，這裡有太多有意思的小方法了，我給大家隨便分享幾個，做好準備，開始了。

第一，第一印象非常重要。 第一印象只有一次機會，用完就沒了。所以，男孩子出門的時候一定要打扮妥當，盡量穿貴一些的衣服。為什麼要穿貴一些的衣服呢？因為女孩子就是喜歡你穿貴的衣服，並不是女孩子拜金，而是從基因層面，她會潛移默化地從一個男生的穿著打扮上判斷這個人值不值得我託付終身。與物質匱乏的男生相比，肯定是物質充裕的男生看起來更值得託付，這不是虛榮勢利，是物競天擇。畢竟，誰都想過更有保障的生活。

第二，怎麼樣在最初的時候就能讓對方對你一見傾心呢？ 答案是放大你的瞳孔。人對自己喜歡或是感興趣的人或事物會多看兩眼，反之，則會立即轉移視線。所以，當你的瞳孔放大的時候，對方能意識到你是喜歡她的。

第三，微笑。 一定要確保你的微笑是友善的，尤其是看到長得好看的女孩子，如果男孩子露出陰險而猥瑣的笑容，很嚇人。女孩子更要學會這一招，因為大多數的感情其實是女孩子先發起的，而大多數男孩子也是這樣被俘虜的。

第四，學會運用「我們」表達法。 「我們」這個詞看似很普通，實則透著一種隱隱的親密感。因為通常只有非常親密的朋友和戀

人之間才會用「我們」，比方兩個人聊天氣，男的說：「今天天氣真好。」女的如果只是單純附和：「今天的天氣確實很好。」可能這個話題就結束了。但如果女的說：「今天天氣這麼好，我們可以沐浴著陽光去郊遊。」兩個人之間的親密度是不是進了一步？這就是「我們」的魔力。提前說「我們」，你就會跨越一到兩個談話的級別，直接進入「我們」這個狀態。也就是說，不要單純地說「你」、「我」或「你跟我」，而要說「我們」怎麼樣。

第五，分享私人的祕密來增進感情。我們一般是不會跟普通朋友分享祕密的，但面對親密的朋友我們會想敞開心扉，把自己的祕密講給別人聽。在眾多的祕密中，其中最吸引人的，莫過於個人感情。八卦是人的天性，因為人都有獵奇心理，你分享了自己的感情給她，她會自動就把自己代入被信任的角色，潛意識裡就會覺得你們的距離很近。所以這個方法很重要。當然，分享你的祕密之前你要做好祕密被公開的準備。因為祕密是會長腿的，太陽底下所有的祕密都會無所遁形，只是時間早晚而已。所以，如果你怕自己的祕密被公之於眾，就把你的祕密爛在你自己的肚子裡。

第六，約吃飯的技巧。通往男人的心的路是抓住男人的胃，如果女孩子說「我知道一家不錯的小館子」，這句話的魔力是你想像不到的。如果女孩子推薦的這家店既好吃又不貴，那她在男生心目中是大大加分的。因為大部分男生的錢包都不是任意門，想去哪家去哪家。如果是男生選餐廳，我建議選一家情調十足稍微貴的餐廳。因為當你選擇的是華麗高檔的餐廳，點的是稍微貴重的美酒，女孩子對你會有不一樣的感覺。

看了上面六項，你是不是覺得相個親或是談個戀愛套路好多啊。其實這些套路並不是我原創的，而是從兩本書裡讀到的，一本

是《魔鬼搭訕學》，一本是《跟任何人都可以聊得來 3：學會愛的語言、追愛得愛，人見人愛就是你》。兩本書分別從正面、側面聊了關於搭訕、約會甚至相親該做的事情。大家有興趣可以找來看一看。

最後，不管是相親還是自由戀愛，男人真正被女人喜歡的只有你的本事，並且這本事是可以變現的，能成就自己跟對方的。而女孩子除了身材、美貌，走到最後靠的就是自己的內在。一個光好看沒有內在的女生，一個只有五官沒有三觀的女生，或許可以短暫地贏得男人的心，但從長遠來看，終究要輸掉感情的遊戲。

祝大家都能找到合適的伴侶。

第 94 封信　那些對我的人生產生重大影響的道理

于晶晶：龍哥，你好。請問龍哥有沒有哪個道理在你明白之後對你的人生產生了重大影響？比如說人生的改變、生活方式或者價值觀的改變等。可以舉幾個例子嗎？

李尚龍回信：

于晶晶，你好。首先我們先乾一杯，因為這種問題的答案只有在乾一杯之後才能夠回答出來。

實際上，世界上並不存在一下子讓你茅塞頓開，從此改變你的人生的價值觀。一個人的成長一定是被無數的價值觀和無數的想法慢慢堆積起來的，人是後期生活的產物。我相信很多道理你都知道，只不過沒有知行合一而已。

真正顛覆性的道理非常少，只有你開始去做，你才會慢慢明白那些簡單樸素的道理都是對的。

比如你要好好學習，你要堅持鍛鍊，不要過早談戀愛，要樂觀一點，積極一點，學會用正向的眼光看世界等等。很多人覺得這些東西太雞湯了，聽聽就好了，自己該幹麼幹麼。但等你經歷過社會之後，你就會知道那些被你置若罔聞的東西是真正的真知灼見。所以，我下面跟你說的話，希望你認真聽。

第一，樂觀一點，不要總是喪喪的。

人有兩種思維，一種是積極的思維，一種是消極的思維。同樣

的事情，積極的思維是至少今天比昨天的收穫多，消極的思維是雖然今天得到的比昨天多又怎麼樣，最終還不是要失去。

遇到失敗和挫折，積極的思維是只要你打不死我，我會變得更強大；而消極的思維是，算了，你弄死我算了。這麼一對比你會發現，有的人處理不好人際關係或是做不出正確的選擇都是有原因的。畢竟，人都喜歡與樂觀、積極向上的人交往，而不是整天和垂頭喪氣的人在一起添麻煩。而且，很多事情你愈往正向考慮，它就愈往積極的一面發展；反之，你愈是喪喪的提不起勁，愈得不到你想要的結果。

所以，遇到困難最應該思考的不是怎麼抱怨，而是該如何走出這該死的困境。

第二，永遠不要連續三天不讀書，人會變得很笨很笨的。

現在流行聽書，但別忘了，讀書不僅是汲取知識，還可以讓自己安靜下來。所以我認為，讀書比聽書更有收穫。

讀書使人明智，讀書使人聰慧，讀書使人高尚，讀書使人文明，讀書使人明理，讀書使人善辯。讀書是自己跟作者的交流，是自己跟自己的交流。透過讀書，我們可以打開世界的大門，可以傾聽內心的聲音。每次外出的時候，我都會習慣性地在包裡裝一本書。堵車時、等人時，或是擠地鐵時，我都會拿出書翻兩頁，翻著翻著就讀完了一本書。宋代趙恆的《勸學詩》中寫道：書中自有黃金屋，書中自有顏如玉，書中自有千鍾粟，書中自有稻粱謀。也就是說，一個人透過讀書，提高自己的學識、見識之後，你想要的功名、富貴、華屋、美人都可以得到。

第三，要運動，持續運動。

千萬不要小看鍛鍊。年輕的時候不堅持運動你可能覺得沒

什麼，但到了三十多歲，你隨便做些什麼，突如其來的病痛可能就會將你打個措手不及。我身邊的人就分成兩部分，一部分人到三十七、八歲，身體還特別好；一部分人到了三十一、二歲就已經體弱多病，感個冒就覺得自己要死了。

高中的時候，我最愛的是體育課，上了大學，我逃的最多的竟然還是體育課。我在讀書會上給大家推薦過《運動改變大腦》，書中說每週只要走三個小時，對我們的心血管、心肺功能就會有巨大的好處。二十多歲的時候積累的身體素質，是為了三十多歲創業、工作打下堅實的基礎。三十多歲的時候如果你能夠積累更好的身體素質，下一個春天會離你更近。

除了運動，還要堅持健康的飲食，比方說少糖，少鹽，少油，少主食。其實，我們需要的食物並不多，大部分人每天吃下去的食量都遠超人體所需要的能量。除此之外，堅持體檢更重要。西方人有一個特點是每個月都會堅持體檢。而中國人總是喜歡把錢存到銀行，以備不時之需。這筆錢可能用於買房買車、娶妻生子，或是疾病投入。與其把自己辛辛苦苦賺回來的錢轉給醫院，不如定期參加體檢，看看自己在接下來的一年需要保護什麼部位。俗話說，身體是革命的本錢。沒有健康的身體，一切皆枉然。作為堅持運動的受益人，我必須告訴大家，去運動吧。運動帶給你的不僅僅是強健的體魄，還有思想的解放。運動治好了我曾經非常嚴重的雙向情緒障礙，運動讓我在創業的路上一直堅持到今天。就是現在，我寫完稿子之後，依然會去運動。身體是靈魂的載體，再有趣的靈魂也承受不起多病的身軀。所以，去運動吧。

第四，定期給父母打電話。

尤其是遠行的年輕人，要多了解父母的生活作息和他們的身體

狀況。二十多歲的時候，趁著父母身體還健康，抓緊時機奮鬥，多幫助他們去糾正一些不好的習慣，也幫助他們去熟悉一下現在的互聯網模式。

比方說幫他們開通線上支付，教他們怎麼點外賣，幫他們學習怎麼使用影音軟體。其實愈長大愈怕深夜接到家裡的電話，所以趁他們年輕，一定要多溝通，多交流。從某種意義上來說，這並不全然是為了他們，也是為了你自己以後不會後悔。大多數人在父母離世之後，最難過的就是沒有關照過他們，沒有給他們幸福的生活。我們可能沒有辦法在物質條件上給父母很多錢，改善他們的生活，但至少可以陪他們多聊聊天，多了解一下他們的內心。其實大多數父母需要的也僅於此了。再富足的生活，再華麗的大房子，再高奢的珠寶首飾，沒有兒女的問候或陪伴，他們也會覺得很孤獨吧。畢竟，人都是需要感情的。所以，如果不能陪在父母身邊，一定要定期給父母打電話，多溝通，多聯繫。

第五，每年至少去一個陌生的地方。

不管你有沒有錢，都應該每年至少去一個陌生的地方。出不了國，出個省吧；出不了省，至少走出自己的城市和村莊吧。跨出舒適區，在路上去尋找、思考和發問。有時候見識比知識重要多了。而走出去，就是讓你領略外面更廣闊的世界。如果你實在去不了遠方，那就讀書吧。俗話說，讀萬卷書，行萬里路。多讀書，總是沒錯的。

第六，存一點錢。

如果你剛開始工作還沒有太多的收入，千萬不要做月光族。我的建議是，每個月最少存總收入的百分之十到自己的帳戶，做自己的備用金。有本書叫《最富足的投資》，書中說那些善於存錢和明

智投資的人，他們一生很少遇到財務困境。年輕時很容易大手大腳，錢如果不存起來，多少都不夠花。如果你拿出一小部分存起來，積少成多，日後它帶給你的安全感絕對讓你面對任何事都有底氣。記得，這筆錢的數目不能太大，不能影響你的正常開銷，你也不要學人家做什麼財產配置、資產配置等，先去打拚，先去奮鬥，先去積累人生的第一桶金。

最後，希望你每天開心。

自我和集體哪個重要？

陸征南：龍哥好。請問在人生道路上應該選擇傾向自我還是顧全大局，兩者應該如何維持平衡？

李尚龍回信：

陸征南，你好。我很開心你能這麼問，因為回答這個問題對我來說也是一個挑戰。

我從佛學的一個理論開始說起吧，人生有三個階段：

第一重境界：「看山是山，看水是水。」

第二重境界：「看山不是山，看水不是水。」

第三重境界：「看山還是山，看水還是水。」

這本是佛教裡形容人心智變化的三種狀態，但這套邏輯特別適合回答你現在的問題。小的時候，我們總是很自私，傾向於自我意識。這並不能怪我們，就像《自私的基因》裡說的那樣，自私是刻在我們基因裡的東西。我的二外甥出生的時候，每次我姊拿起筷子，他就拚命地哭泣，好像全世界的食物都要塞進他嘴裡才行。他一邊哭，一邊抓到什麼就往嘴巴裡放。他為什麼不給別人呢？因為自私啊。但誰不是這麼過來的呢？誰在懂事之前，不都是以自我為中心，先讓自己吃飽再去管別人呢？但是等到我們懂事了，開始認字了，開始和父母能夠同樂，開始了解謙讓是美德了，於是孔融讓梨的故事一直流傳至今。

我曾經是一個特別忽略自我感受的人，我上軍校的第一天，就被要求放棄自我。這是一個艱難的過程，因為你只有失去某些自我，才能為更大的集體犧牲。那段日子我過得很痛苦，一邊讀薩特的存在主義的書，一邊在千篇一律的日子裡被要求放棄自我，我感覺自己快要人格分裂了。後來，我患上雙向情緒障礙。這並不奇怪，因為那個環境要你放棄自我，以便更好地融入大眾生活。

其實，走入社會就是一個逐漸忘卻自我、融入大眾的一個過程。後來我進入新東方當老師，依舊不太敢有很多自我表達，因為我覺得跟著大多數人總不會錯，我想聽聽大家的想法。可是這回我錯了，新東方的老師一個比一個有個性，他們每個人都不一樣，每個人與其他人比起來都那麼不同。也就是那段日子治好了我的雙向情緒障礙，因為在那個環境下，我什麼都可以表達。當一個人可以自由表達並被人認可時，他的自信自然而然就提升了。而自信又促進他更好地表達，更自由地表達，從而回到以自我為中心的表達。但是，你會發現，到達這一層的表達已經不是小時候那種忘記別人純純的自私的表達，而是你看過世界，了解過集體社會的話語體系後，重新回歸本真的自我表達。

一個沒有經歷過大局意識和集體意識的人，是不配談自我表達的。一個沒有為別人考慮過的人的表達，只是自私的自我表達。所以，當你經歷過愈來愈多的大局意識的時候，你才會形成一種邊界感。這種邊界感從裡從外地告訴大家，我有我的邊界，你有你的大局。我尊重你的大局，也希望自己的邊界不被侵犯。直到今天，每次公眾發言時我會思考一個問題：這番言論會不會傷害大眾？如果會，對不起，我收回。是不是委屈了我自己呢？如果是，我還是要繼續說下去。

真正的社會菁英，都有一種思維模式，他們顧全大局，同時注重自我精神的表達。也就是說，愛別人的時候，也不會忘記愛自己。所有的大愛都是從小愛開始的，一個連自己都不愛的人，怎麼去愛別人呢？

　　所以，不要委屈自己，做想做的人，做愛做的事情，只要不傷害別人就好。這就是我給你的答案。

<table>
<tr>
<td>第
96
封信</td>
<td># 其實人幸福起來很簡單</td>
</tr>
</table>

小張：龍哥，你認為什麼才是真正的幸福，我們怎麼才能獲得幸福？

李尚龍回信：

小張，你好。

托爾斯泰曾經說過：幸福的家庭都是相似的，不幸的家庭各有各的不幸。為什麼會這樣？因為所有幸福的人生都有自己的公式。

最近讀了一本書，叫《禮物》，作者是美國作家史賓賽‧強森。上一次讀他的書，還是那本風靡一時的《誰搬走了我的乳酪》。這位作家的厲害之處就是總能用最簡單的故事，講述最複雜的道理，所以他的書暢銷是有原因的。

書的篇幅很短，但發人深思，我結合我的想法分享給你。

我們總在抱怨老天不夠公平，自己不夠幸福，其實讓一個人幸福起來，很簡單，只要做到三點就行。這也是最後一講，我濃縮一個精華給每一個你。

一，活在當下；二，向過去學習；三，構建你想要的未來，並做點什麼。

1. 什麼是活在當下？

有時候會覺得，長大真是難過，愈長大愈孤單，愈長大愈不幸福。因為愈長大，你愈難活在當下。你有太多顧慮，太多可以選擇的，太多雜念和執念。

細想一下，我們多少人是做這件事的時候想著另一件事，弄得自己心浮氣躁，最後頭痛欲裂，要死不活。想一想，上一次開心幸福是什麼時候？一定是你在做這件事就想這件事的時候。

孩子總是很容易開心，因為他們玩的時候就只想著玩，吃飯的時候只想著吃，看電視的時候只想著看電視，他們一次只做一件事，所以幸福感很高。長大以後，我們心有雜念，既想陪在父母身邊，又想去遠處看風景；既想把家裡照顧好，又想工作上闖出一番名堂來。我們既要又要，結果哪一個也沒做好。所以，長大後的人很難真正開心快樂起來，即便過著富足的生活，幸福感也不是百分百的。而真正幸福的人無論遇到什麼事，不懼未來，不念過去，只活在當下。他們知道此時此刻就是永遠，過好每一個此時此刻，就是一條通往幸福的路。就像我寫這個專欄，如果三心二意，不僅會讓效率變低，也不會樂在其中。所以，我們要活在當下。工作的時候好好工作，吃飯的時候好好吃飯，喝酒的時候開懷暢飲，玩的時候玩得開心。

2. 什麼是向過去學習？

你有沒有對過去無法忘懷的經歷？有沒有後悔到腸子都青了的情形？如果有，說明你還沒有充分地向過去學習。什麼是充分地向過去學習呢？簡單來說就是定期做總結，定期復盤，看看上個季度自己有什麼做得不好的、不足的可以精進，看看過去一段日子自己做得好的在什麼地方，可以繼續。也就是說，犯過的錯要及時改，及時徹底復盤，做得好的事情就要繼續做，做到極致。

但復盤和總結絕對不是簡單地從果推到因，而是要打破砂鍋問到底：我為什麼會一步步走到今天？如果再給我一次機會，我會怎麼做？我的潛意識和底層邏輯到底在什麼地方出了問題？我曾經給

一個學生輔導功課的時候，每次問他這道題為什麼錯，他總是很敷衍地說：「粗心。」後來，我直接著急了，讓他不准用「粗心」兩個字概括，於是他的成績有了巨大的提升。因為他開始意識到，一道錯題背後的原因可能是複雜的。所以，對過去復盤得愈徹底，愈能在當下活得更好。

3. 什麼是構建你的未來，並做點什麼？

你有沒有想過自己的未來會是什麼樣？比如五年之後，你會成為什麼樣的人？你想具體活成什麼樣子？你想接觸什麼樣的人？想要擁有什麼？寫在紙上，或者畫一張圖，最好找一個目標的對象。愈具體愈好，愈清晰愈好。具體到你想考上心儀的學校，想要追求心愛的女生，想要住上心想的房子……接下來，找一個沒人的地方設想一下自己，如果實現了夢想是一種什麼樣的生活。在這樣的欲望和夢想的驅使下，做一個計畫：我想多久實現？怎麼實現？具體需要做什麼？然後切切實實地去做點什麼。

你可以走得很慢，但不要停，一切都能變得更好。

相信未來，並做點什麼。這是我能告訴你的。

祝你天天開心。

人生顧問 504

請遠離消耗你的人

作　　　者	李尚龍	
責 任 編 輯	龔橞甄	
校　　　對	劉素芬	
封 面 設 計	任宥騰	
內 頁 排 版	顧力榮	

總 編 輯	龔橞甄
董 事 長	趙政岷
出 版 者	時報文化出版企業股份有限公司
	10819 臺北市和平西路三段 240 號 4 樓
	發行專線　　　02-2306-6842
	讀者服務專線　0800-231-705‧02-2304-7103
	讀者服務傳真　02-2304-6858
	郵撥　　　　　19344724 時報文化出版公司
	信箱　　　　　10899 臺北華江橋郵局第 99 信箱
時 報 悅 讀 網	www.readingtimes.com.tw
法 律 顧 問	理律法律事務所 陳長文律師、李念祖律師
印　　　刷	家佑印刷有限公司
初 版 一 刷	2024 年 1 月 5 日
初 版 五 刷	2024 年 7 月 5 日
定　　　價	新台幣 420 元
	(缺頁或破損的書，請寄回更換)

時報文化出版公司成立於一九七五年，
並於一九九九年股票上櫃公開發行，於二○○八年脫離中時集團非屬旺中，
以「尊重智慧與創意的文化事業」為信念。

請遠離消耗你的人 / 李尚龍著 . -- 初版 . --
臺北市 : 時報文化出版企業股份有限公司 , 2024.01

　面；　公分 . -- (人生顧問；504)
　ISBN 978-626-374-690-9(平裝)

　1.CST: 人際關係 2.CST: 生活指導

177.3　　　　　　　　　　　　　　　112020167

ISBN 978-626-374-690-9
Printed in Taiwan
本作品中文繁體版通過成都天鳶文化傳播有限公司代理，由著作人李尚龍授予時報文化出版
企業股份有限公司獨家出版發行，非經書面同意，不得以任何形式，任意重製轉載。